BISTUM ESSEN

Bischöfliches Seelsorgeamt (Hg.)

Damit der Funke
überspringt

Bausteine zur Firmvorbereitung

Deutscher Katecheten-Verein e.V., München 2004

Redaktionsteam: Klaus Gerhards
Michael Kötzel
Peter Neysters (verantwortlich)

ISBN 3-88207-346-2

© Deutscher Katecheten-Verein e.V., 2004
Printed in Germany

Titelgestaltung: K. A. DESIGN, Essen

Satz: Druckservice Josef Neumeier, Obertaufkirchen

Druck: Schoder Druck GmbH, Gersthofen bei Augsburg

Auslieferung: Deutscher Katecheten-Verein e.V.
– Buchdienst –
Preysingstraße 97, 81667 München
E-Mail: katecheten-verein@t-online.de

Inhalt

Liebe Katechetinnen und Katecheten!

Das Bild von dem Glas Wasser, das zur Hälfte gefüllt ist, fällt mir ein, wenn ich an Ihre Arbeit mit den FirmbewerberInnen in den Gemeinden unseres Bistums denke. Ist das Glas halb voll – oder ist es eher halb leer? Die optimistische Sichtweise lässt mich zunächst auf die unmittelbaren Begegnungen und Gespräche mit den Jugendlichen und auf die zahlreichen Initiativen, Projekte und Aktionen in unseren Gemeinden schauen, die wiederum den Blick öffnen für die vielseitigen Möglichkeiten und Chancen in der Firmpastoral – auch und gerade in unserer Zeit. Die pessimistische Sichtweise erblickt hinter allem und jedem allein die Schwierigkeiten und Probleme, Hemmnisse und Hindernisse. Dies wiederum löst Enttäuschung, Verzagtheit und Verbitterung aus und kann Erfolglosigkeit vorprogrammieren. Zweifellos – und darin stimmen beide Sichtweisen wohl überein – ist die Firmkatechese mühsamer und anfordernder geworden, aber zugleich auch chancen- und aussichtsloser?

Bei allen unverkennbaren Schwierigkeiten und Problemen glaube ich fest daran, dass in der Zeit der Firmvorbereitung und vor allem in der Firmfeier selbst *„der Funke überspringt"*, dass Gottes Geist auch in unserer Zeit junge Menschen zu „begeistern" vermag, dass ER uns für unseren Dienst an den FirmbewerberInnen die notwendigen Gnadengaben („Charismen") schenken wird. Ich vertraue voller Zuversicht auf die Zusage im ersten Korintherbrief. *„Es gibt verschiedene Kräfte, aber nur den einen Gott: Er bewirkt alles in allem. Jedem aber wird die Offenbarung des Geistes geschenkt, damit sie anderen nützt ..."* (1 Kor 12,6–7).

Wir können nicht Glauben erzeugen, wohl aber Glauben bezeugen. Und unser Zeugnis wird Spuren hinterlassen auf dem Lebens- und Glaubensweg der Jugendlichen – davon bin ich überzeugt.

Liebe Katechetinnen und Katecheten!

Die Lebens- und Glaubenswege unserer FirmbewerberInnen – so vielfältig und unterschiedlich sie auch sind – kommen mit dem 16. Lebensjahr / 10. Schuljahr an eine wichtige „Weichenstellung". Die Frage steht an: Weiter Schule oder Ausbildung? Damit verbunden sind erste Berufspläne, bewusstere Lebens- und Sinnentwürfe, nicht zuletzt die Frage nach den eigenen Fähigkeiten und Begrenztheiten. Bei den meisten Jugendlichen ist ein deutlicher Entwicklungsschub erkennbar; sie werden offener und auch nachdenklicher. Eine solche „Frage-Situation" kann zu einschneidenden Erfahrungen führen: das Leben ändert sich, nimmt einen anderen Lauf, erhält mitunter einen völlig neuen Zuschnitt. An einer solchen „Schnittstelle" des Lebens sind Beistand und Zuspruch, Orientierung und Deutung, nicht zuletzt „Sinn-gebung" gefragt.

An dieser Schnittstelle junge Menschen vom Geist der Liebe Gottes berühren zu lassen, darin sehe ich eine wertvolle Chance für die Kirche. Sie werden dann hoffentlich die eigene Lebensgeschichte auch als eine Geschichte Gottes mit ihnen (neu) entdecken und „wahr"nehmen. Zumindest finden sich hier Anknüpfungspunkte für eine bewusstere Fortsetzung, in vielen Fällen sogar für den Neubeginn einer Geschichte mit Gott, mit Jesus Christus, mit Glauben und Kirche. Oft genug bläst den Jugendlichen heftiger „Gegenwind" ins Gesicht. Da tut es gut, den „Rückenwind" des Geistes Gottes zu spüren – im Sinne einer Ermutigung und Stärkung. Damit schärft sich zugleich das Profil des Firmsakramentes: als **Glaubenszeichen an einer wichtigen Schnittstelle des (noch jungen) Lebens.**

Ein persönliches Vorwort unseres Bischofs

Liebe Katechetinnen und Katecheten!

Die in der zweiten Auflage gründlich überarbeitete Handreichung „**Damit der Funke überspringt**" will Sie in Ihrem pastoralen Dienst an den jungen Menschen unterstützen und Ihnen Hilfen und Anregungen anbieten. Sie stellt kein fertiges, in sich abgeschlossenes Konzept dar, sondern ist offen für eigene Ideen und Initiativen. Das „Baustein-Konzept" versteht sich jedoch nicht im Sinne eines beliebigen Auswahlprinzips. Jeder Bau muss auf einem festen Fundament stehen! Fundamentale Bausteine bei der Planung und Gestaltung der Firmkatechese sind die Themen Gebet, Eucharistie, Feier der Versöhnung, vor allem im Bußsakrament, und das Sakrament der Firmung selbst. Sie sind unverzichtbar, weil auf diesen grund-legenden Inhalten alle weiteren Lebens- und Glaubensthemen aufbauen. Diese Themenschwerpunkte gehören auf jeden Fall in die Firmvorbereitung. Die Vielfalt an vorgeschlagenen Methoden, Projekten, Aktionen – auch und gerade bei diesen Bausteinen – wird Ihnen sicherlich bei der konkreten Umsetzung hilfreich sein.

Liebe Katechetinnen und Katecheten!

Für Ihren verantwortungsvollen Dienst an den jungen Menschen darf ich Ihnen von ganzem Herzen danken und Sie in Ihrer Arbeit zugleich bestätigen und ermutigen. Die hauptamtlichen MitarbeiterInnen in der Seelsorge möchte ich um eine gute Vorbereitung und Begleitung des Katechetenkreises bitten. Beides ist bei wachsendem Anforderungsprofil der Firmkatechese zwingend erforderlich. In vielen Gemeinden unseres Bistums ist der Katechetenkreis zu einer Glaubensgruppe für alle Beteiligten geworden.

Mein besonderer Dank gilt den Mitgliedern des Redaktionsteams und allen, die ihre Ideen und die Ergebnisse ihrer langjährigen Erfahrungen in der Firmvorbereitung bereitwillig und ganz selbstverständlich zur Verfügung gestellt haben.

„Damit der Funke überspringt", und zwar bei uns allen – in dieser Zuversicht und Gewissheit verbleibe ich mit herzlichen Segenswünschen
Ihr

Bischof von Essen

Zur Theologie der Firmung[1]

1. Die Glaubensperspektive: Der Mensch auf dem Weg

Die christliche Tradition sieht den Menschen als Pilger oder Wanderer. Er geht seinen Lebensweg und steht dabei vor immer wieder neuen Herausforderungen. Auf diesem Weg muss „ähnlich wie jedes Leben ... auch das in der Taufe grundgelegte christliche Leben wachsen und reifen" (Kath. Erwachsenenkatechismus, S. 339). Sein Ziel ist die Verheißung, dass bei Gott das Leben des Menschen heil wird und zu seiner Vollendung kommt.

Kein Mensch lebt für sich allein, kann aus sich allein leben. Menschsein bedeutet Leben in Beziehung. So ist der Mensch eingebunden in die große Bewegung der Menschheit durch die Geschichte, deren Vollendung mit der Wiederkunft Jesu Christi von Gott her erhofft wird. Auf diesem Weg hängen wir Menschen alle voneinander ab, und beeinflussen wir Menschen unsere Lebenswege gegenseitig in unterschiedlicher Weise.

Leben in Beziehung schließt die Beziehung zu Gott ein. Gott, der die Menschen ins Leben gerufen hat, lässt sie nicht allein. Er begleitet sie mit seiner Sorge und seinem Schutz. Das bezeugt die Heilige Schrift schon für die Anfänge der Menschheitsgeschichte (vgl. Gen 3,21; 4,15). Mit Abraham und seinen Nachkommen, die er in besonderer Weise erwählt, führt und in Dienst nimmt, schließt Gott einen Bund. Er offenbart sich diesem Volk durch Mose mit seinem Namen JAHWE als der *„Ich-bin-* [für-euch-] *da* [,-und-zwar-immer] "(Ex 3,14); er befreit es aus Unterdrückung und zeigt Israel in den Geboten seines Bundes den Weg, den es in Freiheit gehen soll und der in eine verheißungsvolle Zukunft führt (Gen 9,1–17).

Gottes Sorge für die Menschen zeigt sich in einmaliger Weise in Jesus von Nazaret. In ihm ist Gott Mensch geworden: Menschenkind unter Menschenkindern, Bruder und Freund, aber auch Meister: einer der mit uns geht auf dem Weg durch die Zeit. An Jesu Liebe und Treue zu seinem Vater im Himmel und an seiner radikalen Zuwendung zu den Menschen ist ein für alle Mal offenbar, welcher Weg zum Leben führt. Seinen Ruf zur Nachfolge verbindet er mit einer *Zusage*, in der aber auch eine *Zumutung* mitklingt: „Ich bin der Weg und die Wahrheit und das Leben; niemand kommt zum Vater außer durch mich" (Joh 14,6). Der Weg zum Leben in Fülle ist der Weg mit Jesus Christus!

Im Heiligen Geist ist Jesus Christus in der Gemeinschaft der Kirche gegenwärtig. Durch die Sendung des Heiligen Geistes am Pfingsttag ist die Gegenwart Jesu Christi in der Gemeinschaft der Kirche für alle Zeiten erfahrbar. Denn die Kirche, in welcher der Geist wirkt und die durch ihn zusammengeführt und geeint wird, hält die Erinnerung an Jesus wach. Mehr noch: Durch die Verkündigung des Wortes Gottes und die Feier der Sakramente ist sie nicht nur „Zeichen", sondern auch „Werkzeug" für die Gemeinschaft mit ihm. Wer zur Weggemeinschaft der Kirche, dem neuen Gottesvolk, gehört, für den gilt in besonderer Weise, was Paulus von allen Menschen aussagt: „In ihm [Gott] leben wir, bewegen wir uns und sind wir" (Apg 17,28).

---

[1]   Der folgende Text basiert im Wesentlichen auf der theologischen Grundlegung in: Firmung – Schenk uns deinen Geist. Handreichung für den Firmkatecheten, hrsg. vom Bistum Essen (1986), S. 13–16. Diese Grundlegung wurde an einigen Stellen gekürzt, sprachlich aktualisiert und mit wenigen Ergänzungen versehen.

2. Die Firmung: ein Eingliederungssakrament

Die Sakramente sind die wirkmächtigen Zeichen der Liebe Gottes in Christus durch das Handeln der Kirche. Wie „ausgestreckte Hände" bieten sie den Gläubigen von Gott her ganz ausdrücklich die Gemeinschaft mit Christus und seinen Zuspruch an. Sie tun dies an „richtungsweisenden" Stationen im Leben jedes Einzelnen (z. B. Geburt, Ehe, Leiden und Sterben, Schuld und Versöhnung). Dabei vermitteln sie auch das Hineinwachsen in die Gemeinschaft der Kirche und die lebendige Zugehörigkeit zum „neuen Volk Gottes". Dadurch verwirklicht und erneuert sich die Kirche zugleich selber als sichtbares Heilszeichen Gottes in der Welt.

Taufe, Firmung und Eucharistie bilden die drei so genannten Initiationssakramente, „die den Menschen in die Kirche eingliedern und von der Herrschaft des Bösen befreien" (Die Feier der Firmung, S. 19). Durch sie erfährt der Christ im Heiligen Geist seine Berufung zur „Communio", zur lebendigen Beziehung mit dem dreifaltigen Gott, in dessen Leben er immer tiefer hineingenommen wird, wie zu einem Leben in Gemeinschaft, das durch seine Liebe begründet und getragen ist.

Firmung bedeutet Stärkung, Festigung, Bekräftigung. „Für diejenigen, die als Kinder getauft und zur Eucharistie geführt worden sind, bildet die Firmung den Abschluss der stufenweise erfolgenden sakramentalen Eingliederung in die Kirche" (Synodenbeschluss „Sakramentenpastoral", B 3.4). An einer Schnittstelle des Lebens ist sie Zuspruch und Bestärkung, den eigenen Lebensweg am Leben Jesu Christi auszurichten, mit ihm zu gehen und immer mehr in seine Nachfolge einzutreten. Wie das geschieht, das lassen die Worte und Zeichen erkennen, die bei der Feier der Firmung verwandt werden.

3. Die sakramentalen Worte und Zeichen der Firmung

„N.N., sei besiegelt ..."
So heißt es in der Spendeformel des Bischofs bei der Firmung. Die Firmung wird als „Besiegelung" verstanden. Damit wird an einer alten Bezeichnung festgehalten. In den ersten christlichen Jahrhunderten wurden auch das Taufbekenntnis, die Taufspendung und das Kreuzzeichen als „Siegel" bezeichnet. Vom 3. Jahrhundert an wird der Begriff allerdings speziell auf die Firmung angewandt. Besiegelt wird in der Firmung die Person des Empfängers; weshalb sein Name zu Beginn der Formel eigens genannt wird.

⇒ Ein Siegel tragen in der Antike Sklaven oder Soldaten. Wer ein solches Zeichen trägt, steht im Dienst des Herren, zu dem dieses Zeichen gehört. Damit weist es gleichzeitig die Gruppe derer aus, die erkennbar sind an dem gleichen Siegel. Mit der Besiegelung sind häufig eine Beauftragung und Verpflichtung verbunden. Zu einem Mächtigen zu gehören, kann aber auch Schutz bedeuten. Daher ist das Siegel auch als Schutzzeichen zu verstehen (vgl. die Besiegelten in Offb 7,2–8). Und insofern es mit einer Verheißung und Hoffnung verbunden ist, gilt es als ein Unterpfand der Gemeinschaft mit Gott.

Der Bischof als Spender der Firmung
Wo Taufe und Firmung zu unterschiedlichen Zeitpunkten empfangen werden, wird die Firmung in der Regel vom Bischof gespendet.

⇒ Die Bischöfe sind Nachfolger der Apostel und als solche Vorsteher von Teilkirchen, die in ihrer Gesamtheit und in gegenseitiger Gemeinschaft die eine Kirche bilden. Christliche Initiation ist nicht nur Aufnahme in eine Gemeinde; sie ist Einfügung in das Volk Gottes, die Kirche als Ganzes. Die Gegenwart des Bischofs symbolisiert zum einen das Band der Tradition (= Überlieferung) des Glaubens, durch das wir mit dem Ursprung Jesu Christi und dem Glaubenszeugnis der Apostel verbunden sind. Gleichzeitig stellt er auch die konkrete Kirche vor Ort in ihrer Gemeinschaft mit allen anderen Gemeinden und Ortskirchen dar.

Der Firmspender zeichnet ein Kreuz auf die Stirn der Firmanden.
Das Zeichen, mit dem die Besiegelung vollzogen wird, ist das Zeichen Jesu Christi:

> ⇒ Das Kreuz, mit dem der Firmand schon bei seiner Taufe bezeichnet wurde, weist hin auf das Leiden und Sterben Jesu; durch die Auferweckung ist es zum Zeichen des Sieges über Sünde und Tod und zum Heilszeichen für die Menschen geworden. Der Firmling empfängt also das Siegel Christi. Das bedeutet: Du gehörst zu Christus. Die in der Taufe grundgelegte Verbundenheit mit Christus wird in der Firmung bestätigt und weitergeführt.

Die Firmanden werden auf der Stirn mit Chrisam gesalbt.
Chrisam ist ein mit aromatischen Stoffen vermischtes Pflanzenöl (Olivenöl mit Balsam).

> ⇒ Öle oder Salben werden im medizinischen und kosmetischen Bereich zur Kräftigung und zum Schutz auf die Haut aufgetragen. Ihre heilende, stärkende und abwehrende Kraft legt sich zunächst wie eine zweite Haut auf den Menschen, um dann in ihn einzudringen.

In ähnlicher Weise werden die Jugendlichen durch das Zeichen der Stirnsalbung von der stärkenden und schützenden Kraft des Heiligen Geistes erfüllt. Das bedeutet zugleich Ermächtigung und Sendung, im Namen dessen aufzutreten, der diese Kraft verleiht, und für seine Sache einzustehen. Die Gefirmten sollen das Empfangene „ausströmen" (daher wohlriechendes Öl), ihr Leben soll Gott gefallen und den Menschen dienen.

> ⇒ Die Salbung mit Öl ist ein uraltes Zeichen, das auch in der biblischen Tradition vielfach bezeugt ist. Sie findet sich als Ritus der Erwählung besonderer Personen, z. B. bei der Einsetzung von Königen und Priestern (vgl. 2 Sam 2,4.7; 5,3.17 u.ö.). Der Hoheitstitel „Christus" bedeutet: „der Gesalbte". Jesus, der Christus, ist der mit dem Hl. Geist Gesalbte Gottes. Jede Christin und jeder Christ sind mit der Taufe „Gesalbte".

Durch die Salbung bei der Firmung wird erkennbar, dass sie durch die Firmung „intensiver und in vollerem Maß teilhaben an der Sendung Jesu Christi", an seiner „königlichen und priesterlichen Vollmacht" und an seiner „Geistfülle" (vgl. Kath. Erwachsenenkatechismus, S. 341). Neben dem Aspekt der Erwählung findet sich also auch hier die Bedeutung der Firmung als Beauftragung und Sendung wieder.

Bei der Salbung legt der Bischof die rechte Hand auf den Kopf des Firmlings.
Das Auflegen der Hände ist Zeichen für die Hand Gottes, die sich zum Schutz und zum Segen über den Menschen legt.

> ⇒ In der Apostelgeschichte wird die Handauflegung als Zeichen der Geistverleihung überliefert. In Apg 8,14–17 wird deutlich, dass für die Apostel die Gabe des Heiligen Geistes zur Taufe dazugehörte; deshalb wurde die Geistverleihung auch unter Umständen „nachgeholt". Gleichzeitig bedeutet die Handauflegung auch Übertragung einer Kraft und Vollmacht, womit eine bestimmte Aufgabe in der Gemeinde verbunden sein kann (Apg 14,23).

Die in Taufe und Firmung erfahrbare Zuwendung Gottes ist von Gott her unwiderruflich und ein für alle Mal geschenkt. In diesen Sakramenten wirkt Gottes Schöpfermacht in geschichtlich greifbarer Weise am Menschen. Der Mensch selber ist innerlich so geprägt, dass diese von Gott bewirkte Veränderung auch dann noch bestehen bleibt, wenn der Mensch sich von Gott abwendet. Taufe und Firmung verleihen jeweils ein unauslöschliches geistiges Prägemal und sind daher auch nicht wiederholbar.

„Sei besiegelt durch die Gabe Gottes, den Heiligen Geist."
Die Firmung verleiht den Heiligen Geist als „Gabe Gottes". Damit ist zunächst gesagt, dass der Empfang des Geistes ein Geschenk ist.

> ⇒ Jesus selbst hat seinen Jüngern verheißen, dass der Vater in seinem Namen den Heiligen Geist senden werde, den Geist der Wahrheit, den Beistand (vgl. Joh 14,16.26; 15,26; 16,7–14). Er „wird euch alles lehren und euch an alles erinnern, was ich euch gesagt habe" (Joh 14,26).

⇒ Die Menschwerdung des Sohnes Gottes in Jesus von Nazaret ist das Werk des Heiligen Geistes, wie die Bibel bezeugt (vgl. Lk 1,35). Nach der Taufe im Jordan ist er in der Gestalt der Taube auf Jesus herabgekommen (vgl. Mk 1,10 par); von ihm war er „gesalbt" und bei all seinem Tun erfüllt (Lk 4,18–21). Der auferstandene Christus verleiht seinen Jüngern den Heiligen Geist (vgl. Joh 20,22).

⇒ Am ersten christlichen Pfingstfest, so berichtet die Apostelgeschichte (2,1–42), haben die im Glauben an den Auferstandenen Versammelten die Gegenwart und Macht des Geistes in besonderer Weise erfahren: Sie haben in seiner Kraft die Frohe Botschaft verkündet und die Gemeinschaft der Glaubenden, die Kirche, aufgebaut.

So kennzeichnet die „Gabe des Heiligen Geistes" (Apg 2,38) die „Zeit der Kirche", in der der Heilige Geist in allen, die Gemeinschaft haben mit dem erhöhten Jesus Christus, wirkt und ihnen als Beistand „zur Seite steht". Die Firmung lässt „die Pfingstgnade in der Kirche auf gewisse Weise fortdauern" (Apostolische Konstitution über das Sakrament der Firmung, in: Die Feier der Firmung, S. 13).

Die Firmpaten stehen buchstäblich hinter den Jugendlichen und legen ihnen freundschaftlich und vertraut eine Hand auf die Schulter.
Mit dem Patenamt verknüpft sich eine Aufgabe, die eigentlich der ganzen Gemeinde zukommt. „Stellvertretend" für alle bringen die Paten in besonderer Weise zum Ausdruck, dass die Firmanden in einer Gemeinschaft von Glaubenden stehen, die sie nicht allein lässt, sondern in ihrem Leben und Glauben stärken und begleiten will. Daher sollten die Paten Personen sein, zu denen die Jugendlichen Vertrauen haben und die ihnen auch auf dem Weg des Glaubens helfen können und wollen. Sie selbst müssen katholisch und gefirmt sein.

4. Die „Erprobungsphase Firmung" im Bistum Essen

Veränderungen in der Firmkatechese, besonders die Abkehr von unterrichtsähnlichen Vorbereitungskonzepten und -materialien, war schon seit längerem zu beobachten. In vielen Gemeinden suchte man nach neuen Wegen. Mit Beschluss der Dechantenkonferenz und im Auftrag der Bischöfe wurden daher von 1998 bis 2001 in sechs Seelsorgeeinheiten des Bistums Essen unterschiedliche Firmkonzepte erprobt und ausgewertet.

In ihrem Papier „Sakramentenpastoral im Wandel" hat die Pastoralkommission der Deutschen Bischofskonferenz 1993 auch Fragen der konkreten Umsetzung und Praxis bedacht. So wird unter anderem darauf hingewiesen, dass die Entscheidung über das Firmalter den „Zusammenhang zwischen der vollen Annahme der eigenen Taufe und der Erfahrung des Mitlebens in einer Glaubensgemeinschaft" berücksichtigen sollte. Und weiter: „Wichtiger als das Firmalter sind die gute Vorbereitung und Einführung in das Leben der Gemeinden" (a.a.O., S. 49).

Die Ergebnisse und Empfehlungen der „Erprobungsphase"

Im Hinblick auf **das Firmalter**, wurden folgende Erfahrungen gemacht:

⇒ Aufgrund der **pubertären Entwicklungsphase** zwischen dem 12. und 15. Lebensjahr erweist sich jede Form von Sakramentenkatechese für diese Altersgruppe als ausgesprochen schwierig. Zwischen diesen Lebensjahren sind oft erhebliche Entwicklungsunterschiede, besonders zwischen den Jungen und den Mädchen, feststellbar. Mehr noch: Die meisten dieser jungen Leute sind in dieser Lebensphase sehr mit sich selbst beschäftigt. Die Offenheit für andere Gleichaltrige beschränkt sich häufig auf die eigene Clique. Dies lässt einen offenen und themenbezogenen Austausch nur selten gelingen und erschwert das Arbeiten in den Gruppen.

⇒ In der 9. und 10. Klasse finden in der Regel **Schulpraktika** statt. Sie stellen die Jugendlichen vor die Frage nach dem „Danach": weiter Schule oder Ausbildung?! In der Erprobungsphase konnte bei den meisten Jugendlichen ein deutlicher **Entwicklungsschub** beobachtet werden. Zudem kommt mit dem 16. Lebensjahr die Pubertät in eine reifere und „ruhigere" Phase. Die Jugendlichen werden wieder offener, oft auch nachdenklicher.

⇒ Mit diesen Beobachtungen schärft sich **das Profil des Firmsakramentes**: als **Glaubens-zeichen an einer Schnittstelle des Lebens**. Die Jugendlichen stehen an einem Über-gang, der von ihnen – wenn auch unterschiedlich intensiv – wahrgenommen und „bearbei-tet" wird. An dieser „Schnittstelle" junge Menschen mit dem Geist der Liebe Gottes in Berüh-rung zu bringen, ist eine wertvolle Chance für die Kirche. Hier kann die Frage nach der eige-nen religiösen Orientierung bedeutungsvoll gestellt werden. Auf diesem Hintergrund können im Rahmen der Firmkatechese **eine Einführung in eine christliche Lebensart** oder **auch eine Vertiefung** erfolgen.

Das Verständnis der Firmung als „Befähigung" legt es nahe, die Firmspendung mit dieser Phase stärkerer Eigenorientierung und Verantwortung für den eigenen Lebensweg zu verknüpfen. Die Firmung ist aber nicht bloße Bekundung oder Bestätigung einer aus eigener Kraft bereits getrof-fenen Lebensentscheidung. Sie ist deshalb auch nicht als „Ratifizierung der Taufe" o. Ä. zu bezeichnen. Die bewusste Annahme der Taufe und das Leben aus der Taufe sind ein Vorgang beständigen Wachstums. Die Erneuerung des Taufversprechens vor der Firmspendung ist nicht im Sinne einer jetzt zum ersten Mal vollzogenen öffentlichen Bejahung der eigenen Taufe zu verstehen. Sinn der Tauferneuerung ist es, die Firmung als abschließende Phase der Eingliede-rung deutlich zu machen. Gleichwohl sollten Glaube und Taufe von den Jugendlichen altersge-mäß bejaht werden.

In diesem Zusammenhang wurde auch der **Firmturnus** zum Thema. Der im Bistum Essen üb-liche dreijährige Firmturnus wurde besonders aufgrund der Erfahrungen des Dekanates Essen Heisingen-Kupferdreh mit der jährlichen Firmung ganz neu bedacht:

⇒ **Unter den Jugendlichen** entstand eine **unerwartete Resonanz,** da in jedem Jahr an allen Schulen des Stadtteils zur Firmung eingeladen wurde. Die Jugendlichen machten die Firmung an den Schulen selber zum Thema – und zwar durchweg positiv werbend.

⇒ Zugleich wurde der „Druck" auf die Verantwortlichen in den Gemeinden geringer, möglichst alle auf den vorgegebenen Firmtermin zu verpflichten. Es bestand nun **die Möglichkeit, bereits im nächsten Jahr** z.B. mit der Freundin oder dem Freund gemeinsam an der Firmvorbereitung teilzunehmen.

⇒ Durch die Konzentration auf einen Jahrgang gab es **kleinere Gruppen** von FirmbewerberInnen und zugleich überschaubarere Katechetenteams. Die so entstehende Entlastung der haupt-amtlichen MitarbeiterInnen konnte zur intensiveren Begleitung der KatechetInnen genutzt wer-den. Alle Beteiligten empfanden nach anfänglichen Bedenken den jährlichen Firmturnus als **Entlastung**, weil sich **„eine positive Routine"** einstellte.

⇒ Die jährliche Einladung eines Jahrgangs hatte den Vorteil **homogenerer Gruppen**, was zu einer deutlich wahrnehmbaren Entspannung für die Jugendlichen wie die KatechetInnen führte.

Zugänge, Ansätze und Perspektiven

„Die gegenwärtigen Probleme der Sakramentenpastoral stehen im Zusammenhang der Über-
gangssituation von der ‚Volkskirche' zu einer veränderten Sozialgestalt der Kirche bzw. Ge-
meinde. Die bisherige Sakramentenpastoral ist Ausdruck der vorherrschenden volkskirchlichen
Situation; ihre Krise ist die Krise der Volkskirche. Neue Modelle der Sakramentenpastoral sind
Ausdrucksformen eines neuen Kirchen- und Gemeindebewusstseins. Dessen Konturen zeich-
nen sich zwar bereits ab, sind aber noch im Werden. Solche Übergangssituationen sind voller
Ambivalenzen und gestatten keine eindeutigen Urteile und Prognosen."

Mit diesen Worten hat die Pastoralkommission der deutschen Bischöfe 1993 die Situation der
Sakramentenpastoral beschrieben. Der anhaltende Umbruch wird in ganz besonderer Weise bei
der Firmvorbereitung deutlich: Wie in kaum einem anderen Bereich der Pastoral werden gerade
hier neue Wege gegangen, wird Neues versucht und auch zum Teil mit Erfolg erprobt.

Die Vermittlung des Glaubens an die nachwachsende Generation ist wohl eine der größten
pastoralen Herausforderungen für die Kirche. Die frühere Allianz von Familie, Schule und Gemeinde ist weithin aufgehoben. An die Stelle eines fraglos übernommenen und von den gesell-
schaftlichen Kräften selbstverständlich mitgetragenen Christseins ist eine mehr oder weniger
bewusste Glaubensentscheidung des Einzelnen getreten. Die Firmkatechese kann – trotz vielfältig erkennbarer Grenzen – auf die veränderte Situation hin angemessene Weichenstellungen
vornehmen.

1. Erfahrungsbezogene Katechese

Firmvorbereitung hat weniger mit „Unterricht" oder „Unterweisung", mit „Stunden" oder „Kur-
sen" zu tun – das erinnert allzu sehr an Schule. Vielmehr geht es vorzugsweise um Begegnung
und Gespräch, um Erleben und Erfahren, um Deuten und Feiern: um Lernen in ganzheitlichem
und umfassendem Sinne.
„Damit der Funke überspringt", braucht es eine erfahrungsbezogene Katechese, die Erlebnis-,
Person-, Gemeinde-, biblisch, diakonisch sowie Liturgie-orientiert ist. Auch diese Bausteine zur
Firmvorbereitung wollen den Weg (vor)bereiten **vom Erleben zur gedeuteten und zur gefeierten
Erfahrung.**

● Erlebnis-orientiert

(Junge) Menschen machen heute vorrangig vermittelte Erfahrungen. Über die verschiedensten Medien – vom Fernsehen über Video bis zum Internet – kommt ihnen die Welt ins Haus,
allerdings aus „zweiter Hand": ausgewählt, verkürzt, subjektiv gedeutet, mitunter bewusst
oder unbewusst fehlgedeutet. Vielen fehlen ganz unmittelbare, ursprüngliche, ganzheitliche
Erfahrungen mit Leben und Welt, mit sich und den Mitmenschen.
Was Schwangerschaft und Geburt, was Sterben und Tod als die beiden Pole menschlichen
Lebens letztlich bedeuten, erfahren immer weniger Jugendliche konkret in ihrem Leben.
Auch Problemsituationen, wie Armut und Obdachlosigkeit, Alter und Gebrechlichkeit, mitunter
auch Schuld und Versöhnung, sind ihnen weithin fremd. Vieles davon ist aus dem unserem
alltäglichen Leben ausgebürgert worden – in die Sozialstationen, Krankenhäuser, Pflegeheime, Hospize ...
Die Firmvorbereitung wird einerseits an die (begrenzten) Lebenserfahrungen der FirmbewerberInnen anknüpfen und die Jugendlichen andererseits an bisher „unerfahrene" Lebenswelten heranführen. Dieses Erleben einer ganz anderen Seite menschlichen Lebens bedarf dann
notwendigerweise der Aussprache und der Deutung, damit es wirklich zu einer bedeutsamen Erfahrung wird. Nicht erlebnishafte Episoden – so genannte Highlights gibt es in unserer Erlebnisgesellschaft zur Genüge – sind das Ziel, sondern unmittelbare und ursprüngliche

Erfahrungen mit dem Leben. In jeder Gemeinde gibt es solche Lebensfelder, die es (neu) zu entdecken gilt und die mitunter völlig neue Lebenshorizonte eröffnen.

Aus solchen Lebenserfahrungen ergeben sich vielfältige Fragen:
- Fragen nach der eigenen Person, wo jede(r) Einzelne persönlich existentiell gemeint und betroffen ist;
- Fragen nach dem Leben, wo der Sinn des Ganzen ganz neu bedacht sein will;
- Fragen an den Glauben und Fragen nach Gott, wo die Jugendlichen im Gespräch erste Antworten auf ihre zahlreichen Fragen finden können.

● Person-orientiert

Glaube ist vor allem personales Geschehen; Glaube wird vorrangig personal vermittelt. Lebens- und Glaubenserfahrungen sind immer auch Erfahrungen mit glaubwürdigen Menschen in bestimmten Lebens- und Glaubenssituationen. In der Firmvorbereitung geht es in erster Linie um das ganz unverdächtige Lebens- und Glaubenszeugnis der KatechetInnen: Sie übernehmen ihre Aufgabe nicht „von Berufs wegen", sondern freiwillig, ehrenamtlich und damit unentgeltlich. Die FirmbewerberInnen erkennen recht bald dieses Engagement und fragen erstaunt: „Warum macht ihr das?"

Im Apostolischen Schreiben „Über die „Evangelisierung in der Welt von heute"[1] spricht Papst Paul VI. vom *„Zeugnis des Lebens ohne Worte"* (Nr. 21). Zum Lebenszeugnis der FirmkatechetInnen gehört, dass sie Interesse zeigen am Leben der Jugendlichen, für sie da sind, Zeit für sie haben und sich für ihre Anliegen einsetzen. *„Ein solches Zeugnis ist bereits stille, aber sehr kraftvolle und wirksame Verkündigung der Frohbotschaft. (...) Zu diesem Zeugnis sind alle Christen aufgerufen"* (Nr. 21). Dazu tragen die FirmkatechetInnen auf ihre Weise bei: bestärkend, ermutigend, herausfordernd ... durch *„Zugegensein, Anteilnahme und Solidarität"* (Nr. 21).
Erst im zweiten Schritt kommt es dann zum *„Zeugnis durch das Wort des Lebens"* (Nr. 22). Dafür bedarf es der Fähigkeit, ganz persönlich über seine Erfahrungen mit Leben und Glauben sprechen zu können. Dazu müssen auch manche Erwachsene ausdrücklich ermutigt und bestärkt werden. Wer jedoch als ChristIn mit beiden Beinen im Leben steht, ist durch Taufe und Firmung auch befähigt, *„jedem Rede und Antwort zu stehen, der nach der Hoffnung fragt, die ihn erfüllt"* (1 Petr 3,15). In diesem Sinne können sich die KatechetInnen als WegbegleiterInnen junger Menschen verstehen. Glaube lässt sich eben nicht erzeugen, wohl aber bezeugen!

● Gemeinde-orientiert

Glaube braucht Orte, an denen er erlebt und „erprobt" werden kann. Die Familie ist nur noch selten ein solcher Ort. Da bleibt letztlich die Gemeinde als Erfahrungsort christlichen Glaubens und christlicher Lebenskultur. Im Rahmen der Firmvorbereitung kann das nur für eine begrenzte Zeit geschehen. Dennoch kann sie für die Jugendlichen zu einer „guten Zeit" in und mit der Gemeinde werden. Sie können engagierte ChristInnen kennen lernen, die sich in der Gemeinde für die Menschen einsetzen – in Kindergärten, Alten- und Pflegeheimen, Eine-Welt-Läden, Kleiderkammern, Eltern- und Bürgerinitiativen usw.

Diese überzeugenden „Glaubensboten" können Auskunft geben über die Wirkkraft des Geistes Gottes – in Begegnungen, Gesprächen und den (gottesdienstlichen) Feiern der Gemeinde mit „ihren" FirmbewerberInnen. Firmvorbereitung und Firmfeier werden dann nicht mehr als ein „Randphänomen" wahrgenommen, sondern rücken mehr und mehr ins Zentrum der Gemeinde.

---

[1] In: Verlautbarungen des Apostolischen Stuhls, Nr. 2, hg. vom Sekretariat der Deutschen Bischofskonferenz, Bonn 1975.

Biblisch orientiert

Unser Christsein geht zurück auf eine Person: Jesus, der Christus, ist für die Christen zuverlässiger Zeuge der Liebe Gottes. Über sein Leben, sein Sterben und sein Auferstehen berichtet die Heilige Schrift. Sie ist somit Dokument und Zeugnis einer Glaubensgeschichte, die zurück reicht bis in die Anfänge des Gottesvolkes Israel. Die biblischen Zeugnisse des Glaubens – das Alte und das Neue Testament – sind auch für die heutigen Christen richtungsweisend.

Die Firmvorbereitung braucht deshalb eine biblische Ausrichtung. Mit den unterschiedlichsten Methoden und Medien[2] können den Jugendlichen wichtige Texte des Alten und Neuen Testamentes nahe gebracht werden. Ihre Bedeutung als „Frohe Botschaft" wird sich dann auch für ihr Leben erschließen lassen.
Die zentrale Aussage der biblischen Texte ist die Botschaft: Gott liebt uns – die Menschen und seine Schöpfung! *„Darum sollst du den Herrn, deinen Gott, lieben mit ganzem Herzen und ganzer Seele, mit all deinen Gedanken und all deiner Kraft. Als zweites kommt hinzu: Du sollst deinen Nächsten lieben wie dich selbst. Kein anderes Gebot ist größer als die beiden"* (Mk 12,30f.).
In zahlreichen Begegnungen, wie sie das Neue Testament bezeugt, hat sich Jesus immer wieder den Menschen zugewandt, sie aufgerichtet und in die (mitmenschliche) Gemeinschaft zurückgeholt. Für damals wie für heute hat er beispielhaft die Liebe Gottes zu uns Menschen verwirklicht, die letztlich die liebende Hin- und Zuwendung zum Nächsten (*Diakonie* oder *Caritas*) ermöglicht.

Diakonisch orientiert

Christsein bedeutet immer auch: für andere da sein. Das allein begründet schon eine noch stärkere soziale und diakonale Ausrichtung:
- durch Gruppenerlebnisse in kleineren und größeren Kreisen (feste Gruppen, Workshops, Gemeinschaftstage);
- durch Initiativen und Aktionen (z. B. Firmdiakonat);
- durch soziale Projekte (z. B. „Power im Pott" in Gemeinde oder Stadtteil).

Gemeinde kann hier wirklich als eine „Gemeinschaft von Gemeinschaften" erlebt werden: als eine Gemeinschaft mit Gleichaltrigen in der Firm- oder Projektgruppe und darüber hinaus auch als eine Gemeinschaft von Gläubigen aller Altersgruppen. Gegen alle Individualisierungstendenzen steht die christliche Überzeugung: Leben und Glauben sind nur in Gemeinschaft möglich und tragfähig. Menschsein wie Christsein geht nicht allein, sondern immer nur mit anderen!

Liturgie-orientiert

Liturgie ist <u>grund</u>-legend für Glaube und Kirche. „Die Liturgie ist der Höhepunkt, dem das Tun der Kirche zustrebt, und zugleich die Quelle, aus der all ihre Kraft strömt ..." (Liturgiekonstitution 10, II. Vatikanisches Konzil). Im Gottesdienst ruft Gott uns als sein Volk zusammen, ist er unter uns gegenwärtig, will er uns durch sein Handeln und Wirken „dienen". Wir wiederum „dienen" ihm durch Bekenntnis und Dank, durch Feier und Lobpreis.
Im Leben der Jugendlichen spielen Bräuche, Riten, Feiern (wieder) eine große Rolle. Musik, Tanz, Spiel, farbenfrohes Design, (Ver-)Kleidung usw. haben fast schon „liturgischen Cha-

---

[2] Dazu bietet die Bibelpastorale Arbeitsstelle verschiedene Workshops für KatechtenInnen an: Bistum Essen, Bischöfliches Seelsorgeamt, Abteilung Sakramentenpastoral, Zwölfling 16, 45127 Essen, Tel. 0201 / 2204-404, Fax: 0201 / 2204-625 (bzw. die entsprechende Arbeitsstelle in Ihrer Diözese).

rakter". Gleichwohl liegen zwischen gottesdienstlichen Feiern und jugendlicher Lebenswirklichkeit oft „Welten". Die meisten Jugendlichen sind „liturgie-entwöhnt"; die liturgische Sprache, die Symbole und Riten sind ihnen fremd. Von daher bedarf es einer gestuften Hinführung zur „Hochform" der Liturgie, der Eucharistiefeier. In kleinen Schritten können erste wichtige Zugänge sich eröffnen:

– Zur-Ruhe-kommen, Stillwerden, Durchatmen, Meditieren;
– Stoßgebete, „Notrufe", Fürbitten, jugendgemäße Gebete, Grundgebete;
– Wortgottesdienste, Früh- und Spätschichten;
– Gang durch die Kirche am Tag / in der Nacht, Jugendwallfahrt, Route spirituelle, Kreuzweg durch die Stadt;
– Gruppengottesdienste;
– Gestaltung des Gemeindegottesdienstes.

Die Liturgie kennt eine Vielfalt an gottesdienstlicher Gestaltung. Sie lässt ausreichend Spielraum für jugendgemäße Ausdrucksformen. So können Jugendliche ihr Leben vor Gott zur Sprache bringen.

Optionen der Firmpastoral

Bei allen Schwierigkeiten und Grenzen zeichnen sich doch bestimmte Optionen der Firmpastoral ab:

⇒ Hinführung zum Sakrament der Firmung bedeutet zunächst im Leben junger Menschen nachhaltige Spuren zu legen für eine <u>Gottesbegegnung</u>. Letztlich müssen sie durch uns erfahren, dass Gott am Gelingen ihres Lebens interessiert ist.

⇒ Durch die Begegnung mit Menschen, die aus dem Glauben leben, und durch das Aufsuchen von Orten, wo Glaube lebt, können die Jugendlichen <u>positive Erfahrungen in und mit der Gemeinde</u> machen. Hier kann das weitverbreitete „Bild" von Kirche bei jungen Leuten eine deutliche Korrektur erfahren.

⇒ Die Firmvorbereitung kann die fehlende Glaubens- und Kirchenerfahrung junger Menschen nicht völlig ersetzen. Aber sie kann <u>neue Beziehungen zur Gemeinde und zur Kirche</u> entwickeln helfen. In einer sich verschärfenden Diasporasituation wäre eine solch positiv erfahrene Wegbegleitung durch die Gemeinde ein ermutigendes Zeichen für Leben und Glauben junger Menschen.

⇒ Unabhängig davon, welche Wege der Firmvorbereitung wir gehen und welches Firmalter wir bevorzugen: Die Firmung kann jungen Menschen <u>(neue) Anstöße für ein (bewussteres) Christ-werden bieten</u>. Dabei geben die KatechetenInnen durch ihre Person und ihr Engagement anschaulich „Auskunft" über zeitgemäßes Christsein.

⇒ Die Gemeinde kann die intensive Phase der Firmvorbereitung als eine <u>Einladung zur Firmerneuerung</u> wahrnehmen und im Vertrauen auf das Wirken des Geistes Gottes „Visionen" einer Gemeinde in und für unsere Zeit entwickeln.

---

2. Firmvorbereitung: Unterwegs sein

Wir brauchen „Bilder", wenn wir uns verständlich machen wollen. Wörter allein genügen uns nicht: sie sind oft abstrakt und gelegentlich auch nichtssagend. Bilder dagegen sind ausdrucksstark und gut verstehbar.

Menschen begreifen seit alters her ihr Leben nachhaltig im Bild des Weges, der Wanderung, der Reise. Wir sind ständig unterwegs, in Bewegung, gehen vielfältig verschlungene Wege, kommen an und brechen auf, halten ein und ruhen aus. Wege haben einen Anfang und ein Ziel. Wer unterwegs ist, braucht Richtung und Orientierung, braucht Weggefährten und Weggemeinschaft.

So gesehen wundert es nicht, dass in allen Religionen der Weg schon früh zum Sinnbild für das Leben wurde. Christen verstanden ihr Leben schon immer als eine Pilgerschaft, als ein Unterwegssein zu Gott. Das Alte Testament kennt eine Fülle an Weggeschichten. Ja, es ist die große Weggeschichte Gottes mit seinem auserwählten Volk. Gott erweist sich als jemand, der mitgeht und begleitet, der Richtung und Orientierung gibt, der sein Volk nicht allein lässt.

Im Neuen Testament knüpft Jesus an diese Wegtradition an. Mit seinen Jüngern zieht er durchs Land, ist er ständig unterwegs. Immer wieder erzählt er Weggeschichten. Er selbst sagt von sich: *„Ich bin der Weg"* (Joh 14,6). In der Apostelgeschichte werden die Christen „Anhänger des neuen Weges" genannt. Das II. Vatikanische Konzil greift das Motiv des Weges im Zusammenhang mit dem Verständnis der Kirche „als Volk Gottes unterwegs" auf (vgl. Lumen gentium 9.13).

Die FirmbewerberInnen befinden sich selber auf einer entscheidenden Wegetappe ihres Lebens. Sie sind in einem Alter, in dem sie bisher vorgegebene Wege verlassen und ihren eigenen Lebens-Weg finden müssen. Das schließt Umwege, Irrwege, „Holzwege" ein, öffnet aber auch neue Auswege und Zuwege. So ist das Symbol des Weges für Jugendliche gut „zugänglich", denn es entspricht ihrer Lebenssituation. Sie sind mobil und flexibel, im wahrsten Sinne des Wortes beweglich: vielfältig und ständig unterwegs.

Die Religiosität der Jugendlichen nimmt mehr und mehr die Form einer „Praxis der Pilgerschaft" an. In Scharen pilgern sie zu außergewöhnlichen Orten und Ereignissen: Taizé, Weltjugendtreffen mit dem Papst, Katholiken- und Kirchentage, Jugendfestivals kirchlicher Gruppen und Verbände. Im Zuge dieser Entwicklung haben Wallfahrten in ihren vielfältigen Ausprägungen eine ganz neue Anziehungskraft auf Jugendliche gewonnen.
Viele Gemeinden greifen auf diese uralte „Praxis der Pilgerschaft" zurück und machen sich mit den FirmbewerberInnen auf zur „Route spirituelle". In diesem Sinne kann die Firmvorbereitung im wahrsten Sinne des Wortes zu einer wichtigen Etappe auf dem Lebens- und Glaubensweg junger Menschen werden. Die Jugendlichen können erfahren, was Christsein bedeutet: Unterwegs sein zu Gott.

3. Verantwortlichkeiten in der Firmvorbereitung

Die Umbrüche in der Sakramentenpastoral, aber auch die gewaltigen Veränderungen in der Entwicklung, im Sozial- und Gruppenverhalten sowie in der Lebens- und Glaubensgeschichte junger Menschen setzen ein hohes „Anforderungsprofil" an die ehrenamtlichen KatechetInnen voraus. Ihr Anspruch auf eine qualifizierte Vorbereitung und Begleitung durch das Pastoralteam der Gemeinde besteht zurecht. (Gruppen)pädagogische Hilfen und Beratung bei bestimmten Projekten und Initiativen sind unerlässlich. Darüber hinaus sollten Möglichkeiten zur eigenen Glaubensreflexion und Glaubensvertiefung gegeben werden.

● „Sprechhilfen" im Glauben

Den Glauben ganz persönlich zur Sprache zu bringen, fällt vielen Erwachsenen schwer. Wenn jedoch Alltags- und Lebenserfahrungen auf den Glauben hin gedeutet werden, dann eröffnen sich neue Perspektiven für das Gespräch mit den Jugendlichen. Ebenso hilfreich wird eine kritische Auseinandersetzung mit heutigen Formen von Religiosität und Spiritualität in der vielgestaltigen Jugendkultur sein.

Durch den intensiven, persönlichen Austausch kann der Katechetenkreis selbst zur Glaubensgruppe werden. Viele stellen dann fest, dass sie selbst am meisten von der Firmvorbereitung „profitiert" haben.

● Unterstützung im Tun

Das ehrenamtliche Engagement in der Firmkatechese muss von der Gemeinde mitgetragen und unterstützt werden. Bevor neue Wege in der Firmvorbereitung gegangen werden, ist ein Austausch in den verantwortlichen Gremien der Gemeinde, z. B. im Pfarrgemeinderat, dringend erforderlich. Ermutigung und Solidarität tun gut.

Die Verantwortung für die Firmkatechese liegt beim Pfarrer oder – durch Delegation – bei einem anderen Mitglied des Pastoralteams (Kaplan, Pastoral- oder GemeindereferentInnen[3]). Ihre Aufgabe ist es:
- geeignete Frauen und Männer anzusprechen;
- sie über ihre Aufgaben und die damit verbundene Belastung redlich zu informieren;
- sie vorzubereiten und zu motivieren und
- sie während ihres Dienstes kontinuierlich zu begleiten.

Die Erfahrung der letzten Jahre zeigt, dass sich in jeder Gemeinde ein entsprechender Mitarbeiterkreis finden lässt, der dann allerdings ermutigt, gefordert und gefördert sein will.

Die Rede von einer gastfreundlichen Sakramentenpastoral bezieht sich auch auf die KatechetInnen. Sie brauchen möglichst „freie Hand" bei dem, was sie tun. Das beginnt mit dem selbstverständlichen Zugang zu benötigten Räumen, Medien und Materialien. Ehrenamtliche sind weitgehend von organisatorischen Maßnahmen zu entlasten. Diese gehören ganz wesentlich in die Verantwortung der Hauptamtlichen.

● Förderung durch Kooperation

Die Arbeit in den Gemeinden kann durch die Kooperation in Pfarrgemeindeverbünden oder im Dekanat ergänzt werden. Auch das Seelsorgeamt unterstützt alle Bemühungen bei der Aus- und Fortbildung der KatechetInnen. In Zusammenarbeit mit den Verantwortlichen auf der so genannten „mittleren Ebene" , vor allem mit den Katholischen Jugendämtern können Erfahrungen ausgetauscht und neue Ideen und Projekte der Firmvorbereitung initiiert werden.

Wichtiger Hinweis

Die inhaltlichen und methodischen Überlegungen zu den einzelnen Lebens- und Glaubensthemen sind ausführlich entfaltet. Sie sind zunächst gedacht als Hintergrundinformation für die KatechetInnen. Für Begegnung und Gespräch mit den Jugendlichen muss sowohl im inhaltlichen als auch im methodischen Bereich eine gezielte Auswahl vorgenommen werden. Das betrifft insbesondere die theologischen Themen. Mitunter ist weniger mehr!
Ein gemeinsamer Austausch im Katechetenkreis vor, während und nach der Firmvorbereitung ist deshalb unerlässlich!

---

[3] In manchen Gemeinden werden diese Aufgaben auch erfahrene KatechetInnen übernehmen können.

Leitfaden zur Auswahl der „Bausteine"

Firmkatechese ist immer der Versuch, Jugendlichen wesentliche Inhalte christlichen Glaubens und christlicher Lebensart zu vermitteln. Dabei hat sie stets von deren Lebens- und Glaubenssituation auszugehen.

Die Handreichung *„Damit der Funke überspringt"* greift deshalb verschiedene Lebens- und Glaubensthemen auf, und zwar in Form von Bausteinen, die „vor Ort" zusammengesetzt werden können. Wie bei jeder „Konstruktion", ist auch hier darauf zu achten, dass das Ganze durch die tragenden Teile Profil und Festigkeit erhält. Daher sind die entsprechenden Bausteine besonders hervorgehoben. Gleichwohl wird auf ein geschlossenes Kurssystem verzichtet, um Spielraum für situationsgerechtes Handeln und kreative Eigeninitiative zu lassen.

Bei der Auswahl und Zusammenstellung der „Bausteine" im Katechetenkreis kann ein thematisches Raster* helfen, einen „roten Faden" zu finden:
Unter den thematischen Schwerpunkten (z. B. Sinndimension) sind verschiedene Inhalte bzw. „Bausteine" einander zugeordnet.

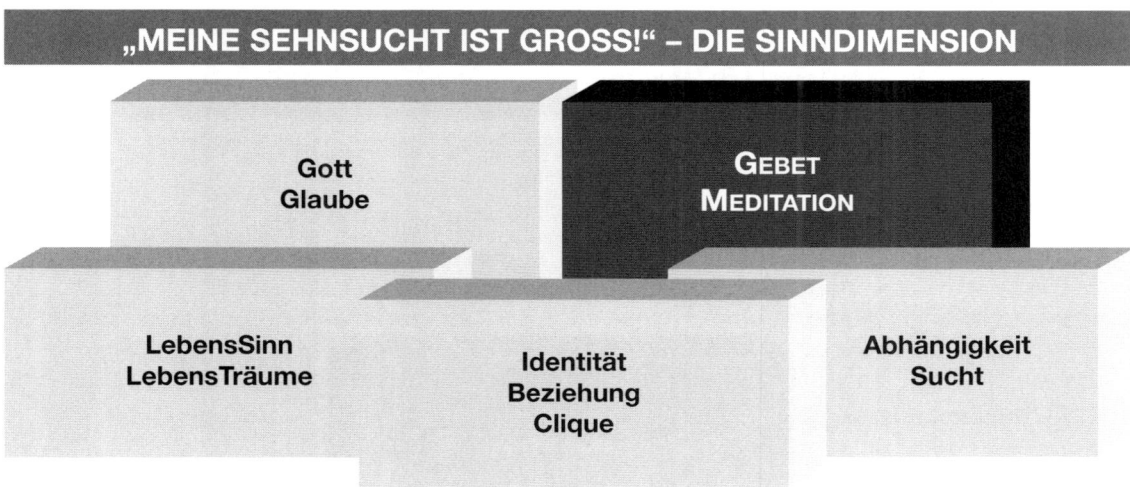

---

* Eine Anregung aus: Angela Kaupp, Gemeindekatechese als Sprachort des Glaubens – eine Patchwork-Werkstatt, in: Herbert Haslinger/Simone Honecker (Hg.), „Na logo!" Glaubenswissen in der Jugendpastoral, Düsseldorf/Kevelaer 2002, S. 107.

Leitfaden zur Auswahl der „Bausteine"

„GUT, DASS DU DA BIST!" – DIE GEMEINSCHAFTSDIMENSION

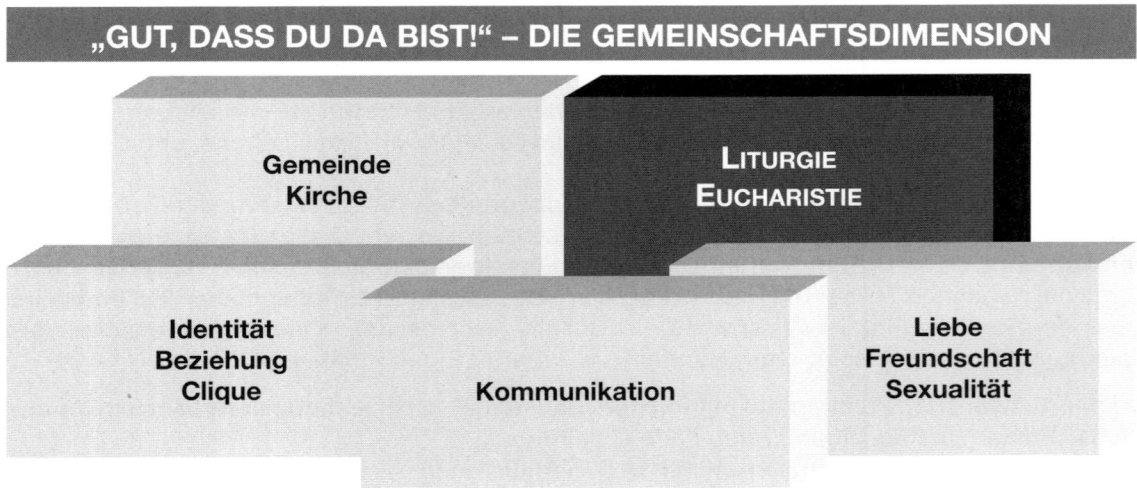

Gemeinde
Kirche

LITURGIE
EUCHARISTIE

Identität
Beziehung
Clique

Kommunikation

Liebe
Freundschaft
Sexualität

„ICH HOFFE AUF EINE ZUKUNFT!" – DIE ZUKUNFTSDIMENSION

LebensSinn
LebensTräume

Lebens(An)Gebote
Fest der Versöhnung

Jesus Christus

SAKRAMENT FIRMUNG

Heiliger Geist

„ICH KANN NICHT MEHR!" – DIE ENDLICHKEITSDIMENSION

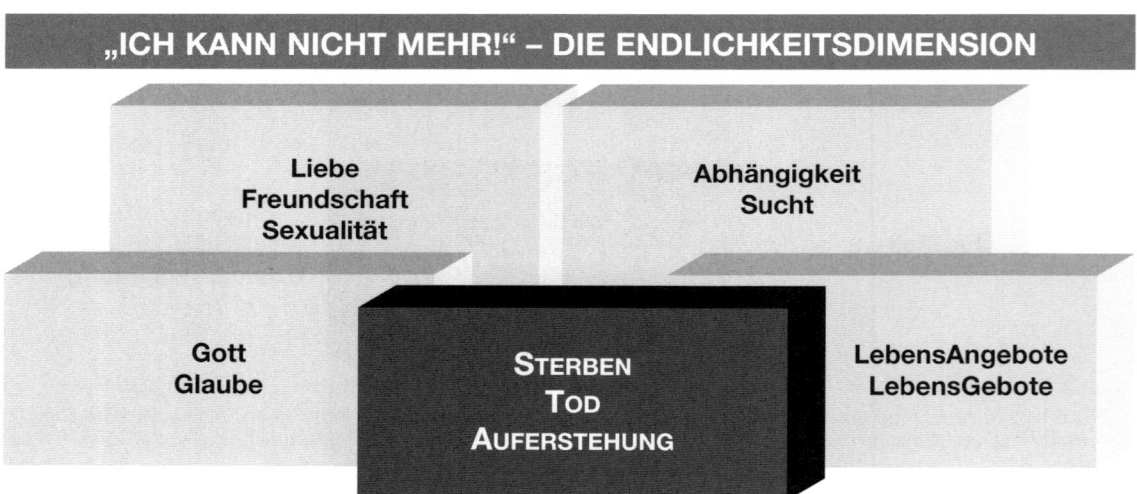

Liebe
Freundschaft
Sexualität

Abhängigkeit
Sucht

Gott
Glaube

STERBEN
TOD
AUFERSTEHUNG

LebensAngebote
LebensGebote

LEBENS Themen

Inhaltliche Überlegungen

Der Prozess des Ich-Werdens – darum geht es beim Thema Identität. Die Fragen „Wer bin ich? Wie und wann bin ich Ich? Was ist die Welt? Wie kann ich ihr begegnen?" locken immer neue Antworten hervor, verunsichern aber zugleich Jugendliche – und nicht selten auch Erwachsene.

- „Wenn ich so an mich denk, wird mir ziemlich schummrig."
- „Jetzt hab ich endlich eine SMS von ihm gekriegt. Alles dreht sich jetzt nur noch um uns."
- „Irgendwie möcht' ich schon raus zuhause. Wenn ich nur wüsste, wie?!"
- „Ich hab mich ganz schön verändert in den letzten zwei, drei Jahren – vielleicht sogar total. Und jetzt muss ich mich neu arrangieren: in mir und mit mir und mit allem um mich rum."
- „Ich werde nicht alles erreichen, was ich will, aber ich werde alles ausprobieren, was ich kann."
- „Bloß nicht so werden wie meine Alten."
- „Ich find mich einfach genial."

Ich-AG – das „Unwort des Jahres 2002" kann als Negativbeispiel dafür dienen, was der Prozess des Ich-Werdens gerade nicht meint: Ich bin auf mich allein gestellt; ich habe nur einen (Markt-)Wert, wenn ich produktiv bin; heimliche Aktionäre steuern mich von außen und bestimmen meine Entscheidungen.

1. „Da macht man was mit"

Irrungen und Wirrungen: Wie heute Identitätsbildung läuft, ist nicht einfach zu umschreiben. Nur eines ist klar: Feste und vorgegebene Lebensentwürfe sind immer weniger tragfähig oder überhaupt zu haben. Erreichbare Vorbilder fehlen unseren Jugendlichen. Sicherlich wären Jugendliche gern Superstar, so mancher träumt vom Erfolg als Profisportler, so manche von der Karriere als Model. Aber ist das wirklich mein Weg, kann ich mich nur *so* verwirklichen?

Auf eigenen Beinen stehen ... ist und bleibt eine der entscheidenden Aufgaben Jugendlicher. Jetzt geht es um die ersten eigenverantwortlichen Schritte im Leben. Die Fragen rund um Schule/Studium und/oder Berufsausbildung drängen: Was will ich? Was kann ich erreichen? Wo will ich dazugehören? Diese ersten Gehversuchen sind meist etwas wackelig und bedürfen einer behutsamen Unterstützung: Junge Menschen müssen lernen können, *wie* Erwachsene ihr Leben zu gestalten. *Was* sie tun oder lassen, wollen und sollen sie nun für sich herausfinden.

Wer die Wahl hat, hat die Qual: Unser Leben ist durch viele Möglichkeiten und Angebote geprägt, die auf uns einwirken. Wir müssen ständig auswählen. Ob Bungeejumping oder Zeltlager, ob Müsli oder Fast Food, ob Studium oder Berufsausbildung, selbst ob diese oder jene Disco – wofür oder wogegen ich mich entscheide, sagt, wer ich (nicht) bin.
Dazu kommt noch eine gewisse „Flexibilität": heute so, morgen vielleicht schon anders. Dieser „Wankelmut" – von Erwachsenen nicht selten kritisiert – ist jedoch ein Vorgeschmack auf das moderne Leben. Beweglichkeit im wörtlichen (Mobilität) und im übertragenen Sinn (Flexibilität) werden heute überall und von allen gefordert.

Patchwork-Biographie – das heißt, das Leben ist wie ein Flickenteppich, nicht aus einem Guss, manchmal mit verborgenem roten Faden: Wie weiß ich da, wer oder was (zu) mir passt? Will ich meinen Lebensweg finden und gehen, muss ich probieren dürfen und können, Richtiges und Falsches machen dürfen, gute und schlechte Erfahrungen sammeln. Probieren geht halt über's Studieren.

Kann sich Firmkatechese dieser Realität entziehen? Sicher: Kirche ist mehr als „nur ein Angebot" – aber eben *auch* ein Angebot!

2.EinBlick in die Psycho-Kiste

Die Entdeckung des Geschlechts und mein Rollenverhalten – Jugendliche machen eine zweifache Erfahrung: 1. Ich werde jetzt zum Mann/zur Frau, und 2. Ich werde von meiner Umgebung als Mann/Frau wahrgenommen. Damit gehen große Herausforderungen einher:

⇒ die körperlichen Veränderungen und Umbrüche zu erleben,
⇒ das eigene Aussehen zu akzeptieren,
⇒ den Druck der Altersgenossen mit der Frage nach dem „ersten Mal" auszuhalten, vor allem weil die biologische Entwicklung zunehmend früher beginnt;
⇒ als „Spätentwickler nicht mitreden" zu können,
⇒ die ersten sexuellen Erfahrungen „einzuordnen".

Und dann stehen die Jugendlichen vor der Frage nach dem jetzt angemessenen Verhalten.

⇒ Die vorgegebenen Rollenmuster „So hat eine Frau/ein Mann zu sein" sind aufgeweicht,
⇒ Frauen stehen heute auch im Beruf ihren Mann,
⇒ Männer stehen schon mal in Küche und Kinderzimmer.

Hier bieten sich in der Firmvorbereitung geschlechtshomogene Gruppen an, die das Identitätsthema in Jungen- und Mädchen-, treffender: in Männer- und Frauengruppen behutsam begleitet und in vertrauensvoller Atmosphäre angehen. Dabei ist klar: männliche Jugendliche brauchen Männer, weibliche brauchen Frauen als Gesprächspartner/innen.

Kommunikation und Gruppe der Gleichaltrigen (Peer Groups) – Unverzichtbar für Jugendliche ist „ihre Clique", der Freundeskreis, die beste Freundin / der beste Freund. Sie haben eine hohe Bedeutung:

⇒ hier können sich Jugendliche ausprobieren,
⇒ hier fühlen sie sich getragen und werden „notfalls auch aufgefangen";
⇒ hier tauschen sie sich darüber aus, was (zu) ihnen passt und was nicht.
⇒ Über ihr Äußeres (z.B. Kleidung, Haare, Verhalten etc.) bestätigen sie sich selbst und finden Sicherheit.
⇒ Neue Freundschaften werden geschlossen oder vertieft.

So schaffen sie sich ihr eigenes Leben. Dieser „Schöpfungsakt" setzt auf die Unterstützung durch andere Gleichaltrige . Noch brauchen sie die anderen, um Verabredungen oder Entscheidungen (via Handy oder SMS) zu treffen. Früher oder später werden sie diesen Gruppenrahmen erweitern oder sprengen (→ Kommunikation, S. 71f.).

Bloß raus hier? – Nicht wenige Jugendliche erweisen sich als wahre Nesthocker, v.a. die Söhne. Die Ablösung vom Elternhaus(halt) verlagert sich immer weiter ins frühe Erwachsenenalter und bleibt doch wichtige Aufgabe für die Jugendlichen:

⇒ Die Vorgaben und Erwartungen der Eltern stehen auf dem Prüfstand.
⇒ Es geht um die Frage: Was ist meins – und was ist deins?
⇒ Altbekannte Sätze wie „Solange du deine Füße unter meinen Tisch stellst ..." schmerzen.
⇒ Abhängigkeit und der Wunsch nach dem Eigenen zerren hin und her.
⇒ Sich arrangieren oder ausbrechen heißen die Alternativen.

Fest steht: Ohne Ablösung keine Selbstständigkeit! Ein schwieriger und bisweilen schmerzhafter Prozess für alle Beteiligten.

Was steht an? Tapetenwechsel! Jugendliche stehen mit 16 Jahren am Ende der ersten Pubertätsphase, sie kommen langsam in ruhigeres Fahrwasser, sind nicht ständig von der Rolle. Neue Fragen tauchen auf. Deswegen muss nicht gleich ein neues Haus gebaut werden, aber ein Tapeten- oder Posterwechsel sollte es schon sein.

3. Ich: so hat Gott mich geschaffen – Identität und Christsein

Du bist gemeint ... Die Anrede mit dem Namen bei Taufe und Firmung drückt aus, dass ich, dass jede und jeder von Gott gewollt und angenommen ist.

> ⇒ Bei der Taufe spielt die Namensgebung eine wichtige Rolle. Der/die Taufbewerber/in wird begrüßt mit den Worten: N., mit großer Freude nimmt dich die christliche Gemeinde auf. Und bei der Taufhandlung selbst steht der Name am Anfang: N., ich taufe dich im Namen des Vaters und des Sohnes und des Heiligen Geistes. Auch bei der Firmung wird jeder und jede bei seinem/ihrem Namen angesprochen: N., sei besiegelt durch die Gabe Gottes, den Heiligen Geist.

Wie Gott die Propheten beruft (z.B. Samuel in 1 Sam 3), ruft er jeden Menschen bei seinem Namen. Und wie bei der Taufe Jesu spricht Gott auch uns zu: Du bist mein geliebter Sohn, meine geliebte Tochter (vgl. Mk 1,11). Diesen Zuspruch gilt es zu entdecken: Ich bin von Gott gewollt und angenommen: unverwechselbar, einmalig, unaustauschbar. Eine solche Würde lässt jeden Menschen „aufrecht gehen" – ohne andere zu übergehen, denn sie haben die gleiche Würde.

Du bist wer ... Darin setzt sich die „ursprüngliche" Anrede durch Gott, sein Zuspruch fort. Gott schenkt Stärken und Begabungen. Die eigenen Talente und Fähigkeiten zu entdecken, motiviert Jugendliche dazu,

> ⇒ Zukunftsperspektiven zu entwickeln,
> ⇒ Lebenspläne zu schmieden,
> ⇒ das Eigene zu entdecken.

Dass junge Menschen auf dem Weg ihrer Identitätsfindung auch immer wieder „über ihre Füße stolpern", zeigt ihnen ihre Defizite und Schwachstellen. Sie zu benennen oder gar Fehler zu bekennen, ist keine einfache Aufgabe. Denn es macht das Erwachsensein aus, zu sich zu stehen, „notfalls" auch umzukehren, um einen anderen, besseren Weg einzuschlagen. Mit Gottes Zuspruch ist es möglich, diesem Anspruch zu folgen.

„Ich vertrau' dir!" Wer diesen Satz von einem Jugendlichen – ausdrücklich oder eher versteckt – gesagt bekommt, hat mehr vermittelt, als jedes Buch und jedes Wissen leisten kann. Die Erfahrung von Vertrauen ist lebenswichtig, weil unser Leben ein offenes und ungeschütztes Zukunftsprojekt ist. Die Erfahrung von Vertrauen ist auch „glaubensnotwendig" – nicht ohne Grund wird „glauben" oft mit „vertrauen" übersetzt. Wenn ich mit und an Menschen lernen und erleben kann, wie sie ihren Lebensweg vertrauensvoll mit Gott gehen, werde auch ich mich auf den Weg einlassen können. Deshalb sind KatechetInnen so wichtig, die mit ihrem Leben bezeugen, dass sie Vertrauen in Gott setzen, der die Welt so geschaffen hat, dass (Zusammen-)Leben möglich ist. Und ebenso bedeutsam sind ihre Zweifel und ihr glaubhaftes Ringen mit Gott. Ein solch authentisches Lebens- und Glaubenszeugnis ist nicht zu unterschätzen in seiner Wirkung auf die Identitäts- und Glaubensfindung junger Menschen.

Methodische Überlegungen

Zum Einstieg

Auf großem Fuß leben

Für große Gruppen

👥 Die Jugendlichen ziehen gleich am Eingang (zum Gruppenraum) ihre Schuhe aus. Wenn alle im Kreis sitzen, wird von jedem Schuhpaar jeweils ein Schuh in die Mitte gelegt.

Impulsfragen:
⇒ Was sagt dieser Schuh von sich?
⇒ Wie fühlt er sich?
⇒ Wem gehört der Schuh wohl, warum?

Die Jugendlichen diskutieren über die Statussymbole „Schuhe" und können natürlich auch Kleidung, Schmuck, Parfum und was sonst noch zum Outfit gehört etc. einbeziehen.

Meine Clique ist wie ...

👥 Die Jugendlichen überlegen sich in Kleingruppen, was ihre jeweiligen Cliquen auszeichnet. Sie versuchen, eine Redewendung oder ein treffendes Schlagwort zu finden, z. B.:
⇒ „miteinander dick sein",
⇒ „wir halten zusammen",
⇒ „bei uns geht die Post ab",
⇒ „gemeinsam durch Dick und Dünn gehen" ...

Die gefundenen Redensarten werden nun möglichst realistisch und ganz wörtlich verstanden durch ein Standbild vor der Gesamtgruppe demonstriert.

Jetzt werden die Darstellungen erraten: Was zeichnet die jeweiligen Cliquen aus?

Anschließend tauschen sich die Jugendlichen über die Wichtigkeit und die Verschiedenheit der Cliquen-Werte aus.

❗ *Hinweis: Diese Methode ist auch bei anderen Themen analog verwendbar!*

Ich-Elfchen

☑ Stifte und Papier.

👥 Elfchen sind Kurzgedichte aus elf Wörtern, die wie folgt angeordnet sein müssen:
1. Zeile: ein Wort
2. Zeile: zwei Wörter
3. Zeile: drei Wörter
4. Zeile: vier Wörter
5. Zeile: ein Wort

Die Jugendlichen können nach diesem Raster ein Ich-Elfchen schreiben. Ob sie dabei ihre Stärken, ihre Wünsche, ihre Situation o. Ä. ausdrücken sollen, hängt von der Richtung ab, die mit diesem Einstieg eingeschlagen werden soll.
Die Selbstmitteilung über ein Elfchen erfordert ein gewisses Maß an Vertrautheit in der Gruppe, v.a. wenn anschließend darüber geredet werden soll.

Ich
bin ich:
ein junger Mann,
der seinen Weg geht –
Hilfe!

Melanie,
starke Frau
will ich sein,
doch dazu brauch ich
dich.

Zur Vertiefung

Das Thema Identität ist in manchen Gruppen heikel. Deshalb setzen die Methoden zur Vertiefung eine vertrauensvolle Atmosphäre voraus. In der Regel fällt es den Jugendlichen leichter, sich in getrennt geschlechtlichen Gruppen zu öffnen.

Pretty (wo)man
(getrennt geschlechtliche Gruppen)

! *Anmerkung: Attraktiv zu sein, Aufmerksamkeit auf sich zu ziehen, gelegentlich im Mittelpunkt zu stehen – das spielt für junge Menschen um 16 Jahre eine große Rolle. Gegen das Schönheitsideal kommen viele mit ihrem Körper / ihrem Aussehen allerdings nicht an. Die folgende Übung will Bewusstsein für den eigenen Körper entwickeln helfen. Sie braucht einen Raum vertraulicher Atmosphäre und sollte in getrennt geschlechtlichen Gruppen erfolgen. Verschiedene Räume mit ausreichendem Platz sind zwingend notwendig.*

(Nach einer Idee aus: C. Hofrichter/B. Striffler (Hg.), Firmvorbereitung mit Esprit. Praxismodelle, Stuttgart 2001, S 172f.)

☑ Tapetenrollen in ausreichender Zahl, „helle" und „dunkle" Malkreide/Stifte.

👥 Jeweils ein Jugendlicher legt sich auf die Tapetenrolle und lässt den Umriss seines Körpers zeichnen. Anschließend werden die Rollen gewechselt. Nun gestalten alle ihr Erscheinungsbild: die „Orte" ihrer Ausstrahlung malen sie mit heller und ihre „verdeckten Körperpartien" mit dunkler Farbe aus. Im Paargespräch werden die „Erscheinungsbilder" vorgestellt und besprochen. In der gesamten Gruppe wird später ausschließlich über die Erfahrungen mit dieser Übung gesprochen.

(➜ FirmLogBuch, S. 17)

Vertrauensübungen

! *Hinweis: Bei diesen Übungen ist es wichtig, die Scheu vor dem Körperkontakt zu nehmen. Eindeutige Absprachen sind dabei hilfreich.*
Nach diesen Übungen ist es wichtig, die gemachten Erfahrungen mitzuteilen und über Empfindungen zu sprechen.

1. Getragensein

☑ Decken.

👥 Die Gruppe versammelt sich um eine ausgebreitete Decke am Boden.
Ein Jugendlicher legt sich mit dem Rücken auf die Decken.
Die anderen knien sich hin und schieben ihre Hände und Unterarme unter den Liegenden. Dabei ist es wichtig, sich kräftemäßig gut zu verteilen! Eine/r hält den Kopf.
Auf ein stilles Kommando hebt die Gruppe den Liegenden vorsichtig hoch, bis die TrägerInnen mit aufrechtem Rücken knien.
Dann beginnen sie langsam, den Liegenden zu wiegen und lassen ihn nach einiger Zeit wieder behutsam „landen".

2. Sich fallen lassen

👥 Die Gruppe bildet stehend einen engen Kreis (Schulter an Schulter, Stärkere neben Schwächeren). Alle halten ihre Hände in Brust-/Schulterhöhe vor sich, mit der Handfläche nach innen. Ein Bein wird vorgestellt, um einen sicheren und zugleich federnden Stand zu bekommen (Schrittstellung).
Ein Jugendlicher stellt sich (mit geschlossenen Augen) in die Mitte, richtet sich gerade auf und bleibt nur in den Fußgelenken beweglich, so dass er/sie sich wie ein Stock in die Hände der anderen fallen lassen kann. Diese fangen ihn/sie sanft auf, federn leicht nach und geben ihn vorsichtig an andere weiter. Nicht schubsen!
Am Ende der Übung den Jugendlichen in der Mitte wieder aufrecht hinstellen.

3. Blindenführung
➜ Ein Mann zum Wundern, S. 102.

Spieglein, Spieglein in der Hand

(→ FirmLogBuch, S. 12)

Für alle Jugendlichen je ein kleiner Handspiegel.

☑ Zum *Einstieg* empfiehlt sich eine Körperwahrnehmungsübung, z. B.: Aufrechtes Sitzen an einem angenehmen Ort im Raum.

Anleitung zur *Spiegelübung*:

 Du bist eingeladen zu einer kleinen Übung mit dem Spiegel in deiner Hand. Fühle ihn, wie er zunächst noch kalt ist und langsam immer wärmer wird, wenn du ihn in Händen hältst.
Das Glas ist glatt, du spürst es, wenn du mit deinen Händen darüber fährst. Dabei hinterlässt du Spuren auf dem Glas.
Der Spiegel fühlt sich hart und kantig an, doch er ist verletzlich und zerbrechlich:
Schnell ist das Bild getrübt durch Fett und Schmutz, durch Wassertropfen.
Und wenn du mit deinem Atem der Oberfläche zu nahe kommst, verschwimmt dein Bild und verschwindet hinter einem Dunstschleier.

Mit einem Spiegel kann man vieles machen, aber vor allem kannst du dein Bild im Spiegel sehen – deutlich, unverwechselbar, so wie du jetzt gerade bist.

Betrachte dich einmal in dem kleinen Spiegel in deiner Hand. Schau genau hin und halt ihn auch mal weiter weg.
Dreh und wende ihn, so dass du möglichst viel von dir in dem Spiegel sehen kannst.
Im Spiegel siehst du auch das von dir, was dir normalerweise verborgen bleibt:
Rückseiten, versteckte und unzugängliche Teile deines Körpers.
Der Spiegel zeigt dir auch, was für dich besonders wichtig ist und was du sonst nicht sehen könntest: dein Gesicht.

Schau es dir genau an, von nah und von fern. Begutachte jeden noch so kleinen Teil von deinem Gesicht: Deine Augen, die winzigen Härchen an deinen Wangen, deinen Mund, deine Nase, dein Kinn, den Haaransatz, deine Ohren, die Grübchen. Präg dir ein, was du jetzt alles in deinem Gesicht siehst.

Vieles davon ist dir vertraut – entdeckst du etwas Neues?
Vieles davon gefällt dir – was gefällt dir im Moment nicht so gut?
Dein Gesicht kann sich verändern. Experimentiere ein wenig mit deinen Möglichkeiten, Gefühle auszudrücken: lachen, strahlen, schmunzeln, aber auch traurig sein, düster oder entsetzt schauen. Probier es aus.
Wie ist dir nun zumute, wenn du so in den Spiegel schaust, dich darin siehst, wie du mit deinem Gesicht spielst?
Konzentriere dich auf deine momentane Stimmung, auf das, was dir gerade durch den Kopf geht, auf das, woran du dich jetzt erinnerst.
Prüfe, dass dein Blick, dein Gesichtsausdruck das alles wiedergibt.
Bleib jetzt ein wenig in dieser Stimmung. Präge dir die Einzelheiten ein.

Kurze Pause

Nun wirst du dich langsam von deinem Spiegelbild verabschieden. Entferne dich behutsam vom Spiegel. Wenn du willst, kannst du mit deinem Atem Nebel über das Bild legen.
Richte dich auf und nimmt wieder Kontakt mit dem Raum und den Menschen hier auf, aber sprich noch nicht.

Jetzt werden Dreiergruppen gebildet, in denen erzählt wird, was während der Übung gesehen und erlebt wurde.

Reflexion zu einigen Fragen, z. B.:
⇒ Wie zufrieden bin zurzeit mit meinem Aussehen?
⇒ Wie wichtig ist mir mein Aussehen/Körper im Kontakt zu anderen Menschen?
⇒ Was tue ich, um mich gesund und fit zu halten?
⇒ Was würde ich gerne an meinem Aussehen/ Körper verändern?
⇒ Wie schaut mein idealer Körper aus, woher beziehe ich meine Vorbilder?
⇒ Wie erlebe ich Krankheit an mir, an anderen?
⇒ Wie geht es mir im Umgang mit behinderten Menschen?
⇒ Was möchte ich in Zukunft mit meinem Körper ausprobieren?

(Nach einer Idee aus: Ingrid und Otto Kromer, Identitätssuche, Rex Verlag Luzern/Stuttgart 1995, S. 30f.)

Es wird mir eng:
Ausbrechen aus Mauern

❗ *Anmerkung: Die Gruppe hat bereits eine vertrauensvolle Atmosphäre und die KatechetInnen haben Erfahrung mit rasanten Körperspielen.*

 Die Gruppe bildet einen Kreis, der eine lebende Mauer darstellt. Ein Jugendlicher kauert sich in der Mitte auf den Boden und hat die Aufgabe, durch die Körpermauer in die Freiheit zu gelangen. Das ist nicht einfach!

Auf folgende Regeln werden alle verpflichtet:
– Wer eingeschlossen ist, darf vorhandene Lücken in der Mauer vergrößern, indem er einzelne Körperteile – nicht gewaltsam! – verschiebt.
– Die Mauer darf normalen Widerstand leisten – keine Gewalt!
– Verschobene Mauerteile dürfen nicht wieder von selbst in die Ursprungsstellung zurückkehren.
– Alle Wege nach draußen sind erlaubt – auch oben drüber.

Nach dem gelungenen Ausbruch wird kurz darüber gesprochen, welche Mauerteile die Jugendlichen benennen können, was sie einengt, wo sie sich Freiheit wünschen.

Zum Ausklang

„Musik be-deutet mein Leben"

☑ Die Jugendlichen haben CDs mitgebracht, deren Lieder wichtig für ihre eigene Identität (geworden) sind, z.B. die CD „Mensch" von H. Grönemeyer oder das Lied „I am what I am" aus dem Soundtrack zum Film „La Cage Aux Folles".

👥 Sie erzählen sich reihum, was ihnen gerade jetzt ihr Lied wichtiges zu sagen hat.

(➜ LebensSinn ▪ LebensTräume, S. 31)

❗ *Anmerkung: Im Internet – hier sind die Jugendlichen die beste Informationsquelle – lassen sich Liedtexte relativ einfach recherchieren, z.B. unter: www.lyrics.de.*

Geschichte: Das kleine Ich bin ich

☑ Das Buch „Das kleine Ich bin ich" von Mira Lobe, Jungbrunnen-Verlag 1972 besorgen.

Das Buch „Das kleine Ich bin ich" ist seit Jahrzehnten der Renner unter Kinderbüchern. Obwohl es eher für das Vorschulalter geschrieben ist, hat es seinen eigenen Reiz, Jugendlichen daraus vorzulesen – ein unvergessliches Erlebnis für alle.

Inhaltliche Überlegungen

Über Jahre hinweg hat das Jugendmagazin „jetzt" der Süddeutschen Zeitung wöchentlich 25 Jugendaussagen veröffentlicht: „LEBENSWERT – Gründe, warum es sich zu leben lohnt". Die letzte Ausgabe des Magazins versammelte 3.657 Gründe, die das Leben lebenswert machen (→ FirmLogBuch, S. 21), zum Beispiel:

Frei sein (Theresa) ● Mädchen, die einen anlachen, auch wenn man im Rollstuhl sitzt (Andi) ● Leben riechen (Bernadette) ● Hoffnung auf Veränderung (Grace) ● Durch Erfahrungen zu wachsen (Ursel) ● Liebe im Wald (Tamarabunke) ● Die Sommersprossen deines Freundes zählen (Kiba) ● Dass es auch schöne Überraschungen gibt (Sonja) ● Selber nicht so werden (Michael) ● Wieder unterwegs sein (Anne) ● Dass das Leben immer weiter geht (Holle) ● Meine unglaubliche Liebe und die Zukunft, die dadurch endlich nicht mehr dunkel ist (Sarah) ● Nachdenken (Robin) ● Genau jetzt zu leben (Kristina)

1. Der Sinn des Lebens

Alte Fragen – neue Antworten?! Die Jugendlichen beantworten mit ihren „Lebenswert-Aussagen" die alte und immer wieder neue Frage nach dem Sinn des Lebens. Genau genommen ist es eine ganze Kette von Fragen: Wer bin ich? Woher komme ich? Wohin gehe ich? Wozu bin ich da? Was ist der Sinn, dass ich geboren bin? Auf all diese An-Fragen sind nur sehr persönliche Antworten möglich. Sie sind so bunt und vielfältig wie das Leben selbst.

Jugendliche Sinnsuche bedeutet Leben in Spannungen und Widersprüchen. Jugendliche verlassen die sichere Kinderwelt mit ihrer Ordnung und Gefügtheit, prüfen kritisch Überkommenes und suchen Orientierung. Sie spüren ein Wechselbad ihrer Gefühle, wissen nicht mehr genau, worauf sie sich verlassen können. Sie müssen ein neues Gleichgewicht erproben zwischen dem, was ist, und dem, was sie sich wünschen und wonach sie sich ausrichten. Ihre Umwelt bietet Antworten an und hält Sinnangebote bereit: Ich kann und muss mich entscheiden, worauf ich mich einlassen will, was mir als sinnvoll erscheint. Dabei ist heute nicht notwendigerweise das sinnvoll, was gestern noch getragen hat. Neue Einsichten oder veränderte Lebensumstände verlangen auch neue Entscheidungen und Antworten. Mitunter fordern sie zu einer (radikalen) Umkehr auf. Christlicher Glaube kann hier Orientierung geben und (neue) Zuwege zu einem gelingenden Leben eröffnen.

2. Die Sinnfrage ...

... stellt sich an Knotenpunkten des Lebens: Die Anfragen an unser Menschsein drängen sich uns manchmal auf, stehen plötzlich im Raum. Besonders an Knotenpunkten und in Krisensituationen unseres Lebens springen sie uns förmlich an. Jugendliche befinden sich an der Schwelle zum Erwachsensein. Hier machen sie erste intensive Erfahrungen mit der Sinnfrage.

... ist immer konkret: Die FirmbewerberInnen stehen beispielsweise vor oder schon im Entscheidungsprozess „Berufswahl" und damit auch vor den ersten Lebensplänen. Da stellt sich nicht nur die Frage: „Was will ich werden?", sondern auch die Anfragen: „Warum will ich diese Ausbildung machen? Hat das (für mich) einen Sinn?" Dabei treffen verschiedene Interessen und Optionen aufeinander:

⇨ einen „guten Job" haben wollen, der möglichst krisenfest ist und ein gesichertes Einkommen verspricht, dabei jedoch die eigenen Fähigkeiten und Interessen nicht aus den Augen verlieren;

⇨ durch die erhoffte Karriere ein hohes Maß an Anerkennung bekommen und sich möglichst nicht abhängig machen von Bewunderung und Wertschätzung von außen;

⇨ eine gute und qualifizierte Ausbildung absolvieren und sich dafür die nötige Zeit nehmen, ohne von Beruf Kind bleiben zu müssen wegen der langen Ausbildungszeit;

⇨ etwas „Sinnvolles" tun für andere oder kreativ sein und sich deshalb – vielleicht sogar gegen den elterlichen Rat – z. B. für einen sozialen oder künstlerischen Beruf entscheiden.

Entscheidend wird sein, ob und wie ich durch den Einsatz meiner persönlichen Fähigkeiten Wertschätzung erhalte. Dann kann ich die Frage, ob Menschen arbeiten, um zu leben, oder leben, um zu arbeiten, mit meinem Leben beantworten. Entscheidungen fordern immer eine „sinnvolle" oder „stimmige" Wahl.

... kommt auch von außen: Jugendliche nehmen sich und die Welt – Innen und Außen – als getrennte Bereiche wahr, die miteinander in Kontakt treten. Konkrete Ereignisse können tief in Jugendliche eindringen: Katastrophen, Unglücke, Unfälle, Kündigungen – auch im Freundeskreis – lassen die Frage nach dem Warum aufkommen.

Die aktuellen Probleme (Massenarbeitslosigkeit, gerechte Verteilung des Kapitals, Bildung ...) und die globalen Herausforderungen (Macht der Weltwirtschaft, arme und reiche Länder, Umweltschutz, Gewalt/Krieg und Friedenssicherung ...) treffen Jugendliche heute ganz unmittelbar, wenn sie keinen Ausbildungsplatz finden oder später von ihrer Firma bzw. ihrem Betrieb nicht übernommen werden. Der Lehrstellenmangel ist nirgendwo so alarmierend wie im Ruhrgebiet.

... lässt sich nicht so einfach beantworten: Vordergründige Antworten auf die Sinnfrage sind schnell gefunden: „Mein Auto, mein Haus, meine Frau", dazu noch ein guter Job und reichlich Spaß in der Freizeit. Damit ist jedoch nur ein Aspekt (Sinn = Erfolg/Glück) erfasst.

⇨ Vielfach wird Jugendlichen eine simple Antwort auf die Sinnfrage „vorgelebt": Das „Objekt" wird mit dem Sinn verwechselt oder gleichgesetzt.

⇨ Doch hier sollen und werden die Jugendlichen nicht stehen bleiben. Denn sie machen rasch die Erfahrung, dass sich die Sinnfrage von selbst ausweitet – in konkreten Entscheidungs- oder Krisensituationen.

Angesichts von Tod und Verlust, von Leid und Schuld greifen die bisherigen Deutungsmuster nicht mehr: Sicherheiten zerbrechen und das Leben wird im wahrsten Sinne frag-würdig. Fragen kommen und bohren, Antworten machen sich eher rar. Was gibt mir jetzt Halt? Wer erklärt mir, warum ...?

⇨ Ein tolles Angebot für krisengeschüttelte Jugendliche findet sich auch im Internet, z.B.: www.youth-life-line.de. Unter Anleitung von erfahrenen Therapeuten bieten 21 Peer-BeraterInnen Hilfe in einem persönlichen Chat-Raum an.

... bleibt aktuell und offen: Die Unübersichtlichkeit unseres Lebens bringt es mit sich, dass dem einen sinn-voll erscheint, was für den anderen wider-sinnig ist – und das ein Leben lang. Immer wieder werden gefundene Antworten in Frage gestellt, zerbrechen Deutungsmuster, quälen Zweifel. Deshalb ist es wichtig zu lernen, mit der Vorläufigkeit von Antworten zu rechnen und damit umgehen zu können.

Hier könnte die Firmvorbereitung erste Hilfen und Sicherheiten geben: Weil so vieles unsicher (geworden) ist, brauchen Menschen heute immer wieder eine Möglichkeit der „Änderung". Glaube und Religion können diese „Umkehr" unterstützen, indem sie „Wandlungswege" und „Alternativrouten" zeigen und offen halten (➜ Lebens(An)Gebote, S. 141ff). Und bei aller Vorläufigkeit müssen die Antworten und Wege des Glaubens schlüssig und im guten Sinn auch belastbar sein, weil glauben mehr bedeutet als für-wahr-halten (➜ Gott ▪ Glaube, S. 89ff).

... findet auch Antworten: Bei aller kritischen Betrachtung bleibt eines klar: Die Frage nach Sinn findet natürlich auch tausendfach Antworten – in einer glücklichen Liebe, in einer erfüllenden Arbeit, in einem wachsenden Glaube ... Sie lassen die Zuversicht keimen: „Es muss im Leben mehr als alles geben!"

3. Verträumtes ...

Träume sind Schäume?! – Jugendliche brauchen Visionen, Lebensträume, die sie weitertragen, die sie voranbringen, denen sie folgen können. Solche Leitsterne leuchten von fern, und gerne träumen Jugendliche unter ihnen vom „Traumjob", von der „Traumpartnerin" oder vom „Traumpartner", vom „Traumhaus" ... Diese Sehnsucht nach mehr im Leben ist wichtig. Sie beflügelt und motiviert, aber sie kann auch ins Leere laufen: Aus der Traum. War dann alles umsonst?

Echte Visionen stiften Sinn, weil sie z. B. der kritischen und oftmals zermürbenden „Warum-Frage" standhalten, weil sie mich „trotzdem" etwas tun oder als sinnvoll erachten lassen. Vorbilder, die tun, wozu ich noch zu feige bin, lassen mich erkennen: Es lohnt sich, ein Ziel zu verfolgen. Von solchen Visionen berichtet die Bibel vielfach, wenn sie von den großen Prophetengestalten erzählt – oder von Gott selbst: Im letzten Buch der Bibel, in der letzten Vision, im letzten Satz spricht Gott: „Seht, ich mache alles neu" (Offb 21,5).

Wenn einer alleine träumt, bleibt es häufig nur ein Traum. Jugendliche brauchen Ermutigung für ihre Visionen von einer besseren, menschlicheren Welt. Aber sie brauchen auch Unterstützung bei deren Umsetzung. In der Gemeinschaft der Firmgruppe können sie die Erfahrung machen, dass nicht alle Träume vergebens geträumt werden, ja dass so manche Visionen – zumindest annähernd – verwirklicht werden können.

4. ... und Reales

Die Realität ist immer für eine Überraschung gut – Die neueste Shell-Jugendstudie unterstreicht einen schon länger zu beobachtenden Trend: Ein Großteil der Jugendlichen verlässt sich bei ihrer Suche nach Orientierung weniger auf Gesellschaft und Politik, sondern setzt vorsichtig wieder auf überschaubare (und deshalb auch kritisierbare) Traditionen.

⇒ Die eigenen **Eltern** oder Erwachsene aus dem nahen Umfeld fungieren als wichtige Orientierungshilfen, weil sie gelernt haben, bei aller Unsicherheit ihrem Handeln verbindliche Maßstäbe zugrunde zu legen.

⇒ Auch die **Gruppe der Gleichaltrigen** ist eine wichtige Stütze bei der Beantwortung der Sinnfrage. Hier wird sie zwar nicht ausdrücklich, dafür aber zwischen den Zeilen gestellt und beantwortet: Was hältst denn du davon ...?

⇒ Die **Gesellschaft** ist so komplex geworden, dass viele Jugendliche nicht mehr durchblicken. Die Entfremdung von politischen Vollzügen und Diskussionen und die Suche nach radikal vereinfachten Antworten machen hellhörig.

⇒ Auch **die Kirchen** stehen in dieser Entwicklung nicht als alleinige Sinnbeantworter da, sondern konkurrieren mit anderen Anbietern.

Orientierung „von oben"? – Weder der christliche Glaube noch die christliche Lebenspraxis ist „vom Himmel gefallen". Beide sind verwurzelt in der konkreten Geschichte. Und das ist zugleich Chance und Hemmnis: Die lange Tradition bietet auch Antworten, zu denen heute keine Fragen mehr existieren – schon gar nicht von Jugendlichen. Andererseits ist diese Tradition so etwas wie „geronnenes Lebens- und Glaubensgut". Das bedeutet: Der „Aggregatszustand" muss verflüssigt, lebendig, kontaktfähig werden. Heute kann christlicher Glaube als Orientierungshilfe nur dann Jugendlichen zufließen, wenn sich seine „praktische Außenseite" und seine „spirituelle Innenseite" als hilfreich zeigen. Dann gewinnen die Jugendlichen eine *Orientierung „aus der Mitte"* – des Lebens und des Glaubens.

5. „Ihr Einsatz, bitte!"

Die Frage nach Sinn ist eine persönliche, vielleicht die persönlichste Frage des Menschen überhaupt. Eine Antwort ist nur möglich, insofern ich mich persönlich und engagiert einbringe, auch und gerade als KatechetIn. Sie kann nicht losgelöst von der jeweiligen Person gegeben werden. Sie ist auch nicht einfach allgemeingültig und auf andere übertragbar. In einem gewissen Sinne ist sie nicht einmal „end-gültig" zu beantworten. Denn solange ein Mensch lebt, muss sich für ihn die Sinnantwort bewähren und kann doch immer wieder in Frage gestellt werden. Deshalb darf ich als KatechetIn authentisch mein eigenes Suchen und Fragen, aber auch meine (oft tastenden) Antworten und letztlich mich selber als Person einbringen: bekenntnishaft. So können KatechetInnen zu wertvollen Brückenbauern werden.

Methodische Überlegungen

Zum Einstieg

Werbespots

☑ Die Jugendlichen sammeln im Vorfeld Werbeslogans bzw. aktuelle Songs und bringen sie mit.

Die Jugendlichen stellen ihre gesammelten Sprüche, Slogans oder Werbespots, in denen die Frage nach Sinn aufgegriffen wird, vor; z. B.:

„Wir machen den Weg frei!"

„I love Genuss sofort!"

„Ein schöner Tag. Die Welt steht still, ein schöner Tag: Komm, Welt, lass dich umarmen, welch ein Tag!"

Oder auch Negativbeispiele wie: „Geiz ist geil".

Die Gruppe überlegt gemeinsam, welcher Sinn aus diesen Werbeslogans spricht, was an der Oberfläche bleibt, wo Hintergründiges aufscheint. Vielleicht können die Jugendlichen selbst Werbesprüche „für ein sinnvolles Leben" texten.

Musik be-deutet mein Leben

☑ Die Jugendlichen bringen aktuelle Songs mit, in denen ihr Leben gedeutet wird und in denen sie Antworten auf die Sinnfrage entdecken. Dabei ist es gut möglich, dass die Liedtexte von den Jugendlichen zunächst unreflektiert übernommen werden, vor allem wenn es sich um Lieder ihrer Lieblingsgruppe handelt.

Deshalb ist es wichtig, mit ihnen ins Gespräch zu kommen, was sie in diesem oder jenem Lied anspricht, warum sie sich für diese Musikgruppe interessieren. Weitere Impulse können sein:
⇒ Findet ihr euch in diesem Lied wieder?
⇒ Wo stimmt ihr zu?
⇒ Wo seid ihr anderer Meinung?

Warum es sich zu leben lohnt

(➜ FirmLogBuch S. 21)

Die Jugendlichen tragen nach dem Beispiel des Jugendmagazins „jetzt" der Süddeutschen Zeitung 25 Lebenswert-Gründe zusammen:
„Lebenswert: 25 Gründe, warum es sich diese Woche zu leben lohnt."

Danach vergleichen sie in Zweiergruppen ihre Gründe: Gibt es Übereinstimmungen, Ähnlichkeiten, Besonderheiten?

Abschließend erfolgt ein kurzer Austausch in der Gruppe über die Ergebnisse.

Zur Vertiefung

Wir bauen unseren Lebensweg

☑ Natur- und technische Materialien (z.B. Sand, Kies, Steine; Draht, Schrauben etc.); Bastelmaterial und Kleinwerkzeug; Heißklebepistole; Karton oder Holzplatten als Unterlage.

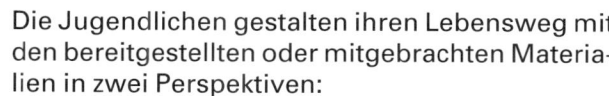

Die Jugendlichen gestalten ihren Lebensweg mit den bereitgestellten oder mitgebrachten Materialien in zwei Perspektiven:

1. zurückblickend:
⇒ Wie ist mein Leben bisher verlaufen?
⇒ Wo gab es Weichenstellungen, „Sackgassen", Umkehr, Versöhnung ...?

2. vorausschauend:
⇒ Welche Ziele und Visionen sehe ich auf meinem Lebensweg?
⇒ Welche Hoffnungen und Sehnsüchte habe ich?

Leben im Fragment

☑ Ein altes Puzzle mit möglichst großflächigen Teilen; Stifte

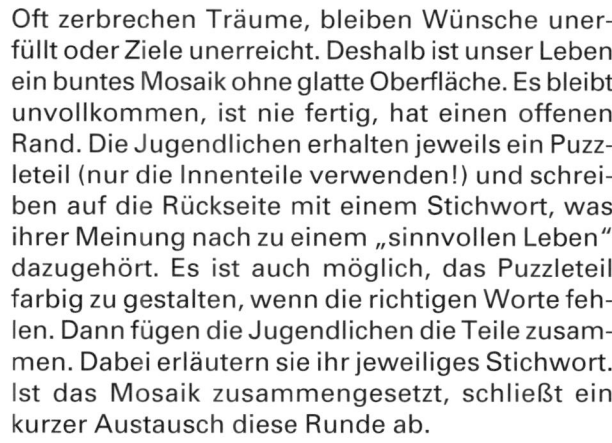

Oft zerbrechen Träume, bleiben Wünsche unerfüllt oder Ziele unerreicht. Deshalb ist unser Leben ein buntes Mosaik ohne glatte Oberfläche. Es bleibt unvollkommen, ist nie fertig, hat einen offenen Rand. Die Jugendlichen erhalten jeweils ein Puzzleteil (nur die Innenteile verwenden!) und schreiben auf die Rückseite mit einem Stichwort, was ihrer Meinung nach zu einem „sinnvollen Leben" dazugehört. Es ist auch möglich, das Puzzleteil farbig zu gestalten, wenn die richtigen Worte fehlen. Dann fügen die Jugendlichen die Teile zusammen. Dabei erläutern sie ihr jeweiliges Stichwort. Ist das Mosaik zusammengesetzt, schließt ein kurzer Austausch diese Runde ab.

Zum Ausklang

Der Reim aufs Leben: Ein Limerick

☑ Papier und Stifte

 Der Limerick ist ein Fünfzeiler mit folgendem *Reimschema:* A A B B A

Das *Versmaß* für die A-Zeilen (1., 2., 5. Vers) hat drei betonte Silben:
unbetont – <u>betont</u> – unbetont – unbetont – <u>betont</u> – unbetont – unbetont – <u>betont</u> – unbetont
Das Versmaß für die B-Zeilen (3. und 4. Vers) hat zwei Betonungen:
unbetont – <u>betont</u> – unbetont – unbetont – <u>betont</u>

In der letzten Zeile steht die *Pointe*, der Gag – sozusagen als Überraschung.

Zunächst sucht man sich ein Thema und formuliert die Idee in fünf Zeilen aus:

1. Vers: Jugendliche treffen sich am Mittag.
2. Vers: Dabei sprechen sie über neue Klamotten.
3. Vers: Zwei Jungen wollen die Mädchen beeindrucken.
4. Vers: Und es kommt zum Streit.
5. Vers: Diesen Streit empfinden die Mädchen als Imponiergehabe.

Dann werden die Zeilen so umformuliert, dass sie sich nach dem Schema A A B B A reimen und ins Versmaß passen:

1. Vers: Es <u>tref</u>fen sich <u>mit</u>tags die <u>Cli</u>quen
2. Vers: be<u>wun</u>dern die <u>Klei</u>der, die <u>chi</u>cen,
3. Vers: die <u>Jungs</u> sind bald <u>platt</u>,
4. Vers: durch <u>Mäd</u>chen schach<u>matt</u>,
5. Vers: weil <u>sie</u> in die <u>Her</u>zen tief <u>blic</u>ken.

Evtl. muss man die Verse noch umstellen, damit die Pointe in der fünften Zeile steht.

Oder als weiteres Beispiel:

Die Alten mit ihrem Geschwätze!
Die Messer ich un-heimlich wetze.
Das Leben zieht hin
und macht keinen Sinn,
wenn ich mich dafür nicht einsetze.

Lebenscocktail und Wunschpunsch

☑ Verschiedene Frucht- oder Obstsäfte und Gläser

 Die Jugendlichen sind eingeladen, miteinander auf das Leben anzustoßen und sich dabei Trinksprüche zuzusprechen.
Zu Beginn werden die Cocktails gemischt: Die verschieden farbigen Säfte entsprechen z.B. den Werten oder Zielen, die für ein sinnvolles Leben notwendig sind (→ „Leben im Fragment", s. oben). Die „sinnvollen" Gläser werden erhoben, und die Jugendlichen prosten einander mit dem Satz zu: „Ich wünsche dir für ein sinnvolles Leben ..."

Inhaltliche Überlegungen

Jungen und Mädchen zwischen 15 und 17 haben ihrer Phantasie freien Lauf gelassen: Was sind ihre Wünsche, Hoffnungen, Ängste, Fragen an sich, an ihre/n Partner/Partnerin, an ihre Beziehung?

- „Wie mach' ich sie an?!" ● „Wie weit gehe ich?" ● „Ich kann!? Ich darf!? Ich muss? Soll ich ...?!" ● „Ich hab mich total verknallt."
- „Ich stehe unter Erfolgsdruck." ● „Ich bin schon alt genug!" ● „Hoffentlich versage ich nicht." ● „Ob ich wohl jemanden finde?"
- „Selbstbefriedigung? Meinen Körper entdecken?" ● „Ich will meinen Spaß!"
- „Sex ohne Liebe kommt für mich nicht infrage." ● „Treu muss er sein" ...

1. Was ist eigentlich Sexualität?

⇒ Ein unvermeidliches Übel, wie früher oft einseitig mahnend und warnend gelehrt wurde?
⇒ Eine große Kraft und Leidenschaft?
⇒ Ein unbeschreibliches Gefühl, lustvoll erlebt, voller Zärtlichkeit?
⇒ Ein notwendiges Mittel zur Fortpflanzung?
⇒ Die Möglichkeit, Menschen – vor allem Frauen und Kinder – zu beherrschen, in Besitz/Beschlag zu nehmen, Gewalt auszuüben (vergewaltigen)?
⇒ Die immer wieder neu zu stillende Sehnsucht nach Beziehung, nach Nähe, nach Spannung und Entspannung, nach Einssein und Einswerden?

Zum einen: Sexualität kann beglücken, erfüllen, selig machen, Menschen vereinen.
Zum anderen: Sexualität kann enttäuschen, ausbeuten, erniedrigen, Menschen entzweien.

Kein Grat ist so schmal wie der zwischen
Lust und Verlust,
Leidenschaft und Leid,
Verlässlichkeit und Verlassenheit.

Bei aller Widersprüchlichkeit gibt es in Liebe, Freundschaft, Sexualität zumindest eine Gemeinsamkeit: Wir alle sehnen uns, ja wir sind geradezu (sehn-)„süchtig" nach Wertschätzung und Annahme, nach Zuwendung und Zärtlichkeit, nach Sinnlichkeit und Intimität. Über unseren Körper und all unsere Sinne wollen wir greifen, ja be-greifen, dass wir einander wichtig sind, dass wir uns mehr bedeuten als alle anderen und als alles andere in der Welt. Sexualität in diesem Sinne umfasst – im Doppelsinn des Wortes – den ganzen Menschen!

2. Bunte Beziehungslandschaft

Liebe, Freundschaft, Sexualität sind nicht nur Thema Nr. 1, sondern nehmen auch im konkreten Leben Jugendlicher eine Spitzenstellung ein. Viele haben sich schon einmal richtig verliebt oder sind es noch. Manche leben bereits in etwas festeren Freundschaften; andere wiederum wollen sich noch nicht festlegen und wechseln gelegentlich den Partner. Nicht wenige haben schon die schmerzliche Erfahrung von Liebeskummer bewältigen müssen. Die „Beziehungslandschaft" unter Jugendlichen ist vielfältig und bunt.

Partnerschaft: Wunsch und Wirklichkeit

Im Hinblick auf ihre Gestaltung sozialer Beziehungen wurden die Jugendlichen auch gefragt, ob sie zur Zeit eine feste Partnerschaft haben. Insgesamt bejahen etwas mehr als ein Drittel der befragten Jugendlichen diese Frage, wobei es deutliche Unterschiede zwischen den Geschlechtern und den Altersgruppen gibt: So geben weibliche Jugendliche über alle Altersgruppen hinweg häufiger an, sich in einer festen Partnerschaft zu befinden als ihre männlichen Altersgenossen. Vermutlich ist diese Diskrepanz zwischen den Geschlechtern damit zu erklären, dass weibliche Jugendliche eher ältere männliche Jugendliche als Partner haben oder aber, dass es zwischen jungen Männern und Frauen unterschiedliche Auffassungen darüber gibt, was unter einer festen Beziehung verstanden wird. Darüber hinaus wächst mit zunehmendem Alter der Jugendlichen der Anteil derjenigen, die in einer festen Beziehung leben. Während bei den 12- bis 14-Jährigen nicht einmal jeder 10. angibt, in einer festen Partnerschaft zu sein, so steigt der Anteil in jeder Altersgruppe und liegt bei den 22- bis 25-Jährigen bei 54 % der männlichen und 69 % der weiblichen Jugendlichen.

aus: Shell-Jugendstudie, 2002

3. Früher Jugendliche – später Erwachsene

Das Jugendalter verlängert sich: Während es einerseits zusehends in die Kindheit vordringt, dehnt es sich andererseits ständig weiter ins Erwachsenenalter aus. Durch die Akzeleration, die so genannte Entwicklungsbeschleunigung, hat sich die sexuelle Entwicklung um ein bis zwei Jahre vorverlagert (Mädchen: erste Blutung mit 11 / 12 Jahren; Jungen: erster Samenerguss mit 12 / 13 Jahren!). Dagegen akzeleriert die psychosoziale Entwicklung selten in gleicher Weise. Diese Kluft führt zu auffallenden Stimmungsschwankungen. Wenn die Hormone „Achterbahn fahren", fällt das Stimmungsbarometer unvermittelt von „himmelhoch jauchzend" auf „zu Tode betrübt".

Die Kinder werden immer früher Jugendliche, die Jugendlichen werden immer später Erwachsene. Das Jugendalter, einst eine kurze Übergangsphase, ist zur eigenständigen Lebensphase geworden mit einem relativ neuen Lebensabschnitt: dem jungen Erwachsenenalter („Postadoleszenz"). Die langfristige Ausbildungszeit und die häufig fehlende Zukunftsperspektive nach Ausbildung bzw. Studium führen zur materiellen Abhängigkeit vom Elternhaus und verlängert die Jugendphase oft bis in die 30er Lebensjahre.

Diese Entwicklung hat ihre Folgen – auch und gerade auf Liebe, Freundschaft, Sexualität. Die unverbindliche Lebenssituation lässt (vorerst) keine verbindlichen Lebensentscheidungen zu. Alles bleibt noch offen, vorläufig, eher unentschieden und ungewiss. Dieser Zustand voller Unsicherheiten und Widersprüche prägt ganz entscheidend die Lebens- und Liebesbiographien junger Menschen.

4. Zwischen Abwertung und Aufwertung

Es gibt kaum noch Tabus: Sexualität wird heute in Bild und Wort öffentlich zur Schau gestellt und durch Kommerzialisierung und Konsumierung auf Sex reduziert. Die einseitige Lustbefriedigung verursacht eine zunehmende Brutalisierung und Ausbeutung von Menschen als „Lustobjekte". Gerade Jugendliche geraten durch die Medien unter großen Druck und in ihrer Clique bisweilen unter neue Zwänge. Aus dem früheren Verbot „Du darfst nicht" ist heute das Gebot „Du musst" geworden.

Das Wechselspiel von Sexualität und Liebe / Treue – darauf verweisen alle seriösen Umfragen und Untersuchungen – wird von den meisten Jugendlichen (an-)erkannt. Sie suchen mehr als nur „das eine", wie ihnen vielfach unterstellt wird. Sie wollen als Person gemeint sein und auch den anderen / die andere als Person annehmen. In der Sprache der Jugendlichen: „Sie / Er soll mich so nehmen wie ich bin." In vielen Lebensbereichen wird nur „etwas" von ihnen erwartet; in Liebe, Freundschaft, Sexualität wollen sie „in allem" umfassend akzeptiert sein.

5. Mehr-deutigkeit menschlicher Sexualität

Menschliche Sexualität kennt eine Sinn(en)vielfalt. Wir sind zeitlebens sinnenfreudige Wesen. Wir lieben mit all unseren Sinnen. In Gesten, Blicken, Haut- und Körperkontakten drücken wir unsere Liebe und Zuneigung aus.

Menschliche Sexualität bedarf dieser „Deutungen", damit sie dem Menschen bedeutsame Erfahrungen vermitteln kann:
⇒ *„in der Selbstbestätigung und in der Bestätigung durch den Partner, durch die Zuweisung von sozialen Rollen und durch die Förderung der personalen Entwicklung;*
⇒ *in der Liebe zum Partner, im Angenommensein durch den Partner und in den sexuellen Ausdrucksformen dieser Liebe;*
⇒ *in Zeugung und Erziehung des Kindes, im Geprägtwerden durch das Kind und durch die Selbsterfahrung im Vater- und Mutter-Sein. "*

(Arbeitspapier der Gemeinsamen Synode in der Bundesrepublik Deutschland, „Sinn und Gestaltung menschlicher Sexualität")

Der Aspekt der Fruchtbarkeit bleibt bei den Jugendlichen vorerst noch „außen vor". Jedoch kommen die anderen Sinnaspekte, wie Identität, Beziehung, Zärtlichkeit/Lust, bereits zur Geltung. In ihren Liebesbeziehungen erfahren sie (manche erstmals) Annahme, Wertschätzung, Geborgenheit und Vertrauen. Das macht den exklusiven Wert von Liebe und Freundschaft aus. Gerade deshalb müssen Jugendliche den behutsamen Umgang mit ihrer Sexualität lernen, um unnötigen Enttäuschungen, Kränkungen und Verletzungen vorzubeugen. Je vertrauter sich Menschen mit der Zeit werden, um so verletzlicher werden sie füreinander.

6. Sexualität – gute Gabe Gottes

Die Positionen christlicher Lebensdeutung und -gestaltung können ihren „Sitz" im Leben junger Menschen finden, wenn deren Fragen und Probleme, Sehnsüchte und Ängste vorbehaltlos und offen zur Sprache kommen können. Weder moralisierend noch tabuisierend muss über all das geredet werden, was die Jugendlichen bedrängt, mitunter auch bedrückt. Wer dabei den Wert menschlicher Sexualität entdeckt, wird bestimmte Spielregeln (Normen) für sein Verhalten anerkennen. Dabei geht es weniger um „Verbotsschilder", sondern vielmehr um „Hinweistafeln". In der verwirrenden Vielfalt konträrer Meinungen, Wertvorstellungen und „Weltanschauungen" sind christliche Lebensdeutungen – vernehmbar und verständlich, argumentierend und überzeugend, fordernd und fördernd – notwendiger denn je. Letztlich geht es um das Wechselspiel von Liebe und Sexualität – sie bedingen einander. Es wird (später) immer wieder Situationen geben, wo aus Liebe sexuelle Wünsche und Bedürfnisse zurückzunehmen sind: z. B. in Ehelosigkeit und auch in der Ehe.

Christen glauben, dass Gott den Menschen geschaffen hat mit all seinen Trieben und Strebungen, mit all seinen Sehnsüchten und Hoffnungen. Sexualität, Zärtlichkeit und Lust sind gute Gaben des Schöpfergottes! Unsere Aufgabe ist es, mit diesen Gaben verantwortlich umzugehen. *„Gott schuf also den Menschen als sein Abbild, als Abbild Gottes schuf er sie. Als Mann und Frau schuf er sie"* (Gen 1,27). Die liebevolle Begegnung von Mann und Frau wird als *„ein Fleisch werden"* (Gen 2,24; Mk 10,6–8) beschrieben. Das alttestamentliche Hohelied, wörtlich übersetzt „Das Lied der Liebe", ist Sprache ganzheitlicher Liebe und Partnerschaft und gehört zu den schönsten Liebesliedern der Weltliteratur. Diese positive Sichtweise menschlicher Geschlechtlichkeit lässt (junge) ChristInnen ihre Sexualität bejahen und kreativ gestalten.

Methodische Überlegungen

Zum Einstieg

Irre Liebesgrüße

(➜ FirmLogBuch, S. 42)

 Verschiedene Gegenstände / Materialien wie Luftballon, Spielauto, Knallkörper, Schokoriegel u. Ä.

Die FirmbewerberInnen wählen nacheinander einen symbolhaften Gegenstand aus und formulieren möglichst spontan entsprechende „Liebessprüche".

Beispiele:

Luftballon	– „Ich flieg' total auf dich"
Spielauto	– „Ich fahr' voll auf dich ab"
Schokoriegel	– „Ich hab' dich zum Fressen gern"
Knallkörper	– „Ich bin total verknallt in dich"

Schreibspiel „Zärtlichkeit" (M 1)

 Vorbereitete Plakatwand „Zärtlichkeit" sowie Filzstifte, CD-Player und CD

Bei leiser Musik tragen die FirmbewerberInnen spontan ihre Ideen und Einfälle ein, ohne miteinander zu sprechen.

Alternative:
Plakatwand und Filzstifte, CD-Player und CD

Versehen mit dem Stichwort „Sexualität" liegt eine große Plakatwand auf dem Tisch aus. Bei leiser Musik schreiben die FirmbewerberInnen ihre Gedanken spontan auf. Diese können von den anderen ergänzt oder auch mit Einwänden versehen werden. Dabei darf nicht gesprochen werden.

Paar-Fotos

 Eine Auswahl verschiedenster Paar-Fotos aus Jugendzeitschriften und Magazinen

Die FirmbewerberInnen suchen jeweils ein Bild aus, das sie besonders anspricht, und begründen ihre Wahl.

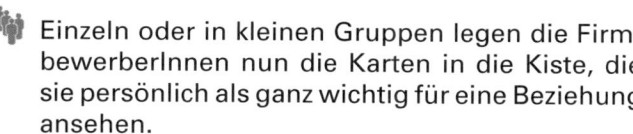

„Beziehungskiste" (M 2)

☑ Große Kiste mit Aufschrift „Beziehungskiste" und jeweils eine Serie „Werte-Karten" pro Mitglied oder Gruppe

 Einzeln oder in kleinen Gruppen legen die FirmbewerberInnen nun die Karten in die Kiste, die sie persönlich als ganz wichtig für eine Beziehung ansehen.

Nach Öffnung der „Beziehungskiste" werden die „Werte-Karten" einzeln vorgestellt. Welche Werte kommen besonders häufig vor, sind also die „Spitzen-Werte"? Darüber erfolgt anschließend eine ausführliche Diskussion.

Traumfrau / Traummann

☑ Tapeten- oder Papierrollen, farbige Stifte, grüne und rote Klebepunkte

Jungen und Mädchen bilden jeweils eigene Gruppen.

Sie zeichnen auf das Papier bzw. die Tapete die Umrisse der Traumfrau / des Traummannes und malen sie farbig aus.

Dann schreiben sie ihre Erwartungen an Aussehen, Eigenschaften, Vorlieben, Verhaltensweisen in das „Profil" ein.

Die fertigen Bilder werden nun allen in der Runde vorgestellt und entsprechende Nachfragen beantwortet.

Die FirmbewerberInnen nehmen nun Stellung zu den „Bildern". Die Jungen zum Traummann; die Mädchen zur Traumfrau. Sie kleben grüne Punkte (Zustimmung) und rote Punkte (Ablehnung) auf die verschiedenen Aussagen.

Über die wechselseitigen Erwartungen und Ansprüche und deren Erfüllung bzw. Ablehnung wird es sicherlich eine spannende Diskussion geben.

Kartenspiel: Stimme zu – lehne ab (M 3)

☑ Karten mit verschiedenen Aussagen zu Liebe, Freundschaft, Sexualität

Die Karten werden nacheinander aufgedeckt, diskutiert und ihrer Zustimmung bzw. Ablehnung entsprechend zugeordnet.

Zum Ausklang

Die FirmbewerberInnen haben ihre Lieblingssongs zum Thema „Liebe" mitgebracht und hören sie gemeinsam an (evtl. tanzen sie dazu).

Schreibspiel „Zärtlichkeit"

Z uwendung, Zuneigung, ...

A

E

R

T

L

I

C harme, Chaos, ...

H

K

E

I

T

Werte-Karten

sich aufeinander verlassen können	gemeinsame Interessen verbinden
gut aussehen	Ja zu sich selber sagen
offen miteinander reden	einander annehmen, wie man ist
allein sein können	sich treu bleiben können
verzeihen können	Freunde haben
eigene Wünsche äußern	miteinander streiten können
zuhören können	einander Freiheit lassen
sich füreinander „schön machen"	um des Friedens willen nachgeben können
zärtlich sein	einander besser verstehen lernen
einen gemeinsamen Glauben haben	miteinander Spaß haben

Stimme zu – lehne ab

Alle reden von Sex. So wichtig ist das nun auch wieder nicht.

Die Kirche sollte weniger verbieten und mehr Hilfen geben, wie man mit Sexualität richtig umgehen lernt.

Miteinander schlafen sollte man nur, wenn man sich lange und gut kennt und es wirklich ernst meint.

Wenn ich andere besser finde, dann gebe ich meine Freundschaft auf.

„Kein Sex um Gottes Willen". Junge Frauen und Männer verzichten, um den Weg als Ordensfrau oder Priester zu gehen.

Die meisten wollen doch nur „das eine" – und zwar möglichst schnell.

Wichtiger als alles andere ist, dass man sich wirklich gern hat.

Wenn man sich zu fest aneinander bindet, hat man keine Freiheit mehr.

Wenn eine Freundschaft zerbricht, kommt man nicht so schnell darüber hinweg.

Sobald ein Mädchen auftaucht, benehmen sich Jungen nicht mehr normal.

Heiraten, das kommt für mich nicht infrage. Man kann auch ohne Trauschein glücklich sein.

Wenn beide es wollen, dann ist Sex auch ohne Liebe kein Problem.

Wer eifersüchtig ist, macht die Beziehung kaputt.

Wenn man richtig aufgeklärt ist, kann einem nichts passieren.

Mädchen richten sich immer noch viel zu sehr nach den Jungen aus. Da hat sich nicht viel verändert.

Meine Eltern befürchten immer, dass etwas „passiert", wenn wir beide allein sein möchten.

Man ist füreinander verantwortlich, entsprechend hat man sich zu verhalten.

Aids ist heute doch keine Gefahr mehr.

Inhaltliche Überlegungen

In einem Prospekt zur Ausstellung „Götter, Helden und Idole", die im Frühjahr 1998 in der neugestalteten „Ludwig Galerie-Schloss Oberhausen" unter starker Zuschauerresonanz stattfand, heißt es:

„Die Besucher begegnen im modernisierten Schloss Götterbildern, Kriegern und Heroen, Göttinnen und Heiligen, stillen Helden, starken Frauen in Statuen und Gemälden, Fotografien und Ikonen, Altarbildern, antiken Vasen, Plakaten und Videos.
Der olympische Athlet, die berühmte Göttin Athena, die Heilige Jungfrau, die unsterbliche Marlene, der erleuchtete Buddha, das römische Kaiserporträt, altamerikanische Göttinnen und Zauberfiguren Zentralafrikas – sie alle sind Inhalt bedeutender Werke der bildenden Kunst, herausragende Schöpfungen internationaler moderner Kunst des 20. Jahrhunderts. **Eindrucksvoll zeigen sie, dass die alten Vorbilder immer noch aktuell sind. Aber jede Zeit kennt auch ihre neuen Helden. Die neuen Sterne am Götterhimmel kommen aus der Welt der Medien.** *Es sind die großen Leinwandstars, Rockidole und Popikonen: die göttliche Garbo, James Dean, Elvis Presley bis hin zu Michael Jackson, Madonna, Schwarzenegger u.a. Von der Antike bis zur Gegenwart – die Ausstellung lädt zu einer faszinierenden Reise durch die Kulturepochen der Welt. "*

1. „Jede Zeit hat ihre Helden"

Von der Antike bis zur Gegenwart – Götter, Helden, Idole und Stars kommen und gehen ... Jede Zeit hat ihre Helden; jede Generation kennt ihre Vorbilder. Ein Leben lang ist der Mensch darauf angewiesen, sich an Vorbildern zu orientieren, um immer wieder neu zu seiner Identität zu finden. Das gilt für die FirmbewerberInnen ebenso wie für die KatechetInnen. Vorbilder haben Leitbildfunktion, insofern sie sich konsequent für die Umsetzung einer bestimmten Idee eingesetzt haben oder immer noch einsetzen.

Allein die Lösung der schwierigen Zukunftsfragen der Menschheit – die Fragen nach Frieden, Gerechtigkeit und Bewahrung der Schöpfung sowie die Probleme um Bevölkerungsentwicklung oder Gentechnologie – erfordert zwangsläufig eine radikale Um- bzw. Neuorientierung. Die bisherigen Werte der westlichen Zivilisation – Rationalität, Beherrschung der Natur durch Wissenschaft und Technik, Subjektivität, Fortschritt u.a. – stoßen an ihre Grenzen.

2. Wertewandel – Gewinn oder Verlust?

Ein grundlegender Wertewandel zeichnet sich ab – er hat längst den Alltag der Menschen erreicht. Gab es früher noch eindeutige Wertevorgaben, so erleben gerade junge Menschen heute eine Wertevielfalt mit all ihren Widersprüchlichkeiten und Unvereinbarkeiten. Sie müssen sich zurecht finden zwischen den unterschiedlichsten Lebensansichten und „Weltanschauungen" und zugleich eine eigene Position beziehen. Eine große Herausforderung, für nicht wenige Jugendliche (zunächst) eine Überforderung!

Wertewandel – das bedeutet Zugewinn und Verlust: Wie bei allen Entwicklungen gibt es Vor- und Nachteile, Chancen und Gefährdungen. Wir alle erleben heute ein Mehr an Freiheit, Autonomie, persönlichen Entscheidungs- und Handlungsmöglichkeiten gegenüber früheren Generationen. Die Möglichkeit individueller Lebensgestaltung ist für die junge Generation fast schon eine Selbstverständlichkeit; für die ältere ist es eine bewusst erlebte Entwicklungsgeschichte. Dem scheinen Verluste an Gemeinsinn, sozialer Stabilität, Verbindlichkeit gegenüber zu stehen. Bisherige Sicherheits- und Solidaritätsstrukturen – nicht zuletzt in den Familien der Jugendlichen – drohen verloren zu gehen. Das verunsichert die Menschen, junge wie alte!

3. Freie Entscheidungen wollen gelernt sein

Die (neuen) Freiräume zwingen zu persönlichen Entscheidungen: Wir können nicht nur zwischen mehreren Möglichkeiten wählen, wir müssen es auch! Aber wie und von wem können junge Menschen lernen: das Abwägen, das Entscheiden, das Verantworten? Wer gibt ihnen Auskunft über die entscheidenden Lebenswerte? Wer eröffnet ihnen Perspektiven bei ihren Fragen: „Wer bin ich?" und „Was soll ich tun?"

Die Gesellschaft ist stärker denn je orientiert an Konsum, Geld, Status o. Ä. Sie verhält sich im Allgemeinen eher gleichgültig gegenüber sozialen Werten und Normen. Andererseits reagieren auch Erwachsene verunsichert auf die Umwälzungen in der Wertorientierung. Sie wagen es kaum, den Jugendlichen sich selbst oder andere als Vorbilder anzubieten.

Jugendliche aber brauchen die Auseinandersetzung mit den Erwachsenen im Allgemeinen und mit ihren Eltern im Besonderen. Um zum eigenen Standpunkt zu gelangen, müssen sie um deren Standort wissen. Gerade junge Menschen wachsen am Widerstand. Sie wollen und müssen sich „reiben", erzeugt Reibung doch Wärme und Nähe!

> Bei Vorbildern ist es unwichtig, ob es sich dabei um einen großen toten Dichter, um Mahatma Gandhi oder um Onkel Fritz aus Braunschweig handelt, wenn es nur ein Mensch ist, der im gegebenen Augenblick ohne Wimpernzucken gesagt oder getan hat, wovor wir zögern.
>
> *Erich Kästner*

4. „Die Heiligen kommen wieder!"

Die gegenseitige Toleranz ist größer geworden: Viele Elemente der Jugendkultur, vor etwa 30 Jahren noch als Protest gegen die Erwachsenenwelt gedacht, sind heute nicht selten zum Trendsetter für die gesamte Gesellschaft geworden.

Im so genannten Nahbereich, dem unmittelbaren Erlebnisraum der Jugendlichen, haben die Eltern trotz aller Distanzierungsprozesse weiterhin einen relativ hohen Stellenwert. Was sie grundgelegt haben, zeigt jetzt Wirkung in der eigenen Lebens- und Weltanschauung.

Im so genannten Fernbereich, dem mittelbaren Erlebnisraum der Jugendlichen, haben die Stars aus der Welt der Musik, der Medien und des Sportes einen außerordentlich hohen Einfluss. Bei ihren Fans erlangen sie mitunter den kulthaften Status von Heiligen. Die Gefahr der Manipulation scheint offensichtlich, zumal immer deutlicher wird, wie Stars „gemacht" werden – und so letztlich „Kunstprodukte" sind.

„Die Heiligen kommen wieder!" – sagte der Theologe Walter Nigg schon vor etlichen Jahren, heute jedoch in oft überraschend neuem Gewand. Dies zeigt die Sehnsucht nach Orientierung, nach Glaubwürdigkeit, nicht zuletzt nach Vorbildern gerade in Zeiten großer Verunsicherung.

> ### Madonna, Bono und Sting als „moderne Heilige" benannt
>
> Amsterdam (KNA) – Die Popstars M nna, Sting und Bono, der Fußballer Johan Cruyff, Anne Frank und Nelson Mandela sind für die Niederländer laut einer Umfrage „moderne Heilige". Nach niederländischen Zeitungsberichten wurden bei der Befragung des Fernsehsenders KRO „die am meisten inspirierenden Persönlichkeiten des In- und Auslands" gesucht.
>
> *(KNA – 1244, 2002)*

5. Gelebte Praxis: „Komm und sieh!"

Persönliche Vorbilder und inhaltliche Leitbilder – beide sind in der Firmvorbereitung gleich wichtig. Hier kommen sicherlich zunächst die KatechetenInnen ins Spiel, ferner Christinnen und Christen aus der Gemeinde, die ihr Engagement „schlicht und einfach" aus ihrem Glauben begründen, z. B. im Firmdiakonat oder bei bestimmten Sozialprojekten. In diesen Begegnungen und Gesprächen kann deutlich werden, wie sehr Leben und Glauben miteinander verwoben sind. Dabei geht es nicht um „überzogene Ideale", die niemand bei bestem Willen erreichen kann. Christlicher Glaube erweist sich immer auch in gelebter Praxis.

In den „Dienstanweisungen für einen Unterteufel" des Engländers C.S. Lewis findet sich ein aufschlussreicher Hinweis: *Die beste Methode, um einen Menschen vom guten Weg abzubringen, besteht darin, ihm überzogene Ideale vorzugaukeln. Er wird sich bis zur Erschöpfung anstrengen – und schließlich aufgeben.*

---

6. Zuspruch und Anspruch

Nikolaus Groß – ein Seliger aus unserer Zeit: Geboren am 30. September 1898 in Niederwenigern (heute Vorort der Stadt Hattingen), gestorben am 23. Januar 1945 in Berlin-Plötzensee. Dazwischen ein bewegtes und zugleich bewegendes Leben. In den letzten Jahren, bedingt durch die Zeitumstände, sogar ein Leben „auf Leben und Tod".

Festnahme durch die Gestapo am 12. August 1944 wegen seiner Kontakte zu Widerstandskreisen und Einlieferung in das Konzentrationslager Ravensbrück. Am 15. Januar 1945 beginnt die Verhandlung vor dem Volksgerichtshof unter seinem berüchtigten Präsidenten Roland Freisler. Voller Hass schreit Freisler das Todesurteil heraus: „Er schwamm mit im Verrat, muss folglich auch darin ertrinken." Am 23. Januar 1945 wird Nikolaus Groß in Berlin-Plötzensee hingerichtet. An diesem Tag – dem 23. Januar – feiern wir den Gedenktag dieses Seligen.

O-Töne:
- *„Wenn wir heute nicht unser Leben einsetzen, wie sollen wir dann vor Gott und unserem Volk einmal bestehen?"*
- *„Vor mir stehen Eure Bilder, und ich schaue jedem lange in das vertraute Angesicht. Wie viel hatte ich noch für Euch tun wollen – der Herr hat es anders gefügt. Der Name des Herrn sei gepriesen. Sein Wille soll an uns geschehen. Fürchtet nicht, dass angesichts des Todes großer Sturm und Unruhe in mir sei. Ich habe täglich immer wieder um die Kraft und Gnade gebeten, dass der Herr mich und Euch stark mache, alles geduldig und ergeben auf uns zu nehmen, was Er für uns bestimmt oder zugelassen. Und ich spüre, wie es durch das Gebet in mir still und friedlich geworden ist."*

(aus seinem Abschiedsbrief an Frau und Kinder)

Zu Nikolaus Groß und zu seiner Frau, Elisabeth Groß, geb. Koch, gibt es einen eigenen „Baustein" mit zusätzlichen Informationen und methodischen Vorschlägen. Diese kleine Handreichung kann kostenlos angefordert werden:
Bistum Essen
Dezernat Seelsorge
Abteilung Sakramentenpastoral
Zwölfling 16, 45127 Essen
Tel.: 0201 / 2204-287
Fax: 0201 / 2204-625

Methodische Überlegungen

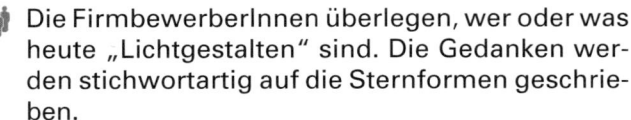

Zum Einstieg

„LichtGestalten" (M 1)

☑ Auf Tisch oder Boden liegen Sternformen aus Papier / Bastelkarton (M1); Stifte; gelbe Textmarker; dunkelblaues Tuch; Klebeband oder Nadeln.

👥 Die FirmbewerberInnen überlegen, wer oder was heute „Lichtgestalten" sind. Die Gedanken werden stichwortartig auf die Sternformen geschrieben.
Nach der Sammelphase werden die Einfälle in der Gruppe diskutiert. Diejenigen Stichworte, denen alle zustimmen, können mit Textmarker ausgemalt und auf / an das Tuch gelegt / gehängt werden.

„Abgelegt"

☑ Die Jugendlichen bringen etwas von ihren „verflossenen" Stars mit, die sie „früher" einmal toll fanden: Autogramme, Bilder, CDs usw.

 Sie stellen ihre Andenken vor. Weiterführende Fragen:
⇒ Was faszinierte euch an euren Stars?
⇒ Wie seid Ihr dazu gekommen, euch für N.N. zu interessieren?
⇒ Warum habt ihr diese Stars nun „abgelegt"?
⇒ Wer oder was ist euch heute wichtig als Ideal oder Vorbild?

Zur Vertiefung

Lebensweisheiten (M 2)

☑ Die Aphorismen und Redewendungen werden vorab auf kleine Karten geschrieben (sie können durch eigene „Spruchkarten" ergänzt werden!) und auf Tisch oder Boden ausgelegt.

👥 Die FirmbewerberInnen suchen sich eine „Lebensweisheit" aus, die sie besonders anspricht.
Dann ziehen sie sich an einen „ruhigen Platz" zurück und schreiben über ihren Spruch eine kleine (erfahrene) Story oder einen Rap-Song.
Sie können auch eine Karikatur oder einen Comic zeichnen.

Abschließend werden die „Werke" in der Gruppe vorgestellt und diskutiert.

Local heroes

☑ Computer mit Internetzugang; Buch mit Geschichten über Heilige; Tageszeitungen.

 Der Passauer Religionspädagoge Prof. Hans Mendl hat eine Datenbank erstellt, die über die „kleinen Helden und Heiligen" des Alltags informiert. Von A = Aids bis Z = Zivildienst finden sich zu unterschiedlichsten Stichworten Porträts von Menschen, die aus christlicher Gesinnung und Überzeugung beispielhaft gehandelt haben.

> Pfad: www.uni-passau.de → Fakultäten →
> Kath. Theologische Fakultät → Lehrstühle
> → Religionspädagogik → *Local heroes*

Das Gespräch beginnt mit der Frage, ob jemand einen „Heiligen" persönlich kennt? Je nach Gesprächsverlauf kann das „Heiligen-Buch" herangezogen werden, um zu klären, was oder wer wohl damit gemeint sein könnte.

Anschließend geht die Gruppe zu dem Projekt „Local heroes" über. Die Porträts werden gelesen und besonders ansprechend ausgesucht.

In einer weiteren Runde suchen die Jugendlichen in Zeitungen nach ähnlichen Porträts. Oder sie überlegen, ob sie nicht doch jemanden kennen, den man einen „Heiligen" nennen könnte.

Begegnung mit engagierten ChristInnen

ChristInnen aus den verschiedenen Bereichen der Gemeinde (Jugendarbeit, Pfarrgemeinderat, Kindergarten, Hospiz, Eine-Welt-Laden, Familiengruppe usw.) werden zu einem offenen Gesprächskreis eingeladen. Sie erzählen von ihrem Einsatz, über ihre Motivation, über Erfolge und Enttäuschungen und stellen sich anschließend den Fragen der Jugendlichen.

Der selige Nikolaus Groß – ein Mann für unsere Zeit

(Siehe eigener Baustein, S. 47!)

Zum Ausklang

Stellenangebot (M 3)

☑ Mehrere Bibeln und Kopien des Textes „Stellenangebot"

 Die FirmbewerberInnen lesen unter dem Kennwort „Christ sein" das Stellenangebot durch und schlagen in der Bibel die angegebenen Textstellen nach. Abschließend wird das Stellenangebot mit den Texten aus der Bibel vorgelesen.

Es gibt erfülltes Leben trotz vieler unerfüllter Wünsche.   Dietrich Bonhoeffer

❖

Bevor du dich dranmachst, die Welt zu verbessern, gehe dreimal durch dein eigenes Haus.   aus China

❖

Es ist klar, dass überflüssige Güter das Leben überflüssig machen.   Pier Paolo Pasolini

❖

Gegen wen ich denke?
Gegen diejenigen, die es mir verbieten.
                              Stanislaw Jerzy Lec

❖

Werte sind wie Wildgänse. Wenn eine voranfliegt, so folgen die anderen hinterdrein.   Peter Hacks

❖

Nur wer sich selbst entfaltet,
bewirkt Gutes.   Buddh. Sprichwort

❖

Fürchte dich nicht,
langsam zu gehen,
fürchte dich nur,
stehen zu bleiben.   aus China

❖

Was lebt, ist jung, und was lebt, ist in Bewegung, ist in ständiger Unruhe. Der Schrei nach „Ruhe und Ordnung" ist der Schrei nach dem Tod, und es ist auch der Schrei nach der Tötung Gottes, der lebendig und gegenwärtig und unruhig ist und auf Ergänzung wartet.   Heinrich Böll

Wenn einer nein sagt, wo alle blind ja brüllen – da wird an der Veränderung der Welt gearbeitet.   Rudolf Otto Wiemer

❖

Wird's besser? Wird's schlimmer? fragt man alljährlich.
Seien wir ehrlich: Leben ist immer lebensgefährlich.   Erich Kästner

❖

Heute kennt man von allem den Preis,
von nichts den Wert.   Oscar Wilde

❖

Mir graut vor Menschen,
die immer nur zuschauen.
Man soll nie zuschauen,
man soll Zeuge sein und mittun
und Verantwortung tragen.
Der Mensch ohne Verantwortung zählt nicht.   Antoine de Saint-Exupéry

❖

Lasst uns fragen: Was ist das Beste – und nicht: Was ist üblich?   Seneca

❖

Lass dir von keinem Fachmann imponieren, der dir erzählt: „Lieber Freund, das mache ich schon seit zwanzig Jahren so." Man kann eine Sache auch zwanzig Jahre lang falsch machen.   Kurt Tucholsky

❖

Siehe zuerst, was du bist und was du hast und was du kannst und weißt, ehe du bedenkst, was du nicht bist, nicht hast, nicht weißt und nicht kannst.
                              Johann Caspar Lavater

Stellenangebot

Gesucht:
Menschen
Belanglos:
Alter
Herkunft
Zeugnisse

Geboten:
Betätigungsfelder
für jede Begabung
gemäß Mt 25,35–36
sowie 1 Kor 12,4–6

Arbeitszeit:
nicht fest geregelt
Vergütung:
Mt 25,34 und
Mt 25,40

Fähigkeiten:
offene Herzen
sehende Augen
hörende Ohren
helfende Hände
wacher Geist
Sachverstand

Fortbildung:
laufend möglich

Bewerbungen:
Kennwort
„Christ sein"

Christa Peikert-Flaspöhler

(aus: dies., Stellenangebot. Gedichte, © 1980 Lahn-Verlag, Limburg-Kevelaer, 2. Aufl. 1982. S. 81)

Inhaltliche Überlegungen

„Ich hörte ein schrilles Klingeln …"

Wir saßen nach dem Training an der Haltestelle, müde und überdreht, und aus irgend einem Grund hatte ich vergessen, dass Straßenbahnen aus beiden Richtungen kommen können. Ich lehnte mich auf dem Geländer zurück, keine Ahnung warum, ich hörte ein schrilles Klingeln, eine Hand packte mich am Kragen, riss mich zurück, dann ging mein Leben weiter. Das ist 15 Jahre her, und seit 15 Jahren frage ich mich: Was macht man im Himmel, wenn man viel zu früh dort ankommt?
                                        Timm Klotzek (jetzt-Magazin der SZ)

Manchmal verändert sich unser Leben in einer Sekunde. Manchmal braucht es nur diesen einen Augenblick, um uns und die Welt völlig neu zu sehen. Manchmal wird uns ganz plötzlich bewusst, dass der Tod auch zu unserem Leben gehört.

---

1. Der Tod hat viele Gesichter

„Mitten im Leben sind wir vom Tod umfangen" – so heißt es in einem mittelalterlichen Lied. Der Tod aber ist nicht nur mitten <u>im</u> Leben, er reißt oft auch mitten <u>aus</u> dem Leben.

- *Carmen starb im Mutterleib und wurde tot geboren*
- *Stefan wurde als Frühgeburt nur wenige Tage alt*
- *Anna starb am helllichten Tag ganz plötzlich den „Kindstod"*
- *Carsten wurde auf dem Weg zum Kindergarten von einem Auto überfahren*
- *Judith starb achtjährig an der unheilbaren Stoffwechselkrankheit Mukoviszidose*
- *Holger erlag mit 14 Jahren einem Gehirntumor*
- *Tobias nahm sich mit 16 Jahren das Leben*
- *Angela setzte sich mit 28 Jahren den tödlichen Schuss: Überdosis Heroin*
- *Rolf starb – 35jährig – an der tödlichen Immunschwäche Aids*
- *Elisabeth, Mutter von drei Kindern, verlor mit 40 Jahren den Kampf gegen den Krebs*
- *Herbert brach – gerade 50 Jahre alt – im Büro tot zusammen: Herzinfarkt*
- *Helga starb mit 81 Jahren nach einem erfüllten Leben im Kreise ihrer Familie*

So viele Leben, so viele Tode! Der Tod kennt viele Namen; der Tod hat viele Gesichter. Mit jedem Menschen hat der Tod seine ganz persönliche Geschichte. Zum Leben des Menschen gehören auch Sterben und Tod.

2. Der „ausgebürgerte" Tod

Tagtäglich begegnen wir dem Tod. Tausendfach bringen ihn die Medien direkt ins Haus: Tod durch Naturkatastrophen, Hunger, Krieg, Gewalt, Unfälle, Krankheiten; Tod als Thema in Diskussionen um Aids, um passive oder aktive Sterbehilfe, um eine menschenwürdige Sterbebegleitung (Hospizbewegung u.a.). Und dennoch sind uns Sterben und Tod fremd geworden. Wir haben sie ausgebürgert aus unserem unmittelbaren Leben: in die Krankenhäuser, in die Alten- und Pflegeheime, in die Hospize. Und unsere Toten setzen wir „in aller Stille" oder „im engsten Familienkreis" bei. Tod und Sterben sind überall gegenwärtig – aber kaum noch unter uns.

„Ich habe noch keinen wirklichen Toten gesehen ...," dieser Ausspruch eines Jugendlichen kennzeichnet die Realität. Die Menschen bei uns sind weit über 30 Jahre, wenn sie erstmals direkt mit dem Tod eines nahe stehenden Menschen konfrontiert werden. Die junge Generation kennt weder Krieg noch Hunger noch Seuchen. Die Lebenserwartung hat sich in den letzten Jahrzehnten fast verdoppelt. Die Großeltern leben nur selten im Familienverband. Sterben vollzieht sich meist außerhalb des Hauses.

3. Leben vor und mit dem Tod

„Du hast das Leben noch vor dir", wie oft hören junge Menschen diesen Spruch. Ihre Zukunft ist das Leben <u>vor</u> dem Tod, weit weniger – als bei ihren Eltern und Großeltern – <u>mit</u> dem Tod. Doch völlig unerwartet kann alles anders werden: Ein Mensch, den sie kennen (und lieben) aus der Familie, aus dem Freundeskreis, der Schulklasse, dem Sportverein, dem Kollegenkreis, ist gestorben. Plötzlich hat der Tod einen Namen angenommen, ein Gesicht bekommen. Sie sind erschüttert, fassungslos, verwirrt, bestürzt, zutiefst betroffen. Der Tod ist in ihr Leben einge- brochen, hat jemanden aus ihrem Kreis gerissen. Das rüttelt an den Grundfesten des Lebens.

Es gibt so manche „kleinen Tode" im Leben junger Menschen: Trennung von Freunden und Freundinnen, Scheidung der Eltern, Verstoß aus der Clique, Sitzen bleiben in der Schule, Ab- schied von Lebensträumen und ersten Lebensentwürfen, Krisen im Prozess der Identitätsfin- dung, schmerzliche Erfahrungen von Leid und Trauer u.a.. Solche Erlebnisse und Ereignisse lösen mitunter Todessehnsüchte und Todesfantasien bis hin zu konkreten Selbstmordgedan- ken aus. Jugendliche spüren und erahnen, dass Leben sich als „Leben auf Zeit" versteht – auch wenn sie den größten Teil ihrer „Lebenszeit" wohl noch vor sich haben.

4. Viele offene Fragen ...

Nichts ist im Leben so sicher wie der Tod. Doch kaum etwas macht uns so unsicher wie der Tod. Der Tod stellt unausweichliche Fragen:
⇒ Warum musste mein Freund / meine Freundin so jung und so plötzlich sterben?
⇒ Warum hat der Junge von nebenan mit seinem Leben Schluss gemacht?
⇒ Wie geht es jetzt weiter ohne die Mutter?
⇒ Was hat das Leben noch für einen Sinn ohne den geliebten Partner?
⇒ Wie kann Gott das Leid so vieler Menschen zulassen?
⇒ Was erwartet uns nach dem Tod?
⇒ Wo sind die Toten?
⇒ Wo gibt es Trost in Leid und Trauer?
⇒ ...
Wo finden junge Menschen Antworten auf ihre vielen Fragen?

5. ... und mögliche Antworten

„Der Tod ist nicht das Letzte", so lautet die Verheißung aller Religionen. Zu allen Zeiten gab es die menschliche Sehnsucht, dass mit dem Tod nicht alles „aus und vorbei" sei. Zwar können oder wollen immer weniger Menschen an die christliche Botschaft von der Auferstehung glau- ben. Dennoch halten viele von ihnen an der Hoffnung an ein Leben danach fest – „in irgendein- er Form" (Wiedergeburt, Seelenwanderung u. Ä.).

Wir ChristInnen glauben *„an die Auferstehung der Toten und das ewige Leben"*, wie wir es im Apostolischen Glaubensbekenntnis zum Ausdruck bringen.

„Es ist noch niemand wiedergekommen ...", diese Aussage stimmt für alle Menschen aller Zeiten – <u>außer für Jesus</u>. In ihm hat sich die uralte Sehnsucht der Menschen erfüllt: Jesus, der Gekreuzigte und Gestorbene, lebt. Er ist wiedergekommen aus dem Reich des Todes. Er ist auferstanden. *„Wenn wir unsere Hoffnung nur in diesem Leben auf Christus gesetzt haben, sind wir erbärmlicher dran als alle anderen Menschen. Nun aber ist Christus von den Toten auferweckt worden als der Erste der Entschlafenen"* (1 Kor 15,12–20).
In der Tat, damit steht und fällt der Glaube der Christen:
⇒ dass Jesus Christus aus dem Reich der Toten wiedergekommen und auferstanden ist,
⇒ dass er der Erste war, der wiedergekommen ist, und wir ihm nachfolgen werden,
⇒ dass jede(r) von uns sterben, aber wie Jesus Christus auch auferstehen wird,
⇒ dass alles menschliche Leid und alle menschliche Trauer aufgehoben sind im leidenden Jesu am Kreuz.
An Maria – Patronin des Bistums Essen – hat sich der Glaube an die Auferstehung erfüllt.

Jesus selbst hat uns verheißen: *„Ich bin die Auferstehung und das Leben. Wer an mich glaubt, wird leben, auch wenn er stirbt"* (Joh 11,26). Trotz dieser hoffnungsvollen Verheißung der christlichen Botschaft: Es bleiben auch für Christen viele Fragen offen. Auf Leiden, Sterben und Tod – zumal in jungen Jahren – gibt es keine „schlüssigen" letzten Antworten. Aber auch mit seinen Klagen, Zweifeln, Ängsten, Tränen kann und darf sich der Christ an den Gott seines Lebens wenden. Dass der Tod nicht sinn-los bleibt, nicht ohne jede Hoffnung ist – darin liegt letztlich der Trost für die, die in Trauer zurückbleiben.

Methodische Überlegungen

Zum Einstieg

„Der Tod fährt mit ..." (M 1)

 Kopien für alle FirmbewerberInnen

Der Bericht über einen tödlichen Unfall (→ Firm-LogBuch, S. 51) wird vorgelesen und anschließend verteilt.
Im Paar- oder Kleingruppengespräch können die FirmbewerberInnen spontan ihre Gefühle und Gedanken austauschen und über die Reaktion der beiden Jungen sprechen.

Todesanzeigen

 Verschiedene Tageszeitungen mit Todesanzeigen

Zu zweit vergleichen die FirmbewerberInnen verschiedene Todesanzeigen. Sie untersuchen und bewerten ihre „Aussagen": den Spruch, evtl. das Symbol, die persönliche „Verabschiedung", die Art der Beisetzung u.a.
Anschließend berichten sie über ihre Eindrücke und sprechen darüber in den Gruppen.

Der Tod in den Schlagzeilen

 Verschiedene Tageszeitungen, Illustrierte und Magazine

Allein oder zu zweit untersuchen die FirmbewerberInnen jeweils eine Tageszeitung und eine Illustrierte zum Thema „Tod".
  – Wie häufig kommt der Tod vor?
  – Über welche Todesarten wird berichtet?
  – Wie wird über den Tod geschrieben?
  – Welche Einstellung zum Tod lässt sich „herauslesen"?

„Der Weg"

 CD-Player und CD „Mensch" (Herbert Grönemeyer)

Der Song „Der Weg", den Herbert Grönemeyer seiner verstorbenen Frau gewidmet hat, wird vorgespielt. Die FirmbewerberInnen können spontan ihre Eindrücke und Empfindungen äußern.

Zur Vertiefung

Interviews auf der Straße

☑ Kassettenrecorder in ausreichender Zahl

 Die FirmbewerberInnen gehen auf die Straße und fragen die Passanten nach ihrer Einstellung zu Sterben und Tod. Ganz wichtig dabei die Frage: „Glauben Sie an ein Leben nach dem Tod?"
Über die Reaktionen und Aussagen der Menschen auf der Straße – abwehrend, gleichgültig, verständnisvoll u.Ä. – wird anschließend ausführlich gesprochen.

„Wenn ich noch einen Tag zu leben hätte ..." (M 2)

☑ Kopien für alle FirmbewerberInnen

 Die FirmbewerberInnen lesen die Aussagen der Jugendlichen still durch und kreuzen die Antwort an, mit der sie sich am ehesten identifizieren können.
Anschließend begründen sie ihre Wahl und sprechen in der Gruppe über die verschiedenen Aussagen.

Alternative:

☑ Papier und Kuli für alle FirmbewerberInnen

 Die FirmbewerberInnen schreiben <u>ihre</u> Antwort – den Bericht über ihren „letzten Tag" – auf und sprechen anschließend darüber in der Gruppe.

Ein Gang über den Friedhof

 Die FirmbewerberInnen gehen über den Friedhof ihrer Gemeinde (Pfarrgemeinde/Kommune), suchen einzelne Gräber bzw. Grabstätten auf und achten besonders auf die Grabsteine:
– Welche Symbole sind zu sehen?
– Was wollen die Grabinschriften aussagen?

Möglichkeiten eines Projektes: Die Firmgruppe kann sich dazu entschließen, einige „verwilderte" Grabstätten wieder in Ordnung zu bringen.

Begegnung mit dem Sterben

(→ FirmLogBuch, S. 52/53)

 Nach sorgfältiger Vorbereitung und genauer Absprache mit den Verantwortlichen können Begegnungen mit Aidskranken, Gespräche in Sterbehospizen und Besuche im Krankenhaus vereinbart werden. Ganz wichtig sind dabei der Austausch, die Reflexion und die Deutung der vielfältigen und vielschichtigen Erfahrungen.

Zum Ausklang

Psalm 130: Aus tiefer Not (M 3)

Spuren im Sand (M 4)

Meditation

Freies Gebet und abschließend Ave Maria:

> Gegrüßet seist du, Maria, voll der Gnade,
> der Herr ist mit dir.
> Du bist gebenedeit unter den Frauen,
> und gebenedeit ist die Frucht deines Leibes,
> Jesus.
>
> Heilige Maria, Mutter Gottes,
> bitte für uns Sünder
> **jetzt** und in der **Stunde unseres Todes**.
>
> Amen.

Der Tod fährt mit

Beerdigung auf dem Zentralfriedhof. Eine Schulklasse versammelt sich, um Abschied zu nehmen von ihrem Mitschüler Gregor, 18 Jahre jung. Gregor ist mit seinem Auto tödlich verunglückt. Keine überhöhte Geschwindigkeit, kein Alkohol am Steuer nach einem nächtlichen Disco-Besuch, kein Leichtsinn anlässlich einer Spritztour mit Freunden und Freundinnen – nein, Gregor traf keine Schuld an diesem schrecklichen Unfall mit Todesfolge. Ein Lkw-Fahrer hatte die Vorfahrt nicht beachtet.

Für die meisten Mitschülerinnen und Mitschüler die erste unmittelbare Begegnung mit dem Tod: Ratlos ihre Gesichter, verständnislos ihre Blicke, hilflos ihre Gesten. Schweigend reihen sie sich ein in den Zug der Trauernden. Als der Sarg in das Grab gelassen wird, verharren die meisten regungslos, wie gelähmt. Einige schluchzen in sich hinein, andere wiederum brechen in hemmungsloses Weinen aus. Zwei Jungen halten es nicht mehr aus: Sie laufen davon ...

Wenn ich noch einen Tag zu leben hätte ...

Es ist schwierig, sich in diese Situation zu versetzen, obwohl es sich lohnt, sich darüber Gedanken zu machen. Vielleicht müsste man mich irgendwo festbinden, damit ich nichts zerstöre oder mich sogar selbst umbringe, weil ich die Gedanken nicht ertragen kann: Jetzt musst du noch ein paar Stunden warten, und dann bist du weg. Dann kommt bestimmt auch irgendwann die Frage: Warum gerade ich? Warum nicht die oder der?
Jugendliche, 17 Jahre

Ich würde eine Pistole nehmen, die Fünfte Symphonie von Beethoven hören und mich im ersten Satz erschießen.
Jugendlicher, 15 Jahre

Mir persönlich würde alles, was sonst mein Leben bestimmt, mit einem Schlag unwichtig erscheinen. Dann bedrängten mich eher Fragen wie: „Gibt es ein Leben nach dem Tod?" Eigentlich kann ich mir gar nicht vorstellen, dass mit den paar Jahren lumpigen Lebens alles aus sein soll. Aber die Frage nach dem Sinn des Lebens ist ein anderes Thema. Man denkt im Allgemeinen nicht über den Tod nach. Man lebt einfach so in den Tag hinein. Dabei ist jeder einzelne kostbar.
Jugendliche, 15 Jahre

Und dann, wenn meine Frist so aufs Ende zugeht, würde ich mich in meine Karre setzen und solange fahren, bis es soweit ist ... Beten? An Gott denken? Hoffnung und Hilfe verspreche ich mir von Gott nicht. Meine Eltern sind vor fünf Jahren bei einem Verkehrsunfall ums Leben gekommen. Wo war da Gott?
Jugendlicher, 16 Jahre

Es ist Freitag, morgens halb acht. Ich sitze in meinem Bett und warte auf den Tod. Ich starre auf die Uhr. Jede Sekunde, die tickend vergeht, bereitet mir Schmerzen. Der Tod rückt unaufhaltsam näher. Wut und Verzweiflung packen mich. Warum gerade ich? Ist das die Rache eines Gottes für meinen Unglauben? Wo bleibt sein Erbarmen? Gott, hilf mir! Mein Leben endet, bevor es beginnt, bevor es ein Ziel gefasst hat. So sinnlos. Mir fällt ein Theaterstück ein: Ein junger Mann überlistet den Tod und erreicht seine Unsterblichkeit. „Tod, wo bist du, ich will mit dir kämpfen!" In dem Stück erfleht der Mann schließlich den Tod.

Aber ich, ich will leben. Verstehst du? Leben. Und immer wieder die Frage: Warum? Wie ein Vogel im Nest, schreiend vor Hunger. Er ist noch nicht flügge. Wartet sehnsüchtig auf den Tag, da er seine Flügel ausbreitet und die Welt erobert. So wie ein Vogel im Käfig bin ich. Warum erhört mich niemand? Verflucht, du Gott! Verflucht, ihr christlichen Heuchler! Frieden soll ich finden?

„Asche zu Asche, Staub zu Staub." Dunkel wird es und still. Einen Morgen gibt es nicht.
Jugendliche, 16 Jahre

Psalm 130: Aus tiefer Not

Aus der Tiefe rufe ich, Herr, zu dir:
Herr, höre meine Stimme!
Wende dein Ohr mir zu,
achte auf mein lautes Flehen!
Würdest du, Herr, unsere Sünden beachten,
Herr, wer könnte bestehen?
Doch bei dir ist Vergebung,
damit man in Ehrfurcht dir dient.
Ich hoffe auf den Herrn, es hofft meine Seele,
ich warte voll Vertrauen auf sein Wort.
Meine Seele wartet auf den Herrn
mehr als die Wächter auf den Morgen.
Mehr als die Wächter auf den Morgen
soll Israel harren auf den Herrn!
Denn beim Herrn ist die Huld,
bei ihm ist Erlösung in Fülle.
Ja, er wird Israel erlösen
von all seinen Sünden.
Ehre sei dem Vater und dem Sohn
und dem Heiligen Geist,
wie im Anfang, so auch jetzt und alle Zeit
und in Ewigkeit. Amen.

Spuren in Sand

Ein Mann hatte eines Nachts einen Traum. Er träumte, dass er mit Gott am Strande entlang spazieren ging. Am Himmel zogen Szenen aus seinem Leben vorbei, und für jede Szene waren Spuren im Sand zu sehen. Als er auf die Spuren im Sand zurückblickte, sah er, dass manchmal nur eine da war. Er bemerkte weiter, dass dies zu Zeiten größter Not und Traurigkeit in seinem Leben so war. Deshalb fragte er den Herrn: „Herr, ich habe bemerkt, dass in den traurigsten Zeiten meines Lebens nur eine Fußspur zu sehen ist. Du hast aber versprochen, stets bei mir zu sein. Ich verstehe nicht, warum du mich da, wo ich dich am nötigsten brauchte, allein gelassen hast!"

Da antwortete ihm der Herr: „Mein lieber Sohn, ich liebe dich und würde dich niemals verlassen. In den Tagen, wo du am meisten gelitten hast und mich am nötigsten brauchtest, da, wo du nur eine Fußspur siehst, das war an den Tagen, wo ich dich getragen habe!"

Margarete Powers

Inhaltliche Überlegungen

1. Freizeit nachgefragt

Die häufigsten Freizeitbeschäftigungen innerhalb einer Woche: danach fragte die Shell Jugendstudie 2002 junge Leute zwischen 12 und 25 Jahren. Die möglichen Mehrfachnennungen ergaben einen bunten Mix aus unterschiedlichen Aktivitäten:

sich mit Leuten treffen	♦ 57	♦ 67
Fernsehen	♦ 62	♦ 55
Freizeitsport	♦ 34	♦ 29
Surfen im Internet	♦ 34	♦ 18
Vereinssport	♦ 31	♦ 21
Bücher lesen	♦ 18	♦ 32
Computerspiele	♦ 33	♦ 8
Unternehmungen mit Familie	♦ 11	♦ 21
Shoppen	♦ 5	♦ 27

(aus: Shell-Jugendstudie 2002, S. 78)

„Die Freiheit nehm' ich mir" – diesen Werbespruch setzen Jugendliche allerdings durchaus unterschiedlich in ihrer Freizeit um. Neben dem Geschlecht sind auch die Unterschiede, die durch die soziale Herkunft und die schulische Bildung bedingt sind, für das Freizeitverhalten maßgeblich.

Freizeit ist Konsumzeit. So geben die 12- bis 18-Jährigen pro Monat folgende Summen aus; für:

Kleidung	211,4 (Mio Euro)
Schuhe	101,1 (Mio Euro)
Handy	71,8 (Mio Euro)
Getränke	52,9 (Mio Euro)
Kino, Konzerte	42,1 (Mio Euro)
Musik-CD's, -kassetten	41,4 (Mio Euro)
Fast Food	39,8 (Mio Euro)
Süßigkeiten, Eis	37,2 (Mio Euro)
Geburtstagsgeschenke	29,4 (Mio Euro)
Sportartikel	26,8 (Mio Euro)
Körper-, Haarpflege	19,6 (Mio Euro)
Zeitschriften	18,9 (Mio Euro)
Computer, -zubehör	17,0 (Mio Euro)
Videos, Bücher	13,1 (Mio Euro)
Schulsachen	11,7 (Mio Euro)

(siehe: AJS Forum 1/2003, S. 3)

Freizeit gibt's noch gar nicht lange. Man kann davon ausgehen, dass „Freizeit" bis zum 19. Jahrhundert kaum bekannt war oder anders erlebt wurde. Das Wort signalisiert, dass es sich um eine besondere Zeit handelt.

⇒ Die indogermanische Wortwurzel zu „frei" (*prai-*) bedeutete soviel wie „schützen, schonen, gern haben, lieben".
⇒ Das Wort „Freiheit", das ja nicht nur vom Wortklang sehr viel Nähe zu „Freizeit" hat, sondern auch inhaltlich, bezeichnete im Mittelhochdeutschen u.a. ein „verliehenes Vorrecht" oder einen „privilegierten Bezirk".

Diese Bedeutungen spielen für das Verständnis von „Freizeit" auch heute noch eine Rolle. Brauchen wir nicht für das, was uns „lieb und teuer ist" – Menschen und Beziehungen, Talente und Hobbys oder auch Wünsche und Sehnsüchte – den „Schonraum" der Freizeit?!
Für Jugendliche, die sich selber finden und ihren eigenen Weg entdecken müssen, hat gerade diese Zeit einen hohen Stellenwert. In ihr liegen Chancen zur Entwicklung und Entfaltung, aber auch Risiken und Gefährdungen – dann zum Beispiel, wenn „die Zeit totgeschlagen" wird.
(➜ Abhängigkeit ▪ Sucht, S. 79ff)

2. Was Jugendliche in ihrer Freizeit anzieht

„Zieh' an, was dich anzieht." – Mode, das Outfit, die äußere Erscheinung – von den Haarspitzen bis zu den Schuhen – spielt für junge Leute eine wichtige Rolle. Mode macht Menschen – „zugehörig". An dem, was junge Leute tragen und wie sie ihre gesamte äußere Erscheinung in Szene setzen, wird erkennbar, zu welcher „Szene" sie gehören oder womit sie zumindest sympathisieren.
Mode ist für Jugendliche daher ein wichtiges Kommunikationsmittel, weil es schon im Vorfeld „regeln" hilft, mit wem man etwas zu tun haben möchte oder lieber nicht.
Mode signalisiert auch die soziale Zugehörigkeit, also die Verfügbarkeit von Geld, und ist von daher auch ein Statussymbol.
In der Mode, im Outfit, drücken sich mitunter auch innere Befindlichkeiten („Infit") aus. Sie wird dadurch zu einem Spiegelbild der Seele, der Emotionen, ja der Persönlichkeit, der Lebenseinstellung. „Outfit & Infit = Body & Soul" (➜ FirmLogBuch, S. 16).

„Auch wenn ihr unsere Musik nicht mögt, so müsst ihr euch doch damit auseinandersetzen. Denn sie ist überall." (Frank Zappa) – Diese Provokation erleben viele Eltern jeden Tag. Musik ist für Jugendliche, nicht erst heute, ein „Lebenselixier". Sie wird gleichzeitig zur „akustischen Trennwand" zwischen den Generationen. Nur gibt es schon lange nicht mehr <u>die</u> Jugendmusik, sondern viele unterschiedliche Musikstile und -richtungen, die zumeist die Rock-Musik als Grundlage haben. Für Erwachsene, meist nur Zuhörer am Rande, ist sie eine eher unzugängliche Welt, der sie häufig kopfschüttelnd mit Unverständnis begegnen.
In der Musik findet manche junge Seele ein „Dach über den Kopf". Denn hinter der „Schallmauer" einer fremd, aggressiv oder einfach nur „nervig" klingenden Musik spielt sich die Gefühlswelt junger Menschen ab. Hier finden sie in Klängen und Texten ausgedrückt, was sie „umtreibt". Selbst das Unaussprechliche kann in Musik erfahren werden.

⇒ Musik „bringt Menschen zu sich selbst – und über sich hinaus", so der Theologe und Musikwissenschaftler Meinrad Walter.
⇒ Eine religiöse Dimension der Rock- und Popmusik sieht auch der Osnabrücker Theologe Ralph Sauer, wenn er die Musik als „Transzendenzchiffre" bezeichnet.

Musik als Event ist etwas Heiliges. – Über das soeben Gesagte hinausgehend, gehören Musik und Musik*szene* (die Künstler, Konzerte, Fans, Videoclips ...) zu einer Lebenswelt, in der Jugendliche sich zuhause fühlen – die ihnen „heilig" ist. Der Rock- und Popmusik kann eine gewisse religiöse Bedeutung zugesprochen werden, die allerdings auf sehr unterschiedlichen Ebenen liegt und mehrdeutig bis widersprüchlich ist.

⇒ Manche Künstler beschäftigen sich sehr ernsthaft in ihren Liedern mit den menschlichen Grundfragen und heutigen Problemen. Manche verbinden dies auch mit einem mehr oder weniger ausdrücklichen religiösen Bekenntnis. Diese „Bekenntnisse" können sehr wohl christlichen Charakter haben, ebenso jedoch auch esoterische oder satanistische Merkmale.

⇒ Viele Musiker sind sich sehr wohl der Verantwortung, die sie als so genannte „Stars" gerade gegenüber jungen Leuten haben, bewusst und relativieren von sich aus ihre Bedeutung. Andere wiederum lassen sich bewusst zu Götter ähnlichen Wesen stilisieren und genießen die „Verehrung" ihrer Fangemeinde.

⇒ Besonders Konzerte, aber auch andere Freizeitveranstaltungen, in denen Musik eine zentrale Rolle spielt, gehören zur so genannten Event-Kultur. Hier vermitteln sich den jungen Leute durch phantastische Licht- und Toninszenierungen intensive und „erhebende" Erlebnisse, die man früher dem religiösen Bereich zugesprochen hat. Sie sind eine moderne Form religiöser Hochämter oder Mysterienspiele, die zwar den Gefühlen „Flügel verleihen", Geist und Seele aber nicht unbedingt „erheben".

Die Clique ist gefragt. Freizeit spielt sich für die Mehrheit der Jugendlichen (68 Prozent) in der Clique ab. Dies betrifft insbesondere die Altersgruppe zwischen 15 und 21 Jahren. Zeit verbringt man am liebsten mit Gleichaltrigen und Gleichgesinnten. Die Abgrenzung zu den Erwachsenen spielt hier bei ebenso eine Rolle wie das Bedürfnis, in der Freizeit mit anderen Neues und Andersartiges zu erleben, was zum eigenen Erwachsenwerden beitragen soll.

3. Freizeit ist nicht Wert-frei

Ohne Moos nix los. Dieser Satz ist für Jugendliche heute häufig so bestimmend, dass sie neben der Schule, Ausbildung oder Studium noch „Jobben" gehen.
Im Schnitt sind wohl zwei Drittel der jungen Leute noch in einem „Nebenerwerb" tätig, um sich insbesondere Freizeitgüter leisten zu können.

Anzahl der Stunden, die Jugendliche in einer normalen Woche jobben Jugendliche im Alter von 12–25 Jahren, die in ihrer Freizeit jobben		Schulart						
%-Angaben	Gesamt	Haupt-schule	Real-schule	Gym-nasium	Schule gesamt	Studen-ten	In Aus-bildung	männ-lich	weib-lich
1–5 Std.	32	44	53	37	42	16	29	32	31
6–9 Std.	15	19	8	19	16	13	13	16	14
10–14 Std.	14	4	6	13	10	18	22	12	16
15 Std. und mehr	9	5	4	3	3	18	5	8	9
zu unregel-mäßig	30	28	28	27	28	35	31	30	31
keine Angaben	1	0	1	3	2	1	0	2	0

(Shell-Jugendstudie 2002, Infratest Sozialforschung)

Die finanziellen Zwänge der Freizeitkultur sind jedoch nur ein Aspekt ihrer „Werthaftigkeit".

Der Körperkult boomt. Sport treiben gehört zu den häufigsten Freizeitaktivitäten Jugendlicher.

⇒ Viele Sportarten, besonders diejenigen mit hohem Medieninteresse, sind durch einen ungeheuren Erfolgszwang gekennzeichnet. Ihre Sieger sind Helden, der Zweite gilt häufig schon als Verlierer oder Versager. Der Sport wird hier zumeist für wirtschaftliche Zwecke instrumentalisiert. Dieser (Erfolgs-)Druck ist in Schüler- und Jugendabteilungen von Sportvereinen und mitunter auch in Familien spürbar. Nicht wenige verlieren so auf Dauer den Spaß am Sport.

⇒ Daneben ist ein Körperkult in der Gesellschaft zu beobachten, der Jungen wie Mädchen bestimmte Körperideale quasi „vorschreibt". Manche streben dieses Ideal durch Sport, gezieltes Bodybuilding und / oder eine „diätische" Lebensweise an.

⇒ Längst nicht alle Jugendlichen können auf diese Weise solche Ideale erreichen. Daher kann nicht verwundern, dass Magersucht (Anorexia nervosa) die wohl häufigste Suchterkrankung in Deutschland ist. Besonders Mädchen und Frauen sind davon betroffen. Jede 14. Deutsche zwischen 14 und 30 Jahren leidet heute an Anorexie oder Brechsucht (Bulimie). In manchen Klassen leiden bis zu 90 Prozent der Schülerinnen an Essstörungen. (➜ Abhängigkeit ▪ Sucht)

Ehrenamt gesucht! – So könnte man die Ergebnisse einer repräsentativen Befragung der Bertelsmann Stiftung aus dem Frühjahr 2000 auf den Punkt bringen.

⇒ Von den befragten 2500 Schülerinnen und Schülern aus Nordrhein-Westfalen gaben über 30 Prozent an, dass sie bereits ehrenamtlich engagiert seien.

⇒ Immerhin könnten sich fast 50 Prozent der Jugendlichen vorstellen, mehr als bisher für die Allgemeinheit zu tun.

⇒ Als Hindernis gaben 60 Prozent an, dass sie nicht wüssten, an wen sie sich wenden sollten, wenn sie sich engagieren wollten.

Die Möglichkeiten zu einem ehrenamtlichen Engagement sind gerade in den Pfarrgemeinden gegeben. Allerdings müssten dies auch Angebote sein, mit denen sich junge Leute identifizieren können. Die Sozialaktion „Power im Pott", die 2000 im Bistum Essen stattfand, hat die große Bereitschaft bei vielen Jugendlichen gezeigt, sich in der Freizeit mit anderen gemeinsam zu engagieren. Als Beispiel im großen Stil lässt sich der vielfältige Einsatz von Jugendgruppen während der Flutkatastrophe im Sommer 2002 nennen.

„Alles hat seine Stunde. Für jedes Geschehen unter dem Himmel gibt es eine bestimmte Zeit", so heißt es im Buch Kohelet des Alten Testaments (Koh 3,1).
Die Freizeit ist eine besondere Zeit, die Jugendliche weithin anders erleben und ausfüllen als Erwachsene. Mit ihren Aktivitäten und ihrem Engagement sagen sie etwas aus über ihr Leben, ihre Lebenssituation, ihre Sehnsüchte, Hoffnungen, Ideale und Lebens*Werte* aus.

⇒ Was zu ihrem Leben gehört, gehört auch zu „ihrem Glauben" und damit auch irgendwie zu „ihrem Kirchesein". Die Firmvorbereitung ist ein Stück Freizeit, in der wir in den Gemeinden auf diese jugendlichen Lebenswelten stoßen.

⇒ Damit diese Begegnungen zu einem „Anstoß" für beide Seiten werden können, braucht es Zeit, sich auch in der Freizeit über „FreieZeit" miteinander vertraut zu machen. Dass für KatechetenInnen Gemeindearbeit eine sinnvolle Freizeitaktivität ist, wird auf manche Jugendliche zunächst etwas befremdlich wirken. Lassen Sie sich Zeit! Geben Sie den Jugendlichen Zeit! „Alles hat seine Zeit ..."!

Methodische Überlegungen

Nachgefragt (M 1)

 Fragebogen (M 1) für die Gruppe und eine DIN-A3-Kopie für die gemeinsame Auswertung; Stifte

Alle füllen den Fragebogen aus; Mehrfachnennungen sind möglich.
Dann werden die Ergebnisse zusammengetragen und auf dem Auswertungsbogen notiert.
Eine Gesprächsrunde bildet den Abschluss. Dabei kann auf Besonderheiten im Freizeitverhalten der Gruppe eingegangen werden; auch ein Vergleich mit den Ergebnissen der Shell Jugendstudie ist möglich (siehe oben im Text).

Die Lebenszeit eines Menschen (M 2)

(→ FirmLogBuch, S. 22)

 Textblatt, Zettel / Moderationskarten (zwei Farben)

Die Gruppe liest die statistischen Angaben und diskutiert anschließend:

⇒ Was erstaunt uns?
⇒ Was finden wir o.k.?
⇒ Was erschreckt uns?

In einer zweiten Runde schreiben die Jugendlichen auf kleine Zettel, wofür sie möglichst wenig Zeit aufbringen möchten. Auf die andersfarbigen Moderationskarten notieren sie, wofür sie sich möglichst viel Zeit wünschen. Die beiden „Themenkreise" werden nacheinander betrachtet und diskutiert.

Zum Abschluss kann sich die Gruppe fragen, was ihnen Freizeit bedeutet (gegenüber Schule, Hausarbeiten, Job ...).

Freizeit Black-Box

 Schwarz verhängte/r Bühne/Raum; Videokamera; Fernseher

Mit Tüchern wird zunächst eine kleine, schwarz verhängte Bühne errichtet (= Black Box). Eine Videokamera wird so installiert, dass sie die Jugendlichen, die an markierten Punkten stehen oder sitzen, im Bild hat.
Die KatechetInnen geben eine kleine Einführung zum Thema Freizeit und in die Methode.
Dann bilden die Jugendlichen 2er-Teams.
Alle haben etwa 5 Minuten Zeit, sich interessante und witzige Fragen zu überlegen; besonders zu Freizeit und Hobbys.
Anschließend bekommt jedes Team 2 mal 2 Minuten Zeit, um sich gegenseitig zu interviewen. Die anderen sind bei den Interviews nicht dabei!
Sind alle Interviews „im Kasten", schaut sich die Gruppe gemeinsam die Ergebnisse an. Im Gespräch werden die verschiedenen Interessen verglichen und die Frage, was ihnen Freizeit bedeutet (gegenüber Schule, Hausarbeiten, Job), diskutiert.

Die Freizeitinsel

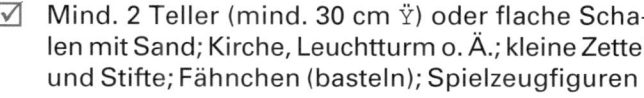 Mind. 2 Teller (mind. 30 cm ⌀) oder flache Schalen mit Sand; Kirche, Leuchtturm o. Ä.; kleine Zettel und Stifte; Fähnchen (basteln); Spielzeugfiguren

> Zu planen ist ein Wochenende für FirmbewerberInnen. Hier sind Ideen und Konzepte gefragt. Welche Freizeitaktivitäten sind denkbar? Wie werden Freizeit und thematische Einheiten aufgeteilt? Wie viel „Raum" sollen die einzelnen Freizeitangebote einnehmen?
> Durch mehrere Vorschläge sollen Alternativen angeboten werden. Anhand eines Inselmodells werden die Vorschläge dargestellt und erläutert. Der Insel**Raum** dient der Veranschaulichung der Frei**Zeit** und wie sie aufgeteilt werden soll.

Es werden zwei oder mehrere Kleingruppen gebildet.

1. Auf kleinen Zetteln sammeln die Gruppen Ideen, was an dem Wochenende stattfinden könnte.
2. Die besten Ideen werden in der Gruppe ausgewählt; denn nicht alles kann an dem Wochenende stattfinden.
3. Nun muss ein passender Platz für die Aktivitäten auf der Insel gefunden werden. Ein Fähnchen wird mit dem Angebot beschriftet und in den Sand gesteckt. Mit einem Stift oder Finger wird dann in den Sand gezeichnet, wie viel Platz diese Angebot auf der Freizeitinsel einnehmen soll (Wichtigkeit).
4. Die Insel wird nun mit Spielzeugfiguren und -gebäuden ausgestattet.
5. Jede Gruppe stellt ihre Planung vor und erläutert das Modell. Dann werden die Vorschläge diskutiert.

ErlebnisPark

! Hinweis: Eine Aktion aller FirmbewerberInnen einer oder mehrerer Gemeinden für einen Firmlingstag, ein Pfarrfest oder einen Gemeindetag.

 Alle FirmbewerberInnen gestalten gemeinsam einen ‚ErlebnisPark' mit Spielen, Aktionen und Begegnungsmöglichkeiten (zwischen den Generationen); z.B.:
⇒ Riesenspiele
⇒ Huckepack-Reiten für die Kleinen
⇒ Kletterkisten
⇒ Schminken
⇒ Märchen-Café
⇒ Live Gruselkeller

Wenn die Einladung zu diesem Tag in die Gemeinde und ihre Gruppen getragen wird, lernen die Jugendlichen auch so noch einmal die Gemeinde kennen.

! Zur Beratung und Unterstützung für den Spiel- und Aktionsbereich kann man sich an das örtliche Katholische Jugendamt wenden.

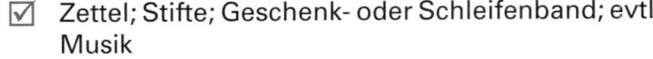
Zum Ausklang

Chill out [= Abkühl-Phase]

 Nach einer anstrengenden Phase oder einem aufregenden, größeren Ereignis ist „etwas Abhängen" – Eisessen, Kino, Grillen, Spielen etc. – angesagt.

ZeitGeschenk

☑ Zettel; Stifte; Geschenk- oder Schleifenband; evtl. Musik

 In einer kleinen Besinnung überlegen alle, wem sie in der kommenden Woche mindestens fünf Minuten ihrer Zeit schenken möchten.
Den Namen des Beschenkten und das Zeitgeschenk schreiben alle auf einen Zettel, der anschließend gerollt und mit einem Band zugebunden und markiert wird.
Die Zettel bewahren die KatechetInnen bis zum nächsten Treffen auf – zur Erinnerung, nicht zur Kontrolle!
Zu Beginn des nächsten Treffens kann über die Erfahrungen mit den Zeitgeschenken noch einmal gesprochen werden.

die fantastischen vier: „tag am meer"

☑ CD und CD-Player, Text des Liedes aus dem Internet kopieren (lassen):
http://www.lyrics.de/searchLyrics.jsp – unter dieser Adresse sind viele weitere Lieder zu finden.

 Die CD wird abgespielt. Anschließend kann der Text verteilt und kurz besprochen werden.

Welche der folgenden Aktivitäten gehören
bei dir zum wöchentlichen Freizeitprogramm?

☺ sich mit Leuten treffen   ☐

☺ Fernsehen   ☐

☺ Freizeitsport   ☐

☺ surfen im Internet   ☐

☺ Vereinssport   ☐

☺ Bücher lesen   ☐

☺ Gottesdienst am Sonntag   ☐

☺ Computerspiele   ☐

☺ Unternehmungen mit Familie   ☐

☺ Shopping   ☐

☺ Gruppenstunde / Jugendtreff   ☐

☺ _____   ☐

☺ _____   ☐

☺ _____   ☐

Die Lebenszeit eines Menschen ...

(statistisch gesehen)

⇒   4 Tage für Schuhe zubinden

⇒ 2,5 Monate für Küssen

⇒   3 Monate für Zähne putzen

⇒ 3,5 Monate für Verkehrsstaus

⇒   6 Monate für Warten vor Ampeln

⇒ 6,5 Monate für Anziehen (Männer)

⇒   8 Monate für Briefe öffnen und lesen

⇒   9 Monate für Anziehen (Frauen)

⇒   1 Jahr für die Suche nach verlorenen oder verlegten Gegenständen

⇒ 1,5 Jahre für Waschen, Baden, Rasieren usw. im Badezimmer

⇒   2 Jahre für Gartenarbeit (Rasenmähen, Harken usw.)

⇒   2 Jahre für Telefonanrufe

⇒   3 Jahre für Konferenzen, Besprechungen

⇒ 3,5 Jahre für Fernsehen (ab 20 Jahre)

⇒ 3,5 Jahre für Lesen (Bücher, Zeitungen usw.)

⇒ 3,5 Jahre für Essen

⇒   5 Jahre für Warten (bei Behörden, Ärzten, Kassen usw.)

⇒ 5,5 Jahre für Haushalt (Waschen, Bügeln, Putzen)

⇒ 10 Jahre für Theater, Kino, Restaurant

⇒16,5 Jahre für Arbeit

⇒ 22 Jahre für Schlafen

Und noch etwas:

 *27.000 Minuten Ihres Lebens opfern Sie, um auf die Uhr zu
schauen ... nur um festzustellen, dass Sie zu wenig Zeit
haben!!!*

(nach Prof. Opaschowski, Freizeitforscher, Hamburg 1990)

Inhaltliche Überlegungen

1. Was läuft

- **Kinder und Jugendliche leben zunehmend in einer eigenen Medienwelt.** Die freie Zeit außerhalb von Schule oder Ausbildung wird täglich für mehr als vier Stunden durch Radio, Fernsehen, Video oder den Computer bestimmt. Dies ergab ein Vergleich in elf europäischen Ländern, in denen mehr als 15.000 Kinder und Jugendliche zwischen 9 und 17 Jahre befragt wurden.

- **„Handys sind nicht einfach nur Telefone ohne Kabel"** – Handys sind Symbole eines jungen, dynamischen und „coolen" Lebensstils. In der Freizeit gewinnen sie für die Kommunikation immer mehr an Bedeutung. Insbesondere das „Simsen", also Versenden von geschriebenen Kurzmitteilungen (SMS = Short Message Service) per Handy, ist gegenwärtig „der Renner" unter jungen Leuten.

- **Fernsehen ist das Lieblingsmedium der Deutschen ab 14 Jahre.** So lautet das Ergebnis einer Umfrage, wonach 55,3 Prozent der Deutschen ab 14 Jahre das Fernsehen am stärksten für einen längeren Zeitraum vermissen würden. Außerdem liefere es den meisten Gesprächsstoff, was für Jugendliche ein wichtiges Kriterium ist, wenn es in der Schule oder der Clique darum geht, mit reden zu können.

- **Internet spaltet die heutige Jugendgeneration.** Noch nie habe es eine so große Kluft zwischen Gymnasiasten und Hauptschülern gegeben wie bei der Internet-Nutzung, so das Hamburger Freizeit-Forschungsinstitut B.A.T. Befragte mit Hauptschulabschluss nutzten kaum das Angebot von Online-Diensten, während der Anteil der Internet-Surfer mit höherer Schulbildung fast sechs Mal so hoch sei.

2. Medienschelte ist nicht neu

Der Konflikt „Medien und Jugend" ist nicht neu. Als pädagogische Medien<u>kritik</u> lässt es sich bereits im 18. Jahrhundert entdecken. Damals beargwöhnten Gelehrte und Erzieher eine neuartige „Lesesucht", auch unter jungen Leuten. Romane – eine damals neue Literaturgattung – wurde quasi „verschlungen". Die pädagogischen Empfehlungen reichten von „Einschränkung der Lektüre" bis zu „exklusive Reservierung des Schreibens und Lesens für eine ausgewählte soziale Gruppierung".[1]

Von wegen Lesen: Das Medieninteresse junger Leute bezieht sich heute eher auf die elektronischen Medien wie Fernsehen, Computer und das Internet, wenn auch das Lesen keineswegs völlig „out" ist.
Die Kritik am heutigen Medienkonsum von Kindern und Jugendlichen spart nicht mit deutlichen Worten:
- **„Schrott"**
- **„Zeitfresser"**
- **„Verinselung"**
- **„Scheinwelten"**

---

1 Siehe: Ingrid Gogolin / Dieter Lenzen (Hg.), Medien-Generation. Beiträge zum 16. Kongress der Deutschen Gesellschaft für Erziehungswissenschaft, Opladen 1999, S. 11ff.

Bei allem geht es besonders um den starken „Unterhaltungsaspekt" als Ablenkung von der Lebenswirklichkeit. Was die Kritiker vermissen, sind Medien, die „bilden" und den jungen Menschen zu einer reifen Auseinandersetzung mit der Gesellschaft und ihrem eigenen Leben verhelfen.

3. „Online" oder „offline" sein

„Unerreichbarkeit" ist der eigentliche Luxus. Beinahe von überall her können wir andere per Handy erreichen, ihnen Bedeutsames und Belangloses, Heiteres und Nachdenkliches zukommen lassen. Umgekehrt sind wir als „Empfänger" auch ständig ansprechbar und werden dadurch quasi allzeit verfügbar. Das Abschalten können wird zu einem seltenen „Luxus".

Menschen brauchen ein menschliches Gegenüber zum Leben lernen. So wichtig heute die elektronischen Medien für viele Lebens- und Arbeitsbereiche auch sind, sie ersetzen keinesfalls den unmittelbaren Kontakt zwischen Menschen. Nur dadurch erlernen wir, was wir zum Verstehen und Verständigen (in) der Welt benötigen.

Kommunikation schafft Beziehung. In „Kommunikation" steckt das lateinische Wort *„communio" = „Gemeinschaft"*. Alles, womit wir uns mitteilen und wodurch wir in Verbindung zu anderen Menschen treten, ist eine Form von Kommunikation. Durch sie wird Beziehung zwischen Menschen möglich und gestaltet.
Wenn Eltern ihre Kinder füttern, geschieht dabei mehr als nur Nahrungsaufnahme. Wenn zwei Menschen sich hübsch füreinander machen, sich gar „einduften", dann wollen sie einander etwas mitteilen, das mit Worten oft so schwer auszudrücken ist.

Leben live und in Farbe gibt es nicht im Kino. Die Unmittelbarkeit der Begegnungen, Mitteilungen und Wahrnehmungen fordert uns ganz und fördert unsere persönliche Entwicklung. Daher brauchen gerade Kinder und Jugendliche Zeiten, in denen sie nicht medial „vernetzt" und „gefesselt" sind. Dies schafft wichtige Freiräume, in denen sie Gelegenheiten haben, etwas zu erleben und sich darüber auszutauschen. Andernfalls werden sie das „Leben" in den Medien suchen.

4. Das heilige „Medium"

Die Bibel ist *das* Medium des Glaubens: unterhaltsam – in spannenden und dramatischen Geschichten; belehrend und bildend – durch Lebensweisheiten und -erfahrungen; sinn- und gemeinschaftsstiftend – in den überlieferten Glaubenszeugnissen und durch die immer und überall gleiche Botschaft, die darin verkündet wird.

Die Bibel ist medial auf dem Laufenden. Ihre Texte sind längst nicht mehr nur „Schwarz auf Weiß" nachzulesen. In allen elektronischen Medien sind sie zugänglich bzw. präsent: als Fernseh- oder Videofilme, als Texte in Computerprogrammen – häufig mit zusätzlichen Informationen versehen – oder auch im Internet, z.B. unter der Adresse: www.bibelwerk.de.
Dies ist kein billiger Modetrend, sondern macht die Botschaft Gottes mit modernen Medien für möglichst viele Menschen zugänglich.

Nicht verteufeln, sondern die Geister unterscheiden, ist die angemessene Weise, mit den Medien umzugehen. Sie gehören zur Lebens- und Kulturgeschichte des modernen Menschen dazu. Daher gibt es aus christlicher Sicht auch keinen grundsätzlichen Vorbehalt gegen die modernen Medien.

Überraschend viel „Frommes" findet sich nämlich hier, und das ist keineswegs immer oberflächlich.

⇒ So manche PopmusikerInnen bekennen sich zu ihren religiösen Überzeugungen oder zu ihrer Suche nach Gott.

⇒ In Filmen werden Menschen mit religiösen Überzeugungen dargestellt und die großen Menschheitsfragen nach dem Sinn des Lebens, nach der Liebe, nach dem Tod oder nach Gut und Böse immer wieder behandelt.

⇒ Wer heute ins Internet geht, wird viele Informationen zu religiösen Themen finden. Menschen teilen hier ihren Glauben mit, suchen nach Glaubensantworten oder auch nach Kontakten zu anderen ChristInnen. So zeigt die Suchmaschine „google.de" fast 30.000 Einträge zum Stichwort „Firmung" an; an erster Stelle übrigens das Firmportal des Bistums Essen (www.firmung-online.de).

„Sind wir denn schon drin?!" – Inhalte der Firmvorbereitung sind auch mit Hilfe neuer Medien zu vermitteln. Hier bieten sich besonders Musik, Filme und auch das Internet an. Eingesetzte Medien müssen zum Inhalt und zum methodischen Rahmen passen. Sie sind der persönlichen Auseinandersetzung des einzelnen wie der Gruppe unterzuordnen.

Methodische Überlegungen

Zum Einstieg

KörperÜbung: Gehen & Grüßen

 Raum mit genügend Bewegungsfläche für die Gruppe

Zunächst nehmen die Jugendlichen den Raum wahr.

Ohne sich zu behindern, gehen dann alle durch den Raum und achten dabei auf ihr Raumempfinden.

Nun wird die Konzentration auf das Gehen gelenkt und das Tempo immer wieder variiert. Die Gruppe geht kreuz und quer durch den Raum, ohne sich zu berühren.

Dann kommt zum Gehen das Grüßen in vorgegebenen Variationen dazu: lang, kurz, freundlich, unpersönlich, hektisch, phantasievoll, aus der Distanz ...

Zum Schluss bilden alle einen Kreis, legen sich ihre Arme gegenseitig auf die Schultern und schauen sich nacheinander an. (Mit einem gemeinsamen Schlusssatz kann der Kreis aufgelöst werden.)

Medien-Menü (M 1)

 Fernsehzeitschriften; Wochenplan (M 1); Stifte

Die Jugendlichen erhalten einen Wochenplan, in den sie eintragen, welche Medien sie wie lange in der vergangenen Woche genutzt haben. Programmzeitschriften liegen als „Erinnerungshilfen" aus.
Im anschließenden Gespräch geht es um die Frage, welche Sendungen, Videospiele etc. für sie zu einer „guten Woche" gehören.
Die KatechetInnen bringen auch ihre eigenen Mediengewohnheiten in das Gespräch ein.

Firmportal-Besuch (www.firmung-online.de)

 PC mit Internetanschluss; evtl. Drucker

Über die Internetadresse – www.firmung-online.de – gelangt die Gruppe zum Firmportal des Bistums Essen.
Hier blättern alle durch die Seiten des Firmportals. Durch „Links" besteht die Möglichkeit, mit anderen Firmgruppen im Bistum Kontakt aufzunehmen oder sich Anregungen und (Gebets)Texte für die Firmvorbereitung vor Ort zu besorgen.

Zur Vertiefung

Balance gewinnt (M 2)

 Film „Balance" (ca. 11 Minuten)*; Bibeltext (M 2); zwei farbige Tücher; Papier; Stifte; Kerze

---

* Die Szenerie beginnt auf einer Plattform, auf der gleichförmige und fast gesichtslose Gestalten, die sich nur durch Nummern unterscheiden, aus der Mitte an die Ränder treten. Es wird klar, dass es sich um ein ausgeklügeltes Gleichgewicht handelt, das sie bewahren müssen, um nicht von der frei schwebenden Plattform zu stürzen.
An den Rändern scheinen sie Angeln auszuwerfen. Plötzlich hat eine Gestalt etwas am Haken und das bis dahin selbstverständlich wirkende Gleichgewicht gerät in Bewegung – bis zur Katastrophe.
Die Balance der Gewichte wird zum Synonym für das Funktionieren sozialer und moralischer Werte und Normen.

Buch u. Regie: Christoph und Wolfgang Lauenstein, Deutschland 1989; OSCAR für den besten Animationsfilm 1989

Ausleihe: Bei Katechetischen Instituten oder Medienzentralen

Im Mittelpunkt steht die Frage: „Wie kann das Leben miteinander gelingen?"
Im Raum sind zwei gegenüberliegende „Erlebnisfelder" durch unterschiedliche Farben markiert (Tücher), die „Gelingen" bzw. „Misslingen" symbolisieren. Auf Papierstreifen oder Plakaten stehen die beiden Begriffe.

Nach einer kurzen Einführung wird der Text aus dem Philipperbrief (M 2) vorgelesen. Die Gruppe befindet sich dabei zwischen den „Erlebnisfeldern". Dann werden die Jugendlichen nach ihrem Eindruck zum Text befragt.

Anschließend wird der Kurzfilm „Balance" gezeigt, an den sich eine weitere Gesprächsrunde anschließt.

Nun wird nochmals der Text aus dem Philipperbrief (M 2) vorgelesen.

Nach einer kurzen Stille gehen die Jugendlichen zunächst in die eine, dann in die andere Ecke und sprechen jeweils über den Aspekt des Gelingens bzw. Misslingens.

> Die Gesprächsrunde kann mit einer Körperübung abgeschlossen werden. Dabei bildet die Gruppe einen Kreis.
>
> Die Jugendlichen stehen immer abwechselnd mit dem Gesicht zur Kreismitte bzw. nach außen gewandt.
>
> Dann haken sich alle in den Armbeugen ein.
>
> Die nach außen Gewandten lassen sich langsam nach vorne kippen, während die anderen durch entgegen gerichtetes Vorbeugen versuchen auszugleichen. Alle achten auf den Zusammenhalt des Kreises.
>
> Ist die größtmögliche Spannung erreicht, sagen alle laut: „Balance!" und kommen langsam wieder zurück in die Ausgangsposition.

Schreibmeditation:
„Kommunikation ist ..."

 Tisch; Plakat in Tischgröße; verschiedenfarbige Stifte

 Der Tisch mit dem festgeklebten Plakat und den verschiedenen Stiften steht frei im Raum. Auf dem Plakat steht der Satzanfang „Kommunikation ist ..." geschrieben.
Während der Schreibphase wird nicht gesprochen. Alle vervollständigen zunächst den Satzanfang auf dem Plakat (Platz lassen!). Anschließend kann die Gruppe das bisher Geschriebene kommentieren, ergänzen oder Fragen dazu formulieren (kurz, Stichworte) – bis das Plakat vollgeschrieben ist oder der Gruppe nichts mehr einfällt.
Danach bespricht die Gruppe das Ergebnis und wie ihnen die Methode gefallen hat.

www.firmung-online.de

Als Projekt kann eine eigene Homepage der Firmlinge entstehen, die mit dem Firmportal des Bistums Essen verlinkt wird. Dazu gibt es beim Firmportal ganz praktische Hilfen.

Alternativ besteht die Möglichkeit, eigene Texte oder andere Beiträge zu erarbeiten, die man in das Firmportal einstellen möchte.
Das Projekt sollte von einer erfahrenen Person begleitet werden und auch so gestaltet sein, dass die beteiligten Jugendlichen wirklich alle aktiv teilnehmen können!

Zum Ausklang

Wünsche – Text von Kurt Marti (M 3)

Mein Medien-Menü der letzten Woche:

	morgens	mittags	nachmittags	abends
Sonntag				
Montag				
Dienstag				
Mittwoch				
Donnerstag				
Freitag				
Samstag				

Wenn es also Ermahnung in Christus gibt,

Zuspruch aus Liebe,

eine Gemeinschaft des Geistes,

herzliche Zuneigung und Erbarmen,

dann macht meine Freude dadurch vollkommen,

dass ihr eines Sinnes seid,

einander in Liebe verbunden,

einmütig und einträchtig,

dass ihr nichts aus Ehrgeiz

und nichts aus Prahlerei tut.

Sondern in Demut schätze

einer den andern höher als sich selbst.

Jeder achte nicht nur auf das eigene Wohl,

sondern auch auf das der anderen.

(Philipperbrief 2,1–4)

Wünsche

Ach, dass ich, wenn's drauf ankommt,
im Gegner den Bruder,
im Störer den Beleber,
im Unangenehmen den Bedürftigen
im Süchtigen den Sehnsüchtigen,
im Säufer den Beter,
im Prahlhans den einst Gedemütigten,
im heute Feigen den morgen Mutigen,
im Mitläufer den morgen Geopferten,
im Schwarzmaler den Licht- und Farbenhungrigen,
im Gehemmten den heimlich Leidenschaftlichen
erkennen könnte!
Leicht ist das nicht.
Es bräuchte, o Gott, die Gegenwart Deines Geistes!
Und wie schaffe ich, der Ängstliche, es,
im Lauten den Leisetreter,
im Arroganten den Angsthasen,
im Behaupter den Ignoranten,
im Auftrumpfer den Anpasser
zu entlarven?
Auch das, auch das gehört zur Liebe,
wie Jesus sie lebte.

Kurt Marti

Mit freundlicher Genehmigung des Radius-Verlags entnommen aus: Kurt Marti: Der Heilige Geist ist keine Zimmerlinde.
© 2000 by Radius-Verlag, Alexanderstr. 162, 70180 Stuttgart

Inhaltliche Überlegungen

1. Was sind die Fakten?

Sucht hat ihren Ursprung in der Suche! In bestimmten Jugendszenen oder Cliquen geht es darum, etwas „Besonderes" zu erleben. Daher gehört der Konsum von Drogen, Rausch- und Suchtmitteln quasi zu ihrem „Verhaltenskodex". Dies befördert u.U. den Weg in Abhängigkeiten oder eine Sucht.

- In der Altersgruppe der 14- bis 16-Jährigen verfügen 50 Prozent über erste **Rauscherfahrungen mit Alkohol.**
- **Geraucht** haben schon mindestens 50 Prozent der unter 14-Jährigen; zu den „Rauchern" können ca. 30 Prozent der 14- bis 17-Jährigen gezählt werden.
- **Arzneimittelmissbrauch** ist bei 20 Prozent der bis zu 15-Jährigen feststellbar.
- **Haschisch** gehört für 20 Prozent der 18- bis 20-Jährigen zu den konsumierten Drogen.
- 0,5 Prozent haben **Opiaterfahrungen.**
- 80 Prozent der Partybesucher (Techno-Szene) gaben an, in den vergangenen sechs Monaten **Ecstasy** konsumiert zu haben; darüber hinaus aber auch Nikotin, Alkohol und Cannabis-Produkte (Haschisch, Marihuana). *(aus: 7. Kinder- u. Jugendbericht NRW 1999, S. 117f.)*
- Das **Einstiegsalter** für Drogen sinkt kontinuierlich. So konsumieren bereits fünf Prozent der Zwölfjährigen regelmäßig Alkohol und sieben Prozent rauchen regelmäßig Zigaretten. *(aus: Informationen der KSA, Hamm)*
- Die Krankheitsbilder **Magersucht (Anorexia nervosa) und Ess-Brech-Sucht (Bulämie)** treten nach Angaben der Bundeszentrale für gesundheitliche Aufklärung in Köln zu 90 bis 95 Prozent bei Mädchen und jungen Frauen auf. 15 Prozent derjenigen, die an einer lebensbedrohlichen Form der Magersucht leiden, hungern sich zu Tode. (siehe: www.bgza-essstoerungen.de)
- Das Problem der **Suchtfamilien**: In Deutschland leben derzeit zwei Millionen Kinder unter 18 Jahre in Familien, in denen mindestens ein Elternteil zwanghaft trinkt, von Tabletten oder illegalen Drogen abhängig ist. [...] Rund ein Drittel dieser Kinder entwickelt später eine eigene Suchterkrankung. *(Henning Mielke, in: Publik Forum 2002/16, S. 27)*

„Das Problem wird konkret", wenn man die statistischen Zahlen einmal auf die Gruppe der FirmbewerberInnen überträgt. Dann müsste man davon ausgehen, dass
⇛ jeder zweite bereits mindestens einmal „betrunken" war;
⇛ jede/r dritte bis vierte Jugendliche einer Gruppe regelmäßig raucht;
⇛ jede/r fünfte Arzneimittel missbraucht;
⇛ jede/r siebte bis achte Jugendliche aus einer „Suchtfamilie" stammt.

„Sucht-Vorbilder": „Missbrauch und Abhängigkeit von Drogen und Suchtmitteln aller Art haben sich auf extrem hohem Niveau eingependelt", so lautet das Resümee zum „Jahrbuch Sucht 2003" der Deutschen Hauptstelle für Suchtfragen. Damit wird deutlich, dass der Suchtmittelkonsum (Alkohol, Tabak, Medikamente) keine Randerscheinung ist, sondern weitgehend zur Alltagskultur in unserer Gesellschaft gehört. Hier leben Erwachsene vor, auch durch entsprechende Werbung, was Kinder und Jugendliche nachahmen (sollen).

„Kein Mensch ist frei von möglicher *Suchtgefährdung"*, was bedeutet, dass „alle Menschen eine Bereitschaft zur Sucht , die sogenannte *Suchthaltung* besitzen." *(Handbuch des Kinder- und Jugendschutzes, S. 158)*
Etwas zu erreichen, zu besitzen oder zu konsumieren, macht zwar einerseits „gute Gefühle". Doch dieser „Genuss" birgt andererseits auch Gefährdungen in sich. Diese Widersprüchlichkeit gehört zu unserem Menschsein dazu.

„Ich muss mir jetzt was gönnen" – kann gerade für junge Menschen zur fatalen Täuschung führen. In ihrer häufig noch instabilen Lebenslage, die entwicklungsbedingt auch von schwierigen bis krisenhaften Phasen begleitet ist, scheint das Gefahrenpotential „falscher Genüsse" für sie größer zu sein als für ältere.
⇒ Die 12- bis 21-Jährigen verfügen weltweit über ein Monatsbudget von umgerechnet 1,23 Milliarden Euro.
⇒ 2001 hatte diese Altersgruppe durchschnittlich ein monatliches Taschengeld von 83 Euro zur Verfügung. Mit dem, was noch hinzu verdient wird, liegt dann das durchschnittliche „Monatseinkommen" der Jugendlichen bei ca. 133 Euro.
⇒ Bei 18 % der Bevölkerung aller Altersgruppen ist das Kaufverhalten auffällig bzw. problematisch. Dabei fallen jedoch Kinder und Jugendliche nicht häufiger „aus dem Rahmen" als Erwachsene.

„Be yourself – Sei Du selbst"!? – Dieser Werbespruch, der zum Kauf eines Produktes animieren soll, suggeriert, dass Identität und Persönlichkeit etwas mit Konsum zu tun haben. Je mehr aber Selbstwahrnehmung und Selbstwertgefühl vom Konsum „abhängig" (gemacht) werden, desto größer ist die Gefahr, dass aus dieser Abhängigkeit auch Sucht werden kann.

„Abhängigkeit ist nicht immer gleich Sucht!" Das entscheidende Unterscheidungsmerkmal der Sucht ist, dass es sich dabei um eine „krankmachende Abhängigkeit" handelt. So gibt es Abhängigkeiten, die keineswegs schädlich sein müssen. Spitzensportler etwa *brauchen* ihr Training, sonst können sich körperliches und seelisches Unwohlsein einstellen.

Woran erkennt man eine Sucht(erkrankung)?
● Konsum- oder Rausch**zwang**
● Dosis**steigerung** oder ständige Intensivierung einer bestimmten Erlebens
● seelische, körperliche und / oder soziale **Abhängigkeit**
● **Entzug**ssymptome
● die Sucht als **Lebensinhalt** *(aus: Handbuch des Kinder- und Jugendschutzes, S. 157)*

Diese Merkmale beziehen sich sowohl auf stoff- und drogengebundene Abhängigkeiten als auch auf nicht stoffgebundene Suchtformen (Spiel-, Arbeits-, Konsum-, Mediensucht, suchtartige Essstörungen).

 Es ist davon auszugehen, dass Nikotin- und Alkoholkonsum bzw. -missbrauch sowie suchtförmige Essstörungen in der Altersgruppe der FirmbewerberInnen am stärksten verbreitet sind!
Wenn solche Auffälligkeiten wahrgenommen werden, sollten sie im Katechetenkreis auf jeden Fall besprochen werden (Hilfestellung: → S. 82)

---

2. Sucht als Glücks-Suche

Sucht hat viele Ursachen, und diese liegen nicht allein beim Süchtigen. In jedem einzelnen Fall kommen verschiedene Ursachen zusammen, die in ihrer Wirkung eine Sucht erzeugt haben. Man unterscheidet vier große Ursachenbereiche, die Einfluss auf das Verhalten jedes Einzelnen nehmen und die ein Suchtverhalten begünstigen oder auch auslösen können.

1. **Persönlichkeit des Einzelnen:** z. B. Depressivität, Risikobereitschaft, niedrige Frustrationstoleranz, fehlendes Selbstwertgefühl, Selbstüberschätzung, starke Gegenwartsorientierung;

2. **Umwelt & Gesellschaft:** extreme Leistungs- und Konkurrenzsituationen, Über-/Unterforderung, Mangel an Zukunftsperspektiven, Konsumorientierung, Drogenverfügbarkeit (legal und illegal), Diskriminierung, Mangel an Freizeitangeboten, Übersättigung mit Angeboten;

3. **Sozialer Nahraum:** autoritärer oder überbehütender Erziehungsstil, Gewalt, Missbrauch, Beziehungsstörungen, soziale Notlagen, fehlende Gruppenbindungen / Außenkontakte; Sucht in der Familie;

4. **Suchtstoff / Suchtmilieu:** Verfügbarkeit, Art der Einnahme / des Konsums, Dosis, Attraktivität des Milieus, gesellschaftliche Wertung, Genuss- und Rauschqualität.

Bei den Merkmalen 1 bis 3 handelt es sich um extreme Ausprägungen!

Sucht ist die Suche nach Glück mit zweifelhaften und bisweilen verzweifelten Mitteln. Für den Einzelnen in seiner glück- und ausweglosen Situation erscheinen möglicherweise auch solche Wege zum Durchbrechen dieses „Teufelskreises" sinnvoll, reizvoll oder legitim, die Rauschmittel, Drogen oder andere Suchtgefahren einschließen.

⇒ Der Konsum von berauschenden Mitteln oder Drogen bzw. das **Herbeiführen von Glückssituationen** mit extremen Mitteln geschieht ja nie mit der Absicht, süchtig zu werden. Zunächst geht es darum, den Alltag zu durchbrechen und zu „verschönern". Dies können sporadische Situationen sein und bleiben, die keine Abhängigkeit bewirken.

⇒ Die „Kontrolle" geht verloren, wenn der einzelne **keine anderen Möglichkeiten für Glückserfahrungen** sieht oder wenn die Droge oder das Drogenmilieu stärker wirken als die Selbstkontrolle des Konsumenten.

⇒ Der Konsum von Stoffen, Drogen oder bestimmte Erlebnissituationen zeigt an, wie der Alltag erlebt wird und wo die **Defizite in der Lebensqualität** liegen könnten. Solange keine akute Abhängigkeit oder Sucht vorliegen, kann man die Konsumsituation reflektieren und auch als Chance zur Suche nach möglichen Alternativen nutzen.

3. Wie kann Leben (anders) gelingen?

Als „Glücksritter" dem richtigen Stern folgen – das ist in einer Situation der zigfachen Glücksversprechen und -verheißungen für niemanden leicht, auch nicht für junge Leute.

⇒ Woran orientiere ich mich bei der Suche nach meinem Lebensglück?
⇒ Was ist das für mich – Glück?
⇒ Wie kann ich mit dem Unglücklichsein umgehen?
⇒ Ist nur lebenswert, was mir Spaß macht?

Diese oder ähnliche Fragen stellen sich bei der Suche nach dem Lebensglück.

„Denn wo dein Schatz ist, da ist auch dein Herz." (Mt 6,21) – Mit diesem Gleichniswort Jesu wird darauf aufmerksam gemacht, dass wir uns sehr genau überlegen sollten, wo wir unser Lebensglück suchen, welchem „Stern" oder „Irrlichter" wir folgen.

⇒ Im Gleichnis von der „falschen und der rechten Sorge" (Mt 6,19–34) liegt ein sehr provokanter Text vor, der ganz quer zur Konsum-Ideologie des „Ich will Genuss sofort" steht. Er ist aber nicht als moralischer Text zu verstehen, der uns ein schlechtes Gewissen machen möchte, sondern als Herausforderung und Ermutigung: Denn wahres Glück liegt in den „Dingen, die man nicht sieht" und ist zu finden in dem, „was man erhofft" (vgl. Hebr 11,1).

⇒ Der Paderborner Theologe Karl Heinz Schmitt hat den hebräischen Gottesnamen JAHWE („Ich bin der ‚Ich-bin-da'" Ex 3,14) mit dem lateinischen Wort *„Inter-esse"* = *„Dazwischen-sein"* übersetzt. Dieses persönliche Interesse Gottes wird menschlich erfahrbar in Jesus Christus als

„Anerkennung" der Kleinen und Ausgegrenzten, „Heilung" der Kranken und Leidenden, „Vergebung" der sich schuldig Fühlenden sowie „Solidarität" mit den Hilfesuchenden und den Schwachen.

Abhängigkeit & Sucht sind „Hintertüren" zur Frage nach Sinn und Glück menschlichen Lebens. Daher gehört dieses Thema auch in die Firmkatechese: nicht als sozialpädagogischer Unterricht, sondern deutlich von den Fragen nach Lebensglück und -sinn ausgehend.

Zu empfehlen ist hier eine **personorientierte Katechese**.

⇒ Die Möglichkeiten, mit kirchlichen Einrichtungen und Gruppierungen, wie Suchtberatungsstellen oder dem Kreuzbund, zusammenzuarbeiten, sollten dazu genutzt werden.

⇒ Unmittelbare Erfahrungen und kompetentes Wissen betroffener Menschen werden den Jugendlichen einen intensiveren Zugang und ein eindrücklicheres Nachdenken ermöglichen als ein „Reden darüber".

Sensibler Umgang mit einem sensiblen Thema ist dabei gefordert. Zu erwarten ist nicht, dass die Jugendlichen offen über mögliche Rauscherfahrungen oder über Sucht sprechen.

⇒ Wenn das Thema nicht indirekt durch die Fragen nach Glücks- und Sinnsuche oder auch durch andere Themenbausteine in den Blick kommt, sollte es auf jeden Fall einen für die Gruppe erkennbaren Anlass geben. Ansonsten entstünde schnell der Eindruck, dass nun der ‚pädagogische oder moralische Zeigefinger' erhoben werde. Dies würde die Jugendlichen wohl kaum motivieren, sich auf das Thema einzulassen. Die Katechese soll ihnen vielmehr einen Raum bieten, wo sie geschützt an- oder aussprechen können, was sie in diesem Zusammenhang bewegt.

⇒ Von den KatechetInnen ist hier sicherlich ein gewisser Mut gefordert, wenn der Eindruck entsteht, dass Einzelne in der Gruppe ein „Suchtproblem" haben. Dies zu ignorieren oder sich für „nicht zuständig" zu erklären, wären der falsche Weg.

Sucht braucht professionelle Hilfe

Wenn innerhalb der Firmkatechese eine wirkliche Suchtsituation begegnet oder eine Suchtgefährdung erkennbar wird, sollte man fachliche Hilfe und Beratung suchen. Hierzu gibt es in allen Städten und Gemeinden Suchtberatungsstellen. Auch Caritas und Diakonie sind mit Suchtberatungsstellen in diesem Bereich engagiert und können angefragt werden. Ansonsten wendet man sich an die jeweilige Fachstelle für kirchliche Jugendarbeit (Katholisches Jugendamt), die hier weiterhelfen wird.

Materialien und Informationen zu diesem Themenfeld sind erhältlich über:
- **Katholische Sozialethische Arbeitsstelle e.V. (KSA),** Jägerallee 5, 59071 Hamm
  Tel.: 02381/98020-40/-99; E-Mail: info@ksa-hamm.de;
  Internet: www.ksa-hamm.de

- **Bundeszentrale für gesundheitliche Aufklärung, Köln:** Sie hat ein neues Internet-Portal zum Problem der Essstörungen eingerichtet, das auch mit Filmmaterial aufwartet: www.bzga-essstoerungen.de

Methodische Überlegungen

Zum Einstieg

> *Wichtiger Hinweis: Wenn es keinen aktuellen Anlass für das Thema „Abhängigkeit & Sucht" gibt, dann können die Vorschläge „Zum Einstieg" aufgegriffen werden.*

Die „Versprecher"

☑ Werbeanzeigen aus Zeitschriften, Illustrierten o.Ä.; ausreichend Raum zur Vorbereitung und Durchführung eines Rollenspiels; Gegenstände (*Glückssymbole*), die etwas mit Glücks- und Sinnsuche zu tun haben, die aber auch für Sucht und Abhängigkeit stehen können (Essen, Reisetasche, Bier, Nikotin, Geld ...).

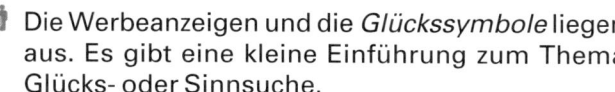 Die Werbeanzeigen und die *Glückssymbole* liegen aus. Es gibt eine kleine Einführung zum Thema Glücks- oder Sinnsuche.
Dann werden Zweier- oder Dreiergruppen gebildet.
Die Jugendlichen lassen sich von der Werbung und den *Gückssymbolen* inspirieren und bereiten ein Rollenspiel vor, bei dem einem Menschen das große Glück oder der Sinn des Lebens versprochen wird. Ein oder mehrere *Glückssymbole* werden bei der Szene eingesetzt werden.
Nach den Spielszenen gibt es eine Gesprächsrunde.

GlücklichmacherCocktail

☑ Gläser; verschieden große Zettel; Stifte; Säfte

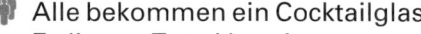 Alle bekommen ein Cocktailglas.
Es liegen Zettel bereit.
Auf jeden Zettel wird jeweils ein Bestandteil des eigenen GlücksCocktails geschrieben (z.B. Liebe, Urlaub, Oma Thilde ....).
Die Jugendlichen mixen so einen Cocktail mit ihren „Glückselementen". Die Größe der Zettel macht deutlich, in welchem (Mischungs-)Verhältnis die Bestandteile zueinander stehen.
Die Cocktails werden ausgetauscht und vorgestellt.

❗ Als Abschluss kann ein richtiger Cocktail aus verschiedenen Fruchtsäften gemixt werden.

Zur Vertiefung

GlücksRisiko

☑ Zeitschriften, Illustrierten, Zeitungen, Bastelmaterial, zwei A3- oder A2-Bogen

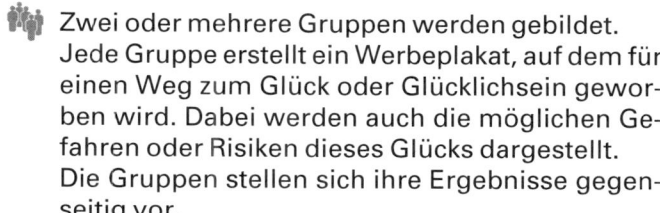 Zwei oder mehrere Gruppen werden gebildet.
Jede Gruppe erstellt ein Werbeplakat, auf dem für einen Weg zum Glück oder Glücklichsein geworben wird. Dabei werden auch die möglichen Gefahren oder Risiken dieses Glücks dargestellt.
Die Gruppen stellen sich ihre Ergebnisse gegenseitig vor.

❗ Die Plakate werden in der Gemeinde ausgestellt (Kirchenraum, Jugendheim, oder als Bilder ins Internet z.B.: www.firmung-online.de gestellt.
Dabei wird zur Diskussion und Kommentierung eingeladen.

WarumFragen? (M1)

☑ Textblatt (M 1)

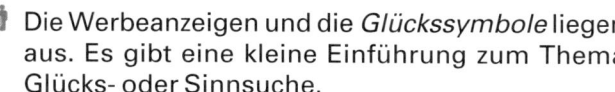 Es geht um ähnliche Geschichten & Erfahrungen, wie im Text (M 1) beschrieben.
Zunächst wird der Text miteinander gelesen; es werden Eindrücke, Empfindungen und Gedanken ausgetauscht, die beim Hören/Lesen ausgelöst wurden.
Anschließend bilden sich Zweier- oder Dreiergruppen.
Sie überlegen, ob Erfahrungen mit anderen Jugendlichen, die ins „Abseits" geraten sind, vorhanden sind.
Auf einem Plakat wird in Stichworten ein Beispiel beschrieben. Jedes Plakat trägt die Überschrift „Sindy ist ...".
Auf dem unteren Drittel des Plakates stehen die Stichworte: – eigene Verantwortung
– Fremdverschulden
– Mögliche Alternativen für „Sindy"

Die Beispiele werden nacheinander vorgestellt und besprochen. In der gemeinsamen Gesprächsrunde geht es um die Suche nach denkbaren Alternativen zur Problemlösung, die auf die Plakate geschrieben werden.

ExpertInnen-Runde

 Im kirchlichen Bereich findet man in unterschiedlichen Einrichtungen oder Gruppen GesprächspartnerInnen, die sich mit Fragen und Problemen rund um die Sucht-Thematik auskennen. Hierzu gehören neben den Suchtberatungsstellen der Caritas auch die Selbsthilfe-Vereinigung „Kreuzbund".
In einer Gesprächsrunde mit Fachleuten und/oder Betroffenen kann das Thema sehr lebendig und das Gehörte auch nachhaltig werden.
Möglich ist vielleicht auch der Besuch einer Einrichtung aus dem Bereich der Suchtberatung oder Suchtbehandlung.

! *Anmerkung: Bei den GesprächspartnerInnen sollte neben dem fachlichen Wissen auch der christliche Hintergrund ihres Engagements zur Sprache kommen können.*

Zum Ausklang

Ich wünsche dir ... (M 2)

Als kleine Betrachtung oder als Segen kann der Text **(M 2)** verwandt werden.

DrogenSindy

Sindy, armes Drogenkind,
Kindheitsträume sind verweht im Wind.
Einmal wolltest du es nur probieren,
damit deine verletzte Seele auskurieren.
Nur einmal deine Sorgen vergessen.
Die Familie, die aufhörte eine Familie zu sein,
ließ dich mit deinen Sorgen allein.
Einmal ist keinmal, der Kreislauf beginnt,
Drogen, Entgiftung, immer wieder Drogen,
die Zeit, sie verrinnt.
Täglich auf der Straße, für Drogen auf dem Strich,
von allen benutzt,
keiner liebt dich.
Nächte ohne Drogen, sie sind eine Qual,
im Leben hattest du nur einmal die Wahl.
Aus dieser Hölle gibt es kein Zurück,
zerstört sind die Träume von Liebe und Glück.
Du stehst auf eigenen Füßen,
sie sind öfters schwach.
An manchen Tagen fehlt dir zum Schlafen,
über dem Kopf das Dach.
Sindy, die Nächte sind dunkel, die Nächte sind kalt,
im Kreislauf der Drogen, wird keiner alt.
Eine Träne läuft über dein fahles Gesicht,
eine Träne, die uns in das Gewissen spricht.
Wir aber verstehen ihre Sprache nicht.
Eine Armee von Drogenkindern schreitet auf uns zu,
wir wollen nicht helfen, sehen drüber weg, wollen unsere Ruh.
Spießer halten ihre Augen fest verschlossen,
nichts sehen, nichts hören, unverdrossen.
Dealer frohlocken, es klingeln ihre Kassen.
Kinder gehen zu Grunde,
Kinder, die ihre Kindheit mit großen Schritten verlassen.
Körperlich am Ende, psychisch zerstört.
Wir haben ihre Schreie nach Liebe
und Geborgenheit nicht erhört.

(Till, 16 Jahre, Hagen, in: Aktueller Kinder- & Jugendreader 2001, S. 54, www.akiju.de)

Ich wünsche dir einen Himmel voller Sterne ...

Sterne, die glänzen, wenn du glücklich bist;

Sterne, die den Weg zeigen, wenn du nicht mehr weiter weißt;

Sterne, die leuchten, wenn es dunkel ist;

Sterne, nach denen du greifen kannst, wenn du fröhlich bist;

Sterne, die dir Menschen holen, wenn sie dich erfreuen wollen;

Sterne, die ausstrahlen, wenn du anderen gut bist.

Ich wünsche dir einen Himmel voller Sterne,
heute und an jedem Tag deines Lebens.

(Christa Carina Kokol)

GLAUBENS Themen

Inhaltliche Überlegungen

1. An was glaubst du?

Eine Woche lang waren „jetzt"-Reporter vom ehemaligen Jugendmagazin der Süddeutschen Zeitung in Deutschland unterwegs und haben mit 1.182 Jugendlichen im Alter von 15 bis 25 Jahren gesprochen – über verschiedene Themen.
Auf die Frage: „An was glaubst du" gab es ganz unterschiedliche Antworten. Hier eine kleine Auswahl:

Außerirdische.
(Christin, 15, Thalheim)

An das Kind in mir.
(Franziska, 20, Leipzig)

An meine Zukunft.
(Anne, 22, Berlin)

An das Alte Testament.
(Stephanie, 17, Straubing)

Gott und die Liebe.
(Matthias, 24, Tamm)

An meine Chancen im Leben.
(Sonja, 16, Fürth)

Ich glaube nicht,
ich vertraue.
(Mila, 18, Kirchheimbolanden)

An Gott jedenfalls nicht
(Hans, 24, Tübingen)

An die Liebe.
(Gloria, 17, Norderstedt)

An Gott
(Thomas, 17, Bochum)

An das, was ich sehe.
(Michael, 22, Tübingen)

An das Leben nach dem Tod.
(Steffi, 17, Thyrow)

An Schicksal.
(Apo, 20, Hamburg)

**An mich,
weil dir sonst keiner hilft.**
(Sandra, 21, Tübingen)

An ausgleichende Gerechtigkeit.
(Stefanie, 23, Hamburg)

An Wiedergeburt.
(Cindy, 16, Thalheim)

An die Vergänglichkeit.
(Anne, 21, Berlin)

An Wunder.
(Julia, 17, Haimhausen)

An Liebe auf den ersten Blick.
(Julia, 16, Tübingen)

An Allah.
(Isa, 23, Mössingen)

Esoterik
(Dorothea, 15, München)

An die Vergänglichkeit.
(Anne, 21, Berlin)

An Schutzengel
(Sarah, 15, Berlin)

An das Jenseits.
(Veronika, 15, Gröbenzell)

An TV-Götter.
(Kathleen, 16, Potsdam)

Heutzutage kann man an nichts mehr glauben.
(Stefanie, 17, Rippach)

An alles und nichts.
(Mischa, 21, Hamburg)

2. Glaube – ein schillernder Begriff

Der Begriff „Glaube" ist, wie die Antworten der Jugendlichen zeigen, nicht mehr eindeutig festgelegt! In der Alltagssprache unterschiedlich gebraucht, kennt er eine große Bandbreite an Bedeutungen: Vom Glauben an sich selbst, an die Liebe oder an das Gute im Menschen über den Glauben an Außer- und Überirdisches bis hin zum Glauben an den christlichen Gott. An „irgendetwas" scheint der Mensch – auch der junge – glauben zu wollen, ja glauben zu müssen. Andernfalls bliebe sein Leben ohne Deutung, ohne Sinn; es würde schlichtweg bedeutungslos.

Die gegenwärtige Glaubenssituation ist durch einen Pluralismus an Sinnangeboten, Weltanschauungen, Sekten, esoterischen und politischen Bewegungen geprägt. In ihrer Gesamtheit stellt sie so etwas wie einen „religiösen Supermarkt" dar, was wiederum zu Auswahl, Unter- und Entscheidung geradezu herausfordert.

> Verschiedene Bedeutungen von „Glauben":
> ⇒ **meinen, vermuten** („Ich glaube, morgen wird es gutes Wetter geben.")
> ⇒ **für wahr halten** („Ich glaube der Diagnose meines Arztes.")
> ⇒ **vertrauen** („Ich glaube meiner Freundin / meinem Freund.")
>
> Im religiösen Gebrauch des Wortes schwingen alle Aspekte mit. Die eigentliche Bedeutung ist jedoch erst auf der letzten Stufe erreicht: ein vertrauendes Sich-Einlassen auf Jemanden – auf Gott.
>
> *„Glaube aber ist: Feststehen in dem, was man erhofft, Überzeugtsein von Dingen, die man nicht sieht"* (Hebr 11,1).

3. Gott – ein „Fremdwort"?

Religiöse Vokabeln – wie Gnade, Erlösung, Reich Gottes usw. – kommen im alltäglichen Sprachgebrauch Jugendlicher kaum (mehr) vor. Unkenntnis und Unwissenheit in „Sachen Glauben" nehmen in dem Maße zu, wie Gott in den Familien seinen einst selbstverständlichen Platz verloren hat. Das Gottesbild Jugendlicher ist entsprechend diffus und gelegentlich esoterisch angehaucht (Kraft des Ganzen, Energiefeld ...). Gott als Schöpfer der Welt und als personales Gegenüber wird nur noch selten wahrgenommen.

Unzureichende oder fehlende Glaubenserfahrung ist die eigentliche Schwierigkeit in der Firmvorbereitung. Zwar sind nach wie vor Jugendliche in ihrer Gemeinde engagiert, aber bei vielen hat der Glaube (noch) keinen Sitz im Leben finden können. Was wir vielfach beklagen – fehlendes Glaubenswissen und auffallende Distanz zur Kirche –, sind eher Folgewirkungen mangelnder Lebens- und auch Glaubenserfahrungen. Was gelingendes Leben sein kann und worauf es dabei ankommt, darüber konnten viele Jugendlichen noch keine Vorstellungen entwickeln. Die überlieferten Glaubensformen und Glaubenstraditionen mit ihren Zeichen, Symbolen und Inhalten sind ihnen völlig fremd geworden, fernab ihrer „Lebenslandschaften".

4. Gott – „Geheimnis unseres Lebens"

Was nicht mehr selbstverständlich ist, das muss verständlich, plausibel, nachvollziehbar gemacht werden! Das gilt heute für fast alle Lebensbereiche, der religiöse nicht ausgenommen. Gott „verständlich" zu machen – das scheint schier unmöglich. Er ist und bleibt schwer zugänglich: *der geheimnisvolle, unsichtbare, unbegreifliche Gott.* Obwohl er sich mit seinem Namen (Jahwe = „Ich bin der, der für euch da ist") geoffenbart hat.

Die Frage nach Gott ist und bleibt die Grundfrage menschlichen Lebens. Zu allen Zeiten und in allen Völkern haben Menschen nach dem tragenden Grund ihres Lebens gefragt – ausgesprochen oder unausgesprochen. Wenn es stimmt, dass jeder Mensch „unheilbar religiös" (Karl Rahner) ist, dann wird mit seiner ersten und letzten Frage – die Frage nach seinem „Woher" und die Frage nach seinem „Wohin" – auch die Gottesfrage verbunden sein.

Gott hat sich den Menschen geoffenbart als ein menschenfreundlicher und beziehungswilliger Gott. Er ist in Jesus Christus selbst Mensch geworden und hat auf vielfältige Weise die Begegnung mit den Menschen gesucht. *Gott ist zwar nicht von dieser Welt, aber in dieser Welt*. Er ist den Menschen nahe, begleitet und trägt sie und ihr Leben.

Wovon lebe ich? Diese Frage kann vermutlich Spuren legen bei der Suche nach Gott. Wo sind meine vitalsten Sehnsüchte, meine tiefsten Hoffnungen, meine vordringlichsten Lebenswünsche? Solche oder ähnliche Fragen der „Superlative", wie sie jungen Menschen eigen sind, können unverhoffte Zugänge zu Gott als dem „Geheimnis unseres Lebens" eröffnen.

5. Die Sprache Gottes

Gott spricht sich ein in das Leben eines jeden Menschen, selbst wenn wir seine Stimme nicht immer (sogleich) wahrnehmen. Gott spricht sein Wort auch in die Lebensgeschichte der FirmbewerberInnen! Wie mit jedem Menschen hat er auch mit ihnen seine ganz persönliche Beziehungsgeschichte. Und diese Geschichte schreibt er in vielen Geschichten des Alltags, aber auch des Nicht-Alltäglichen. Es sind „Offenbarungsgeschichten", aber oft genug eher „verdeckte" Geschichten, deren Botschaften erst noch (später) aufzuspüren und zu entschlüsseln sind. Solche Entdeckungen können den Glauben an diesen Gott des Lebens (neu) begründen helfen.

Gott spricht durch Menschen in das Leben von Menschen. Hier kommen die KatechetInnen ganz persönlich ins Spiel. Glaube ist heute vorrangig personal zu vermitteln; zum Glauben kommen Menschen zuallererst durch Menschen. Das *„Zeugnis des Lebens ohne Worte"* * – indem die KatechetInnen Interesse am Leben der FirmbewerberInnen zeigen, Zeit für sie haben, sich ihren (Lebens-) Fragen stellen – erschließt den Zugang zum Glauben; *„das Zeugnis des Lebens mit dem Wort"* * – indem Gott auf diesem Hintergrund zur Sprache gebracht wird, buchstäblich zu Wort kommt – motiviert zur Fortsetzung des Glaubensweges.

6. Glaube – Gabe und Aufgabe

Die Stimme Gottes im eigenen Leben wahrzunehmen und selbst zur Stimme Gottes zu werden, darum geht es heute vordringlicher denn je. Was die KatechetInnen ansatzweise schon verwirklichen, ist für die Jugendlichen ein langer, mühsamer und oft angefochtener Lernprozess. In der sich verschärfenden Diasporasituation wird ein solches Zeugnis zu einer ernsten Bewährungsprobe.

Junge ChristInnen leben unter ihresgleichen buchstäblich in der „Vereinzelung" (wörtliche Übersetzung von Diaspora), müssen sich ständig rechtfertigen und setzen sich oft genug dem Gespött ihrer Zeitgenossen aus. Glaube, vor allem der Glaubende, hat sich da nochmals von einer ganz anderen Seite zu bewähren. Dabei kann die „Wirk- und Sprengkraft" des Heiligen Geistes, die im Sakrament der Firmung grundgelegt ist, zur guten Starthilfe werden.

---

* *Papst Paul VI: Apostolisches Schreiben „Evangelii nuntiandi"*

Methodische Überlegungen

Standortbestimmung

! *Hinweis:* Diese „Übung" verlangt eine offene Gesprächsatmosphäre und ein vertrautes Umgehen miteinander.

☑ Roter Punkt, aus Pappkarton geschnitten, mit der Aufschrift GOTT, liegt in der Mitte des Raumes

👥 Die FirmbewerberInnen bestimmen nun ihren augenblicklichen „Standort" zu Gott, indem sie mit ihren Stühlen hin- und herrücken, bis sie Nähe bzw. Distanz ausbalanciert haben. Mit ihrer Sitzhaltung (z.B. zu- oder abgewandt) bringen sie ihre Beziehung zu Gott zum Ausdruck.
Anschließend erläutern alle ihren „Standort" und sprechen über ihr Verhältnis zu Gott.

Als Reporter Gottes unterwegs ...

☑ Kassettenrecorder oder Diktiergeräte

👥 In der Woche vor dem Gespräch sind die FirmbewerberInnen zu zweit/ zu dritt als Reporter Gottes unterwegs gewesen und haben die Menschen auf der Straße nach ihrer Meinung über Gott gefragt: „Wer ist Gott für Sie?"
Die Antworten werden vorgespielt, kommentiert und diskutiert. Und wie denken wir über Gott?

Alternative:
☑ Vorbereitete Kärtchen mit der Aufschrift „Gott ist für mich" und Bleistifte/Kulis in ausreichender Zahl

👥 Die Kirchenbesucher werden im Gottesdienst gebeten, auf in den Bänken ausliegenden Karten aufzuschreiben: „Gott ist für mich ..."

Glaubensbilder

☑ Fotos aus Illustrierten und Magazinen: ein Liebespaar; zwei alte Menschen, die sich zärtlich ansehen; ein Vater, der sein kleines Kind auffängt; eine Mutter, die ihr Kind tröstet; der Bergsteiger, der am Seil eine schwierige Wand hinaufklettert ...

👥 Die FirmbewerberInnen schauen sich die Fotos in Ruhe an und wählen ein Bild aus, das ihrer Mei-

nung nach möglicherweise etwas über den Glauben aussagt.

Gott ist der „ganz andere" (M 1)

👥 Die indische Erzählung wird vorgelesen.
Im Gespräch kann herausgestellt werden, dass jede Aussage über Gott – analog zu den Aussagen der blinden Kinder über den Elefanten – und jedes Bild von ihm subjektiv und damit zugleich einseitig und unvollständig ist.

Alternative: Drei „blinde" FirmbewerberInnen betasten einen nicht eindeutigen Gegenstand, beschreiben ihn und versuchen ihn zu erraten.

Woran glaubst du? (M 2)

👥 Dieser bekannte Song von „Beatbetrieb", einer christlich orientierten Gruppe, wird abgespielt. Die FirmbewerberInnen geben spontan ihren Eindruck wieder. Abschließend wird der Text verteilt, gelesen und besprochen.

(Die CD ist im Fachhandel erhältlich.)

Mein Weg in den Glauben

☑ Plakatkarton bzw. Tapetenrollen, bunte Stifte

👥 Die FirmbewerberInnen malen ihren Glaubensweg:
  – An welche Situationen in meinem Leben erinnere ich mich, in denen Glaube und / oder Kirche eine Rolle gespielt haben?
  – Welche Personen fallen mir ein, die für meinen Glauben wichtig waren / sind?
  – Welche Personen fallen mir ein, die für mich eher Hindernis im Glauben waren / sind?
  – Wie ist die „Beschaffenheit" meines Glaubensweges? Autobahn, breit ausgetretener Weg, kleiner Pfad, holpriger Weg, wegloses Gelände, sumpfige Passage usw.
  – Wo gab es Brüche, Umwege, Sackgassen, Neuanfänge ...?

Alternative:

☑ Verschiedene Naturmaterialien, wie Erde, Sand, Steine, Zweige u. Ä.

 Der Glaubensweg kann auch mit Naturmaterialien, z.B. mit Erde, Sand, Asche, Gräsern, Blumen, Steinen, nachgebaut werden – entsprechend der jeweiligen Glaubenserfahrungen auf den verschiedenen Wegetappen. (→ LebensSinn ▪ LebensTräume, S. 35)

Was mir „heilig" ist?

☑ In einem Raum, der ausreichend Platz zur kreativen Gestaltung lässt, liegen verschiedenste Materialien bereit, mit denen die FirmbewerberInnen ihr „Heiligtum" erstellen können: buntes Papier, Stoffe, Dekomaterial, Schilder zur Bezeichnung, Filzstifte, Bälle, Spiel- und Hobbymaterialien usw.

 Die FirmbewerberInnen suchen im Raum eine „stille Ecke" und erstellen dort kunstgerecht ihr „Heiligtum". Jedes Objekt erhält ein Namensschild und u.U. eine Kurzbeschreibung.
Anschließend gibt es eine Art Vernissage, bei der alle Heiligtümer vorgestellt werden.

⇒ Welche Vorstellungen von „heilig" kommen hier zusammen? Warum ist mir dieses oder jenes so wichtig, ja „heilig"?
⇒ Warum geben wir Gegenständen des täglichen Lebens eine „heiligmässige" Bedeutung?
⇒ Welche Rolle spielen Symbole, Zeichen, „Bilder" in unserem Leben?
⇒ Welche Bedeutung haben die Sakramente?

Alternative:
Die FirmbewerberInnen bringen „Gegenstände" mit, die einen besonderen Platz in ihrem Zimmer – und damit in ihrem Leben – einnehmen, z.B. Plüschtiere, Fotos, alte Schuhe, Trikots, Schals.
Dazu erzählen sie jeweils ihre Geschichte(n).

Detektive suchen Gott (M 3)

☑ Polaroidkamera, Videokamera, Kassettenrecorder o. Ä. in ausreichender Zahl für die Gruppen

 Der Text von Hanns Dieter Hüsch „Die religiöse Nachricht" wird vorgelesen, dann verteilt und besprochen. Zustimmung und Ablehnung des Textes oder einzelner Textpassagen sind ausdrücklich erwünscht.

Der Text endet: „Gott sei Dank!
Endlich ist er frei.
<u>Kommt, wir suchen ihn!"</u>

Die FirmbewerberInnen machen sich in kleinen Gruppen als Detektive auf die „Gottsuche" in ihrer Umgebung (Pfarrgemeinde / Stadtteil). Sie dokumentieren in Natur, Kultur und Technik und nicht zuletzt unter Menschen mögliche „Orte der Gottesbegegnung".

Die Teams präsentieren in Bild und Ton die Ergebnisse ihres Streifzuges „Auf den Spuren Gottes" und stellen sie zur Diskussion.

Auf einem Elternabend, einer Gemeindeversammlung („Wir laden ein ...") oder in den Gottesdiensten können die Ergebnisse vorgestellt werden.

Zum Ausklang

Geschichten aus der Bibel (M 4)

Die Geschichten aus der Bibel schildern, wie Menschen zum Glauben gekommen sind.

⇒ Was sagt ihr zu diesen Szenen?
⇒ Was sagen sie über den Glauben aus?
⇒ Vergleicht sie mit ähnlichen Erfahrungen, die ihr gemacht habt!
⇒ Welche Fragen ergeben sich für unseren Glauben?

Es kann eine Geschichte ausgewählt und mit der gesamten Gruppe besprochen werden; es können mehrere Geschichten an kleine Untergruppen verteilt, dort diskutiert und anschließend (kurz) in der gesamten Runde vorgestellt werden.

Gebet einer (Un-)Gläubigen (M 5)

Wie von Gott reden?

Der Lehrer an einer Schule für blinde Kinder wollte einmal seinen Schülern klarmachen, wie ein Elefant aussieht. Es wurde ein Elefant vor die Schule gebracht, und die Kinder wurden aufgefordert, seinen Körper mit den Händen zu betasten, um eine Vorstellung von seiner Gestalt und Größe zu bekommen. Die Kinder gingen hinaus und begannen mit den Händen, den Körper des Elefanten zu befühlen; als sie fertig waren, forderte der Lehrer sie auf, die Gestalt und Größe des Elefanten zu beschreiben. Eines der Kinder, das den Schwanz des Elefanten angefasst hatte, sagte, er sehe aus wie ein dicker großer Strick. Ein anderes, das den Bauch befühlt hatte, sagte, er sehe aus wie ein ganz großer Korb. Ein drittes, das eines seiner Ohren betastet hatte, sagte, er sei wie ein riesiger Fächer. Eines, das den Rüssel befühlt hatte, verglich ihn mit einer großen Röhre, und eines, das eines der Beine betastet hatte, behauptete, er sei wie eine Säule. Schließlich sagte eines, das auf dem Rücken des Elefanten gewesen war, er sei wie ein ganz großer Berg.

Woran glaubst du?

Ich habe schon lang nichts mehr gespürt
Viel zu viel lässt mich unberührt
Weiß nicht mehr wer was von mir hält
Wer mich beschützt in dieser Welt
Weil es doch letztlich zu nichts führt
(Im Land der Versprechungen)

Ich suche noch und finde nicht
(Ich habe nichts entdeckt)
Glaube nicht was man verspricht
Und der Letzte löscht das Licht

Am Ende aller Zeit
Sag was bleibt
Sag mir woran glaubst du dann
Am Ende aller Zeit
Was wird sein
Sag mir woran glaubst du dann

Es fehlt mir die Kraft, ich gebe auf
Nehme den Preis dafür in Kauf
Weil es mir schwer zu tragen gibt
Weil sich das Ziel endlos verschiebt
Wer rollt den Stein den Berg hinauf
(Nicht schon wieder ich)

Ich suche noch und finde nicht
(ich habe nichts entdeckt, ich breche das Schweigen)
Glaube nicht was man verspricht
Und der Letzte löscht das Licht

Am Ende aller Zeit
Sag was bleibt
Sag mir woran glaubst du dann
Am Ende aller Zeit
Was wird sein
Sag mir woran glaubst du dann

Am Ende aller Zeit
Was wird sein
Sag mir woran glaubst du dann

Am Ende aller Zeit
Nur Einer bleibt
Dann reich ich dir meine Hand

(Gruppe „Beatbetrieb")

Musik & Text: Theo Eissler, Michael Janz,
Tobi Wörner, Daniel Pieper,
Götz von Sydow, Derek von Krogh

© Edition Falcon Files der Sony/
ATV Music Publishing (Germany) GmbH /
Publisher Unknown

Religiöse Nachricht

Als die Nachricht um die Erde lief,
Gott sei aus der Kirche ausgetreten,
wollten viele das nicht glauben.
„Lüge, Propaganda und Legende",
sagten sie,
bis die Oberen und Mächtigen der
  Kirche
sich erklärten
und in einem sogenannten Hirtenbrief
folgendes erzählten:

„Wir, die Kirche, haben Gott,
  dem Herrn,
in aller Freundschaft nahegelegt,
doch das Weite aufzusuchen,
aus der Kirche auszutreten
und gleich alles mitzunehmen,
was die Kirche immer schon gestört
  hat.
Nämlich seine wolkenlose Musikalität,
seine Leichtigkeit und vor allem
Liebe, Hoffnung und Geduld.
Seine alte Krankheit,
alle Menschen gleich zu lieben,
seine Nachsicht, seine fassungslose Mil-
  de,
seine gottverdammte Art und Weise
alles zu verzeihen und zu helfen,
sogar denen, die ihn stets verspottet
  haben,
seine Heiterkeit, sein utopisches
  Gehabe,
seine Vorliebe für die, die gar nicht an
  ihn glauben,
seine Virtuosität des Geistes überall und
  allenthalben,
auch sein Harmoniekonzept bis zur Mei-
  nungslosigkeit,
seine unberechenbare Größe
und vor allem
seine Anarchie des Herzens usw. ...

Darum haben wir, die Kirche, ihn und
  seine große Güte
unter Hausarrest gestellt,
äußerst weit entlegen, dass er keinen
  Unsinn macht und fast kaum zu finden ist."

Viele Menschen, als sie davon hörten,
sagten: „Ist doch gar nicht möglich!
Kirche ohne Gott?
Gott ist doch die Kirche!
Ist doch eigentlich gar nicht möglich!
Gott ist doch die Liebe,
und die Kirche ist die Macht,
und es heißt: ‚Die Macht der Liebe!'
Oder geht es nur noch um die Macht?!"
Andere sprachen: „Auch nicht schlecht,
nicht schlecht; Kirche ohne Gott!
Warum nicht, Kirche ohne Gott!?
Ist doch gar nichts Neues,
gar nichts Neues!
Gott kann sowieso nichts machen.
Heute läuft doch alles anders.
Gott ist out, Gott ist out!
War als Werbeträger nicht mehr zu ge-
  brauchen."
Und:
„Die Kirche hat zur rechten Zeit das
  Steuer rumgeworfen."
„Kirche ohne Gott!", das ist der Slogan.
Doch den größten Teil der Menschen
sah man hin und her durch alle
  Kontinente zieh'n,
und die Menschen sagten:
„Gott sei Dank!
Endlich ist er frei.
Kommt, wir suchen ihn!"

*(Hanns Dieter Hüsch, auf dem Liturgischen Fest in der
Waldbühne beim 23. Deutscher Evangelischer Kirchen-
tag, Berlin 1989)*

Wie Menschen zum Glauben gerufen werden (Biblische Beispiele)

Genesis

Abrahams Berufung und Wanderung nach Kanaan

Der Herr sprach zu Abram: Zieh weg aus deinem Land, von deiner Verwandtschaft und aus deinem Vaterhaus in das Land, das ich dir zeigen werde. ²Ich werde dich zu einem großen Volk machen, dich segnen und deinen Namen groß machen. Ein Segen sollst du sein. ³Ich will segnen, die dich segnen; wer dich verwünscht, den will ich verfluchen. Durch dich sollen alle Geschlechter der Erde Segen erlangen.
⁴Da zog Abram weg, wie der Herr ihm gesagt hatte, und mit ihm ging auch Lot. Abram war fünfundsiebzig Jahre alt, als er aus Haran fortzog. ⁵Abram nahm seine Frau Sarai mit, seinen Neffen Lot und alle ihre Habe, die sie erworben hatten, und die Knechte und Mägde, die sie in Haran gewonnen hatten. Sie wanderten nach Kanaan aus und kamen dort an.

(Gen 12,1–5)

1 Samuel

Die erste Offenbarung an Samuel

Der junge Samuel versah den Dienst des Herrn unter der Aufsicht Elis. In jenen Tagen waren Worte des Herrn selten; Visionen waren nicht häufig. ²Eines Tages geschah es: Eli schlief auf seinem Platz; seine Augen waren schwach geworden, und er konnte nicht mehr sehen. ³Die Lampe Gottes war noch nicht erloschen, und Samuel schlief im Tempel des Herrn, wo die Lade Gottes stand. ⁴Da rief der Herr den Samuel, und Samuel antwortete: Hier bin ich. ⁵Dann lief er zu Eli und sagte: Hier bin ich, du hast mich gerufen. Eli erwiderte: Ich habe dich nicht gerufen. Geh wieder schlafen! Da ging er und legte sich wieder schlafen. ⁶Der Herr rief noch einmal: Samuel! Samuel stand auf und ging zu Eli und sagte: Hier bin ich, du hast mich gerufen. Eli erwiderte: Ich habe dich nicht gerufen, mein Sohn. Geh wieder schlafen!
⁷Samuel kannte den Herrn noch nicht, und das Wort des Herrn war ihm noch nicht offenbart worden. ⁸Da rief der Herr den Samuel wieder, zum drittenmal. Er stand auf und ging zu Eli und sagte: Hier bin ich, du hast mich gerufen. Da merkte Eli, dass der Herr den Knaben gerufen hatte. ⁹Eli sagte zu Samuel: Geh, leg dich schlafen! Wenn er dich (wieder) ruft, dann antworte: Rede, Herr; denn dein Diener hört. Samuel ging und legte sich an seinem Platz nieder. ¹⁰Da kam der Herr, trat (zu ihm) heran und rief wie die vorigen Male: Samuel, Samuel! Und Samuel antwortete: Rede, denn dein Diener hört.

(1 Sam 3,1–10)

Jeremias

Die Berufung Jeremias zum Propheten

Das Wort des Herrn erging an mich: ⁵Noch ehe ich dich im Mutterleib formte, habe ich dich ausersehen, noch ehe du aus dem Mutterschoß hervorkamst, habe ich dich geheiligt, zum Propheten für die Völker habe ich dich bestimmt. ⁶Da sagte ich: Ach, mein Gott und Herr, ich kann doch nicht reden, ich bin ja noch so jung. ⁷Aber der Herr erwiderte mir: Sag nicht: Ich bin noch so jung. Wohin ich dich auch sende, dahin sollst du gehen, und was ich dir auftrage, das sollst du verkünden. ⁸Fürchte dich nicht vor ihnen; denn ich bin mit dir um dich zu retten – Spruch des Herrn. ⁹Dann streckte der Herr seine Hand aus, berührte meinen Mund und sagte zu mir: Hiermit lege ich meine Worte in deinen Mund.

(Jer 1,4–9)

Lukas

Die Berufung der ersten Jünger

Als Jesus am Ufer des Sees Gennesaret stand, drängte sich das Volk um ihn und wollte das Wort Gottes hören. ²Da sah er zwei Boote am Ufer liegen. Die Fischer waren ausgestiegen und wuschen ihre Netze. ³Jesus stieg in das Boot, das dem Simon gehörte, und bat ihn, ein Stück weit vom Land wegzufahren. Dann setzte er sich und lehrte das Volk vom Boot aus. ⁴Als er seine Rede beendet hatte, sagte er zu Simon: Fahr hinaus auf den See! Dort werft eure Netze zum Fang aus! ⁵Simon antwortete ihm: Meister, wir haben die ganze Nacht gearbeitet und nichts gefangen. Doch wenn du es sagst, werde ich die Netze auswerfen. ⁶Das taten sie, und sie fingen eine so große Menge Fische, dass ihre Netze zu reißen drohten. ⁷Deshalb winkten sie ihren Gefährten im anderen Boot, sie sollten kommen und ihnen helfen. Sie kamen, und gemeinsam füllten sie beide Boote bis zum Rand, so dass sie fast untergingen. ⁸Als Simon Petrus das sah, fiel er Jesus zu Füßen und sagte: Herr, geh weg von mir; ich bin ein Sünder. ⁹Denn er und alle seine Begleiter waren erstaunt und erschrocken, weil sie so viele Fische gefangen hatten; ¹⁰ebenso ging es Jakobus und Johannes, den Söhnen des Zebedäus, die mit Simon zusammenarbeiteten. Da sagte Jesus zu Simon: Fürchte dich nicht! Von jetzt an wirst du Menschen fangen. ¹¹Und sie zogen die Boote an Land, ließen alles zurück und folgten ihm nach.

(Lk 5,1–11)

Lukas

Die Berufung des Levi und das Mahl mit den Zöllnern

Als Jesus von dort wegging, sah er einen Zöllner namens Levi am Zoll sitzen und sagte zu ihm: Folge mir nach! ²⁸Da stand Levi auf, verließ alles und folgte ihm. ²⁹Und er gab für Jesus in seinem Haus ein großes Festmahl. Viele Zöllner und andere Gäste waren mit ihnen bei Tisch.
³⁰Da sagten die Pharisäer und ihre Schriftgelehrten voll Unwillen zu seinen Jüngern: Wie könnt ihr zusammen mit Zöllnern und Sündern essen und trinken? ³¹Jesus antwortete ihnen: Nicht die Gesunden brauchen den Arzt, sondern die Kranken. ³²Ich bin gekommen, um die Sünder zur Umkehr zu rufen, nicht die Gerechten.

(Lk 5,27–32)

Gebet einer (Un-)Gläubigen

Mein Gott, ich liebe dich nicht.

Ich will es nicht einmal.

Ich bin deiner überdrüssig.

Vielleicht glaube ich überhaupt nicht an dich.

Aber sieh auf mich im Vorübergehen.

Wenn du Lust hast,

dass ich an dich glaube,

dann gib mir den Glauben.

Wenn du Wert darauf legst,

dass ich dich liebe,

dann gib mir die Liebe.

Ich habe von all dem nichts,

und ich kann nichts dazu tun.

Ich gebe dir, was ich habe:

Meine Schwäche,

meinen Schmerz

und diese Zärtlichkeit,

die mich peinigt

und die du wohl siehst ...

Das Elend meines Zustands – das ist alles

und **meine Hoffnung**.

Marie Noel, frz. Lyrikerin (1883–1976)

Inhaltliche Überlegungen

1. „Jesus ist für mich ..."?

Pressemitteilungen der letzten Zeit:

- **„Jesus ist Gottes Sohn"**, so notierte das RUHRWORT (26.05.2002) über eine Kurz-mitteilung, die die Ergebnisse einer Umfrage referierte. Danach hatte das Emnid-Institut festgestellt, dass 65 % der Frauen und 50 % der Männer in Deutschland davon überzeugt seien, dass Jesus Gottes Sohn sei. 17 Prozent waren der Mei-nung, er sei ein Prophet und ca. 5 % bezweifelten, dass er überhaupt gelebt habe.
- **Jesus wird allenfalls noch als „historische Figur" wahrgenommen**, so das Resümee des Berliner Jugendforschers Richard Münchmeier (Ruhr-Nachrichten, 29.01.2002). Diese Feststellung bezog er auf die Ergebnisse der 13. Shell-Jugendstudie aus dem Jahr 2000. Jesus Christus werde von der Mehrheit der Jugendlichen in Deutsch-land kaum noch in seiner christlichen Bedeutung zur Kenntnis genommen, sondern eher „mit charismatischen Persönlichkeiten wie Gandhi auf eine Ebene gestellt".
- **„Jesus als Sport-Figur ein Verkaufsschlager"** – Nach einer Agenturmeldung (WAZ, 06.06.2002) wurden in den USA innerhalb von zwei Monaten ca. 2000 Jesussta-tuen, die ihn „als Fußballer, Golfer oder Skifahrer" darstellten, für umgerechnet 21 Euro verkauft.
- **Jesus als „Sozial-Arbeiter" und „Fußball-Gott"?** – Die Zeitschrift „Eltern" wollte von Jugendlichen wissen, was sie Jesus fragen würden, wenn er noch lebte. „Warum lässt du das Böse zu?", würden fast 70 Prozent fragen. Über die Hälfte der Befrag-ten interessiert, warum es arm und reich gebe. „Tu was für Arbeitslose!" – das forderte fast jede/r zweite der Kids. Ziemlich originelle Aussagen waren auch dabei: So äußerte sich sportlich-praktisch ein Zwölfjähriger über den Mann aus Nazaret: „Jesus würde heute bei Schalke spielen und die wichtigen Tore schießen."

(siehe: Nolte / Verst, Touch me! Kontaktanzeigen für Gott, Münster 2002, S. 89)

„Und ihr, für wen haltet ihr mich?" (Mt 16, 15): Jesus stünde wohl sehr verschiedenen Haltun-gen und Antworten gegenüber. Sein Bild ist in der heutigen Gesellschaft kaum mehr von religiöser Verehrung und Wertschätzung geprägt. So benutzt man ihn heute auch als „Werbe-träger", als Satirevorlage oder Cartoon-Figur. Das Spektrum reicht zwar immer noch vom „Messiasbekenntnis" (Mt 16,16) bis zum „Kreuzige ihn!" (Mk 15,14). Doch mehrheitlich scheint Jesus als Christus des Glaubens bedeutungslos oder unzugänglich für die Menschen heute.

2. Jesus Christus im Profil

Er war kein „ganz normaler Mensch":

⇒ Der Evangelist Markus beginnt ganz ohne Umschweife mit dem Wesentlichen: „Anfang des Evangeliums von Jesus Christus, dem Sohn Gottes" (Mk 1,1).

⇒ Matthäus und Lukas beschreiben in ihren „Kindheitsgeschichten" Jesus mehr oder weniger ausführlich als einen Menschen, der durch das Wirken des Heiligen Geistes von Anfang an (auch) eine „göttliche Erscheinung" ist (Mt 1,18–28; Lk 1,26–35).

⇒ Das Johannesevangelium drückt es wieder anders aus, meint aber dasselbe, wenn dort im „Prolog" Jesus in den Bildern des göttlichen Wortes und des himmlischen Lichtes gedeutet wird (Joh 1,1–14).

Jesus Christus

Das Weihnachtsfest ist wohl das „heiligste" Feste in deutschen Familien. Und es ist immer noch, zumindest in den alten Bundesländern, stark durch die christliche Weihnachtsbotschaft geprägt. Die Botschaft, dass mit der Geburt dieses Kindes etwas Besonderes geschehen ist, das bis heute immer noch viele Menschen anrührt, auch junge, unterstreicht die Kraft, die von der Botschaft der Menschwerdung Gottes ausgeht.

An ihm scheiden sich die Geister: Er hat es niemandem leicht gemacht mit seinem Auftreten und seiner Botschaft von der nahen Gottesherrschaft („Bergpredigt" Mt 5–7) oder seinem Umgang mit dem „Gesetz" (Mt 10,1–14).

⇒ **Zeichen und Wunder: Jesus heilt, befreit, sättigt und macht lebendig. Aber ebenso werden Menschen unsicher, ängstlich – ja wütend und hasserfüllt durch das, was er tut.**

⇒ **Umgang mit dem Gesetz: Hier legt er sich mit den Machtvollen und Lieblosen seiner Zeit an. Wenn er verkündet:** „Der Sabbat ist für den Menschen da" (Mk 2,27) – um Gottes Liebe auch im Gesetz zur Geltung zu bringen, stellt er die Eigenmächtigkeit der religiösen Führer und Schriftgelehrten in Frage. Und was für den Sabbat gilt, gilt für das ganze Gesetz (= *Tora*). Es ist ein „Lebens-Mittel", kein Herrschafts-Instrument – so will es die Liebe Gottes, wie Jesus sie verkündigt.

⇒ **Liebe und Leid:** Gottesliebe, Selbst- und Nächstenliebe gehören zum Herzstück der Verkündigung Jesu (Mk 12,28–34). Hierin ist auch die Feindesliebe (Mt 5,43–48) eingeschlossen, eine Herausforderung und „Provokation" bis heute. Die Schriften des Neuen Testaments bezeugen uns: Jesus Christus ist die menschgewordene Liebe Gottes, der so sehr die Nähe zu uns Menschen sucht, dass er einer von uns geworden ist. Menschliche Lieblosigkeit und Herzenshärte hat diese Botschaft leidvoll und brutal „durchkreuzt" (vgl. Phil 2,5–11).

⇒ **Verunsicherung von „Freund und Feind":** Selbst bei den Jüngern provoziert Jesu Botschaft und Verhalten viele Fragen und große Unsicherheit: „Was ist das für ein Mensch, dass ihm sogar der Wind und der See gehorchen?" – fragen die Jünger verängstigt, die mit ihm in einem Boot sitzen und einen Sturm miterleben. Dies geht bis zum Verrat des Judas und der Verleugnung durch Petrus nach Jesu Festnahme (Mk 10,35–40; Lk 9,54).

„Von allen guten Geistern verlassen ...?" Der Tod Jesu am Kreuz ist Konsequenz eines Anspruchs und einer Botschaft, die für manche nicht in diese Welt zu passen schienen. Er ist somit Ausdruck unserer menschlich „engen Grenzen ..., unserer kurzen Sicht".
Jesus selber erlebt die ganze Verlassenheit eines leidvollen und ungerechten Sterbens. Im Angesicht des Todes hält er die ungeheure Spannung von Verlassenheit und Hoffnung aus, wie sie sich im Psalm 22 ausspricht (s. Mt 27,45f).

Lässt sich die Gestalt Jesu angesichts der Situation von Karfreitag und im Rückblick auf sein bisheriges Leben in die heute häufig gebrauchten Kategorien von „Looser" (Verlierertyp) oder „Winner" (Siegertyp) einordnen?

Das „un-glaublich" Neue: „Das Grab ist leer." – Wer könnte das glauben? Ein Leichnam verschwunden – ja; aber ein Toter nicht mehr tot ...?! Dies war selbst für die Jünger „zu viel" des Guten. Thomas, der sehen will, bevor er glaubt, spricht aus, was auch andere denken. Die Auferweckung des Sohnes durch den Vater ist ein Akt der Befreiung und der Bestätigung zugleich. Ostern bricht mit der Macht des Todes und entzieht Todes- und Unheilsmächten ebenso den Stachel, wie es menschlichen Kleingeist und menschliche Herzensenge aus ihren „Grenzen" zu befreien vermag. Leben, Wirken und Botschaft Jesu Christi erscheinen nun in einem neuen Licht. Gottes Liebe hat das letzte Wort, ein für alle mal.
Diese Sicht vermittelt sich aber *nicht einfach so* beim Blick auf die Ereignisse um die Person Jesu Christi. Sie sind keineswegs ein-deutig.

⇒ **Auch den engsten Vertrauten Jesu schien es zum Teil „un-glaublich"**, was sich da ereignet haben sollte (Joh 20,26–28). Diesen Glauben annehmen zu können, ist nicht die „Leistung" eines Frommen oder abhängig vom guten Willen. Vielmehr geht solcher Glaube darauf zurück, dass ein Mensch, der offen ist für dieses „Neue", auch von ihm berührt wird, was die Theologie Gnade nennt.

Der Glaube ist ein „Beziehungsgeschehen" zwischen Gott und Mensch
(→ Gott ▪ Glaube).
Und dieses „Zwischen" bewirkt die Kraft Gottes, der „Heilige Geist"
(→ Heiliger Geist).

---

3. Jesus lebt – in Menschen

Für Christen ist und bleibt Jesus Christus der Maßstab, das Modell und die Quelle des Handelns. Die Geschichte der Kirche kennt viele und sehr unterschiedliche Glaubenszeugen. Manche sind auch den Jugendlichen schon begegnet: der hl. Nikolaus, St. Martin, vielleicht auch die hl. Barbara; aber auch Alfred Delp, Edith Stein, Maximilian Kolbe oder auch Nikolaus Groß (siehe eigener Baustein). Auch heute leben Menschen, eigentlich in jeder Gemeinde, die sich die Botschaft Jesu wirklich „angezogen" haben und feststellen konnten: Sie passt – zu mir und meinem Leben. Daher tragen sie zurecht auch seinen Namen.

Wie kann das aber mehr sein als eine fromme Feststellung oder eine theologische Lehrformel? Und wie vermag dieser Jesus von Nazaret heute noch zu einem Lebensmodell – zumal für junge Menschen – zu werden?

⇒ **Gewiss nicht auf dem Weg des „Unterrichtens".** „Lernstoff" erschließt kaum die Glaubensdimension und die lebendige Kraft, die zu dem „Mann aus Nazaret" gehören. Die Kenntnisse über das Leben und die Botschaft Jesu Christi sowie seine Bedeutung im Glaubensleben der Kirche sind wichtig für das Verstehen des Glaubens. Aber die Informationen alleine, ohne persönliches Erleben, ohne auch das Emotionale des Glaubens zu kennen, bewirken zumeist wenig Interesse.

⇒ **Begegnungen, Erlebnisse und daraus resultierende Erfahrungen, sind der Weg,** auf dem sich heute in der Firmkatechese die Person Jesu Christi erschließen kann.

⇒ **Gespräche, Kontakte und Beziehungen mit/zu Christinnen und Christen,** die ihren Glauben an Jesus Christus in Wort und Tat vermitteln können, sind entscheidende Elemente in der Christus-Katechese.

⇒ **Zu Jesus beten,** und zwar ganz persönlich – mit einfachen Worten – sozusagen als „Stoßgebet".

Auch das erfolgt vorrangig über die Lebenszeugnisse von Christen. In ihren Biographien (Heilige, Glaubenspersönlichkeiten) oder ihrem aktuellen Tun (Christen heute) hat sich die biblische Botschaft von Jesus Christus in Fleisch und Blut eingeschrieben. „Nachfolge" wird somit konkret: für die Katechetenrunde in der Vorbereitung als Anfrage an die eigenen Orientierungspunkte des Christseins und für die Jugendlichen als beispielhafte Lebensrealität. So wird hier und heute für sie selbst die Frage aktuell: „Und ihr, für wen haltet ihr mich?"

Methodische Überlegungen

Zum Einstieg

Zündendes über Jesus

☑ Notizblockzettel (z.B. 9 x 9 cm) „geviertelt"; jeweils ein „Starterset": 1 Streichholzschachtel mit 4 Zündhölzern und mit 4 Zetteln für alle; Stifte; 1 Würfel. Alle erhalten ein „Starterset" und einen Stift.

 Auf die Frage: „Was fällt euch ('Zündendes') zu Jesus Christus ein?" schreiben alle ihre Gedanken auf einen Zettel.
Jedes Zettelchen wird um ein Zündholz gewickelt und in die Streichholzschachtel gelegt.
Nun wird reihum gewürfelt. Um das erste Zündholz zu ziehen, muss eine 1 gewürfelt werden, für das zweite eine 2 usw. Wer eine 6 würfelt, darf auf jeden Fall ziehen. Alle haben drei Würfelversuche pro Runde.
Zunächst wird der Zettel mit dem Gedanken vorgelesen, dann das Zündholz entzündet.
Die „zündenden Gedanken" werden in die Mitte gelegt. Die Stichworte können anschließend noch besprochen oder für die Weiterarbeit am Jesus-Thema aufgehoben werden.

Bilder von Jesus

☑ Kunstkarten, eigene Bilder oder Jesus Bilder*

   * Zum Beispiel aus:
   Martin Moser u.a., „Mich firmen lassen. Handbuch für Katechetinnen und Katecheten" oder dazugehörige CD-ROM; zu beziehen über: Deutscher Katecheten-Verein e.V., Preysingstr. 97, 81667 München – Mail: katecheten-verein@t-online.de

 Unterschiedliche Bilder und Darstellungen von Jesus liegen aus.

Impulsfragen:
– Welches der Bilder spricht besonders an?
– Mit welchem Bild gibt es Probleme?

Zur Vertiefung

Ein Leben in Schlagzeilen (M 1)

☑ Bibel oder Neues Testament; Kopien von M 1*; Plakat; Stifte

   * Weitere Schlagzeilen finden sich in:
   Nick Page, Bibelblatt. Der Weltbestseller in Schlagzeilen, Echter Verlag Würzburg ⁴2003

Schlagzeilen aus dem Leben und Wirken Jesu liegen aus.
Die Jugendlichen suchen sich eine Schlagzeile aus. Die entsprechende Bibelstelle wird dann gelesen (Original oder „Bibelblatt"-Version).
Einzeln oder zu zweit wird der ausgesuchte Text für eine Schüler- oder Jugendzeitschrift noch einmal bearbeitet. Dabei soll besonders die „Message" (Botschaft) des Textes herausgestellt werden.
Die Texte werden nacheinander vorgestellt und von der Gruppe kurz kommentiert.
Anschließend gibt es noch eine offene Runde über die Bibeltexte, ihre Sprache und wie ihre „Botschaft" heute ankommt.

Ein Mann zum Wundern (M 2)

☑ Großes Tuch; Blindenstock, Augenbinde, schwarze Brille u. Ä.; Bibel(text).

Die Mitte des Raumes ist gestaltet.
Alle betrachten zunächst diese Mitte und äußern sich spontan dazu.
Dann werden die Jugendlichen eingeladen, die Augen zu schließen und die Geschichte vom blinden Bartimäus zu hören, die entweder vorgelesen oder frei erzählt wird.
Anschließend machen sie selber eine „Blindheitserfahrung":
Dazu finden sich zunächst Paare.
Abwechselnd bekommt jede/r die Augen zugeklebt oder verbunden, während der/die andere das Führen übernimmt.
Alle sollten mindestens 10 Minuten lang „blind" sein. Zu Beginn und am Ende der Führung sollten die „Blinden" für eine Minute ruhig sitzen; dazwischen werden sie langsam durch den Raum, das Haus, den Hof oder auf die Straße geführt.

Achtung:
Beim Führen über Stufen, Treppen oder andere Hindernisse muss der / die Führende möglichst mit beiden Armen stützen und leiten!

Zunächst tauschen die PartnerInnen ihre persönlichen Erfahrungen aus.

In einer gemeinsamen Runde der Gruppe wird der Erfahrungsaustausch noch einmal vertieft.
Zum Schluss wird noch einmal die Geschichte von der Heilung des Bartimäus gelesen.
Mit (Für)Bitten und / oder einem kurzen (Segens-) Gebet kann die Einheit schließen.

Traumreise: Auferstehung Jesu – Auferstehung im Leben (M 3)

☑ Decken oder Iso-Matten; CD-Player, Meditationsmusik, Text zur Traumreise (M 3), DIN-A3-/A4-Papier, Wachsmaler, Stifte.

Zunächst erfolgt eine kurze Einführung in die Methode „Traumreise".
Alle legen sich auf den Boden des abgedunkelten Raumes. Es wird zunächst leise Meditationsmusik gespielt.
Nach ca. einer Minute beginnt der / die Katechet/in langsam den Text (M 2) zu lesen. (Zwischen den Absätzen kleine Pausen machen!)

Nach der Traumreise notieren die Jugendlichen ihre Empfindungen und Gedanken, malen ein Bild oder wählen eine andere kreative Methode zur Auseinandersetzung.

Folgende Impulsfragen sind für eine abschließende Gesprächsrunde hilfreich:
⇒ Wie ist es euch auf der „Reise" ergangen?
⇒ Kennt ihr ähnliche Situationen (Ängste, Untergehen, Verlassenheit, Rettung)?
⇒ Lassen sich Bezüge zu den „Wasser-Geschichten" der Bibel erkennen (Jonas im Bauch des Wals, die Jünger im Seesturm, Petrus auf dem Wasser)?
⇒ Wie stellt ihr euch „Auferweckung" vor?

Zum Ausklang

„fragt keiner mehr nach ..." (M 4)

Gebete zu Jesus (M 5)

Stille Nacht, Heilige Nacht

BIBELBLATT
Genau unter
dem Stern links
Betlehem in Judäa

Kind kommt in Stall zur Welt
Schuld daran ist Hotelmisere

Ein Kind kam in einem Kuhstall zur Welt, weil kein einziges Hotelzimmer mehr frei war.

Die minderjährige Mutter war mit ihrem Ehemann unterwegs, um sich für die Volkszählung eintragen zu lassen.

„Wo hätten wir sie sonst unterbringen sollen? Es gab keine andere Möglichkeit", erklärte der Hotelmanager. Auf die Frage, ob er sich dabei nicht übermäßig profitsüchtig verhalten habe, antwortete er: „Was wollen Sie eigentlich? Ich habe ihnen zehn Prozent Preisnachlaß gewährt, also bitte."

Gesundheitsskandal

Der Fall wirft ein bezeichnendes Licht auf den skandalösen Zustand des öffentlichen Gesundheitswesens in Betlehem. Obwohl Betlehem das Zentrum der Region darstellt, verfügt es über kein eigenes Krankenhaus.

„Das liegt vornehmlich daran, daß Krankenhäuser noch nicht erfunden sind", erklärte ein Vertreter der Provinzregierung. „Ein weiterer Grund ist der, daß sich kein Mensch wirklich um die Armen und Kranken kümmert. Und um solche, die auch noch schwanger werden, erst recht nicht."

Alles schläft, einsam wacht ...
Kleine Nachtmusik für Schafhirten

Wie eine Gruppe von Schafhirten aus Betlehem berichtete, hat ihnen ein himmlischer Engelchor ein Ständchen dargebracht.

„Die Engel feierten die Geburt eines Kindes", sagten sie. „Wir sollten in den Ort gehen und sehen, was wir dort finden würden."

„So etwas habe ich noch nie erlebt", meinte ein anderer Hirte. „Der Himmel war voll von diesen Wesen. Mir war klar, daß sie völlig anders sind als wir. Aber sonst schienen sie ganz in Ordnung."

Der Vorarbeiter der Hirten blieb skeptisch. „Ich glaube, daß sie zu tief ins Schafsmilchglas geschaut haben", meinte er. „In den Bergen kann es sehr kalt werden. Man fängt an, sich alles mögliche einzubilden."

Außerirdische

Andere dagegen behaupten, Außerirdische von einem anderen Planeten hätten die Hirten besucht.

„Es hat damit angefangen, daß dieser merkwürdige Stern am Himmel erschien", sagte der UFO-Experte Eli Ben Däniken. „Außerdem ist es für Außerirdische ganz normal, die Erde zu besuchen und uns etwas vorzusingen. Ich wurde vor einigen Jahren selbst Zeuge eines eindrucksvollen Konzerts, als mir Aliens erschienen und vor mir psalmodierten. Zugegeben, seit ich die Tabletten nehme, sind sie seltener aufgetaucht, aber das beweist gar nichts."

(aus: Nick Page, Bibelblatt. Der Weltbestseller in Schlagzeilen, Echter Verlag, Würzburg ⁴2003)

Jesus gehört nach Hause

Verwandte: Wahrscheinlich ist er verrückt geworden

Die Verwandten Jesu wollen einen Gerichtsbeschluß erwirken, um eine Vormundschaft über ihn zu bekommen. Seine Angehörigen haben sich nach Kafarnaum begeben, wo er sich im Augenblick aufhält.

„Wir glauben, daß er den Verstand verloren hat", sagte ein Verwandter siebten Grades. „Wir sind eine angesehene Familie. Wir können nicht zulassen, daß er im ganzen Land herumlatscht und solche verrückten Sachen verbreitet."

Das wird ja immer schöner

Jesus heilt am Sabbat

Die Pharisäer sind aufgebracht darüber, daß Jesus am Sabbat einen Mann geheilt hat, dessen Hand verdorrt war.

„Das ist gegen alle gesetzlichen Vorschriften", sagte ihr Sprecher. „Der Sabbat ist ein Tag der Ruhe. Er sollte nicht durch 'Heilungen' von Leuten zweckentfremdet werden. Jesus wollte uns ganz bewußt provozieren."

„Ich bin der Ansicht, daß die Heilung als Zeichengeste zu verstehen ist", sagte der geheilte Mann. „Ich war nie in der Lage, diese Hand zu benutzen, aber jetzt ist sie so gut wie neu. Ich habe sie gleich mal getestet und den Pharisäern den Stinkefinger gezeigt."

Was zuviel ist, ist zuviel

Mitgliedsbeitrag für reichen Mann zu hoch

Wie heute bekannt wurde, erhielt ein reicher junger Unternehmersohn auf seine Frage, wie man das ewige Leben gewinnen könne, von Jesus die Antwort, er müsse sein gesamtes Geld verschenken.

„Ich war wie vom Donner gerührt", sagte Prinz Hans von und zu Krubb-Bollen und Jet-Set (21). „Es macht mir nichts aus, das Kleingeld in den Klingelbeutel zu werfen, aber gleich alles! Das wäre ja praktisch alles, was ich besitze!"

Reichtum

Jesus nutzte die Gelegenheit, um auf die Gefahren des Reichtums hinzuweisen.

„Ich hab' schon kapiert, was er sagte", meinte ein Zuhörer, „aber ich als Bettler hätte nichts dagegen, ein bißchen gefährdeter zu sein."

Kamel

Jesus führte weiter aus, daß eher ein Kamel durch ein Nadelöhr gehe, als daß ein Reicher in das Himmelreich gelange.

„Moment! Damit kann er mich nicht ins Bockshorn jagen", sagte Prinz Hans. „Kamele können nämlich durch ein Nadelöhr gehen. Man muß sie vorher nur ein wenig durch den Mixer jagen".

(aus: Nick Page, Bibelblatt. Der Weltbestseller in Schlagzeilen, Echter Verlag, Würzburg ⁴2003)

Es ist voll-bracht

Tödliches Ende eines grandiosen Projektes

Der Mann der großen Verheißungen ist tot.

Jesus, der Prediger, den die Menge noch vor wenigen Tagen als König von Israel feierte, wurde gestern um die Mittagszeit gekreuzigt. Drei Stunden später war er tot.

Die Soldaten machten sich auf grausame Weise über seinen Anspruch lustig, indem sie ihn mit Dornen krönten und ihn als König verkleideten. Über sein Haupt nagelten sie ein Brett mit der Aufschrift: 'Das ist der König der Juden.'

Der Mann, den manche für Gottes Sohn halten, wurde zu einer Deponie am Rande der Stadt gebracht und dort hingerichtet. Einige der Frauen, die seine bisherige Karriere begleitet hatten, waren bei ihm, darunter, wie es heißt, auch seine Mutter.

„Wir mögen uns jetzt lustig machen", meinte ein Zuschauer, „aber wieder einmal sind unsere Hoffnungen enttäuscht worden. Wir glaubten, er sei derjenige, der Israel retten würde. Dabei vermochte er nicht einmal sich selbst zu retten."

Der Leichnam wurde zum Grab eines reichen Sympathisanten gebracht und in einer Zeremonie im privaten Kreis beigesetzt.

Jerusalem völlig überraschend von Erdbeben erschüttert

Tempelvorhang riß mitten entzwei

Jerusalem wankte gestern in den Grundfesten, als sich ohne Vorwarnung ein Erdbeben ereignete und eine ungewöhnliche Wetterlage die Stadt in Finsternis hüllte.

„Die Erde vibrierte und Felsen sprangen in Stücke", sagte der Leiter des Wetterprophetenamtes.

Vorhang

Die Erde bebte so sehr, daß der riesige Vorhang des Tempels in der Mitte entzwei riß. Der Vorhang verbirgt den Mittelpunkt des Tempels, das Allerheiligste, vor den Blicken des gemeinen Volkes."

„Ich hörte ein gewaltiges Reißen", sagte ein Tempelbesucher, „und dachte zuerst, meine Hose sei im Eimer, aber dann sah ich, daß der Vorhang von oben bis unten zerrissen war. Es gab ein Chaos. Die Priester versuchten, die Vorhanghälften zusammenzuhalten, bevor Neugierige hineinschauen konnte. Zum Glück kam jemand hereingerannt und schrie: „Durchlassen! Ich bin Innenarchitekt!". Und damit war die Situation gerettet.

Finsternis

Gleichzeitig herrschte in Jerusalem für drei Stunden totale Finsternis. „Das Erdbeben zerstörte offensichtlich die Stromleitungen", meinte ein Vertreter der Stadt. Darauf aufmerksam gemacht, daß es in Jerusalem keine Stromleitungen gibt, meinte er nur: „Oha."

Auf die Frage nach der Ursache der katastrophalen Wetterlage sagte der Leiter des Wetterprophetenamtes: „Wahrscheinlich ein Hochdruckgebiet. Früher hätte man das Wetter dem Zorn der Götter zugeschrieben. Dem Himmel sei dank, inzwischen sind wir etwas aufgeklärter."

(aus: Nick Page, Bibelblatt. Der Weltbestseller in Schlagzeilen, Echter Verlag, Würzburg ⁴2003)

Das Phantom von Emmaus

Neue Berichte über Jesus-Erscheinungen

Aus der ganzen Region treffen neue Berichte über Erscheinungen von Jesus ein.

Auf dem Weg nach Emmaus gesellte sich zwei Reisenden ein Fremder zu und begann, ihnen die Schrift zu erklären. Als sie das Haus erreichten, wo sie die Nacht über bleiben wollten, aßen sie zusammen mit ihm und WUSSTEN auf einmal, daß es sich um Jesus handelte.

„Wir erkannten ihn daran, wie er mit dem Brot umging", sagte einer der beiden.

„Aber auch daran, daß er danach einfach verschwand."

Frühstück

Bei einer anderen Gelegenheit erschien er seinen Jüngern, während sie beim Fischen waren.

„Wir hatten die ganze Nacht gefischt und nichts gefangen", sagte einer von ihnen. „Dann erschien eine Gestalt am Ufer und hieß uns, die Netze auf der anderen Seite auszuwerfen. Minuten später waren sie übervoll von Fischen. Wir brachten sie an Land und er machte uns das Frühstück."

Gegendarstellung

Offizielle Stellen sind bemüht, die Vorfälle herunterzuspielen.

„Für jemanden, der tot ist, kommt er ganz schön herum, oder?" sagte ein Sprecher. „Sie werden feststellen, daß es sich einfach um Fälle von Wunschdenken handelt. Der Mann am Ufer war vermutlich einer dieser berühmten Meisterköche, die an den unmöglichsten Orten ihre Künste vorführen.

Und es gibt zahlreiche Fälle, daß Leute in Restaurants auf geheimnisvolle Weise verschwinden. Gewöhnlich immer dann, wenn es ans Zahlen geht."

Erhängt

Auf einem Feld außerhalb Jerusalems wurde der Leichnam eines Erhängten gefunden. Es handelt sich um Judas, denjenigen der Jünger, der Jesus den Behörden ausgeliefert hatte. Die Polizei schließt Fremdeinwirkung aus.

(aus: Nick Page, Bibelblatt. Der Weltbestseller in Schlagzeilen, Echter Verlag, Würzburg ⁴2003)

Die Heilung eines Blinden bei Jericho: Mk 10,46–52

Sie kamen nach Jericho. Als er mit seinen Jüngern und einer großen Menschenmenge Jericho wieder verließ, saß an der Straße ein blinder Bettler, Bartimäus, der Sohn des Timäus.

Sobald er hörte, dass es Jesus von Nazaret war, rief er laut: Sohn Davids, Jesus, hab Erbarmen mit mir!

Viele wurden ärgerlich und befahlen ihm zu schweigen. Er aber schrie noch viel lauter: Sohn Davids, hab Erbarmen mit mir!

Jesus blieb stehen und sagte: Ruft ihn her! Sie riefen den Blinden und sagten zu ihm: Hab nur Mut, steh auf, er ruft dich.

Da warf er seinen Mantel weg, sprang auf und lief auf Jesus zu.

Und Jesus fragte ihn: Was soll ich dir tun? Der Blinde antwortete: Rabbuni*, ich möchte wieder sehen können.

Da sagte Jesus zu ihm: Geh! Dein Glaube hat dir geholfen. Im gleichen Augenblick konnte er wieder sehen, und er folgte Jesus auf seinem Weg.

* „Rabbuni" („Mein Meister") ist eine ehrfurchtsvollere Anrede als das schlichte „Rabbi".

Traumreise: Die Rettung

Du liegst ruhig und entspannt auf dem Rücken.
Suche dir für deine Hände und Arme eine bequeme Haltung.
Deine Beine liegen locker und entspannt auf dem Boden auf.
Such dir an der Decke einen Punkt, auf den sich dein Blick richtet.
Jetzt konzentriere dich auf deinen Atem, wie er langsam ein- und ausfließt.
Deine Bauchdecke hebt sich, du hältst kurz den Atem in dir und läßt ihn dann durch den geöffneten Mund entweichen. (30 Sek.)

Es kehrt Ruhe ein und du schließt langsam die Augen.
Du bist jetzt ganz bei dir und spürst dich sicher auf dem Boden liegend mit deinem Hinterkopf, Schultern und Rücken, dem Po und den Beinen bis zu den Fersen.
Dein Atem fließt ruhig ein und aus.

Alles um dich herum ist jetzt bedeutungslos.

Du stehst am Fuße einer Düne.
Du kannst das Rauschen des Meeres schon hören.
Du gehst die Düne hinauf und spürst den warmen, körnigen Sand unter deinen Füssen.
Nun stehst du oben und der Wind weht frisch um dein Gesicht.
Die Sonne streichelt dich mit ihren Strahlen und du schaust hinaus auf's Meer.

Der Horizont ist blau und unendlich.

Dein Blick streift über das Wasser und du siehst ein Boot näher kommen.
Es ist klein und schaukelt auf den Wellen auf und ab.
Du siehst, dass es ein Ruderboot ist.
Zwei Menschen sitzen an den Rudern und ziehen mit kräftigen Zügen durch das Wasser.
Sie wenden sich ihre Gesichter zu und du ahnst, dass sie sich anlächeln.

Du schaust weiter auf's Meer.
Da siehst du noch vor dem Boot einen Menschen im Wasser.
Er schwimmt auf's offene Meer hinaus.
Du schaust ihm zu, wie sich sein Körper bei jedem Atemzug aus dem Wasser hebt.
Du spürst diesen Atem in dir.

Der Schwimmer nähert sich dem Ruderboot.
Du schaust hinaus und dein Blick ist ganz auf ihn gerichtet.
Jetzt schwimmt er an dem Ruderboot vorbei.
Das eine Ruder gleitet über seinen Kopf.
Du wunderst dich, weil sich Schwimmer und Ruderer nicht zu bemerken scheinen.

Du spürst, dass der Wind nachlässt.
Das Meer wird ganz ruhig.
Die Sonne scheint am Horizont blutrot ins Meer zu sinken.

Immer kleiner wird der Punkt auf der glatten Oberfläche des Meeres.
Du spürst den ringenden Atem und die Müdigkeit der Arme.

Du bist selber der Schwimmer.

Deine Kräfte schwinden.
Aber du kannst nicht aufhören, es zieht dich immer weiter.
Dir wird schwarz vor Augen.
Für einen Augenblick ist kein Empfinden, ist kein Bild mehr in dir.

Du fühlst dich plötzlich unter der Wasseroberfläche.
Du bist ohne Widerstand.
Das Licht spiegelt sich an der Wasseroberfläche.
Du fühlst dich alleine.
Um dich ist Stille und Licht.
Du hast kein Zeitgefühl mehr.

Deine Augen sehen die Sonne unter und wieder aufgehen.
Du schwebst, ohne den Kontakt zur Oberfläche zu verlieren.
Über dir taucht der Boden eines Bootes auf.
Du siehst eine Gestalt sich über den Bootsrand beugen.
Das Boot ist direkt neben dem Licht der untergehenden Sonne zu sehen.
Du siehst, wie ein Arm aus dem Boot langt und ins Wasser taucht.
Eine Hand greift nach deiner, die du ihr entgegenstreckst.
Du bist jetzt ganz ruhig und spürst, wie du an die Oberfläche gezogen wirst.

Deine Augen sind geschlossen.
Du hast das Gefühl ein Kind zu sein, das nun in sein Bett gelegt wird.
Du weißt, du liegst im Boot und bist gerettet.
Du hältst die Augen geschlossen.
Du spürst die Abendsonne und hörst zwei liebevolle und vertraute Stimmen.
Du bist zurück im Leben, das weißt du.

Du hast ein Lächeln auf deinem Gesicht.
Du freust dich auf den warmen Sand unter deinen Füßen.
Du hörst jetzt nur noch das leichte Schlagen des Wassers gegen die Bootswand.
Du weißt, dass du gehalten wirst im Leben.
Du fühlst dich geborgen.
Du spürst die Sicherheit, dass es immer einen rettenden Arm für dich gibt.

Jetzt stehst du am Strand.
Du hast den warmen Sand unter deinen Füßen und gehst nun die Düne hinauf.
Oben schaust du noch einmal auf's Meer.
Das Ruderboot fährt wieder hinaus.
Es ist kaum noch sichtbar, nur ein Punkt am Horizont.

Du bist ruhig und entspannt.
Jetzt kannst du wieder zurück in diesen Raum.
Du spürst dich auf dem Boden liegend.
Du atmest einmal tief durch.
Du denkst an die Decke über dir und öffnest langsam die Augen.

fragt keiner mehr nach ...

hey DU
das mit dem abhängen
hättest DU nicht so ernst nehmen sollen
war'n scherz
siehst eher mächtig aufgehängt aus
wenig vorteilhaft
für so'n relistar – DU
ich meine
eminem wird auch angemacht –
will's ja nicht anders
aber die nummer mit DIR
ist schon die härte
erst
in 'nem stinkenden schafstall
ins leben kämpfen
dann
irgendwie groß werden
wahrscheinlich beim alten herrn gelernt
dann
abseilen von zu hause und
coming out als ...
DU
das hab' ich voll nicht geschnallt
was das alles sollte
mit
vater im himmel ...
reich ...
liebe und feinden ...
wunderbar essen
dann
sterben
DU
wofür der stress
fragt doch keiner mehr nach ...

(klaus gerhards)

(aus: Anzeiger für die Seelsorge 6/2002, S. 48, Verlag Herder 2002)

Lieber Jesus,
ich danke dir für alles,
was du bis jetzt für mich
getan hast,
vielen herzlichen Dank.
Schön wär's, wenn du mir
helfen könntest, gesund zu bleiben.
Wenn du mir hilfst, danke ich dir,
wenn nicht, danke ich dir trotzdem.
Danke, Entschuldigung und gute Nacht.

(Nina Gaul, 23, Brasilien)

Christus,
manchmal sind wir Fremde auf der Erde, verstört von der Gewalt, der Härte
der Auseinandersetzungen. Wie einen leichten Wind hauchst du über uns deinen
Geist des Friedens. Verkläre die Wüsten unserer Zweifel und bereite uns darauf
vor, dort, wo du uns hinstellst, Versöhnung zu stiften, bis sich unter uns
Menschen eine Friedenshoffung erhebt.

(Frère Roger)

Herr, Jesus Christus,
du bist wie ein Faden
in meinem Leben,
an dem ich mich orientiere,
wenn ich mich verlaufen habe.
Wie ein Tau, das mich vor dem
Abgrund schützt.
Manchmal stark und
unbeugsam, dann wieder
zart und verletzlich
wie der Faden eines
Spinnengewebes.
Fäden, die mich umfassen,
erheben, anketten,
aber nicht eingrenzen.
Sie geben mir Halt,
sind aber lose genug,
mich meinen eigenen Weg
gehen zu lassen,
nie aber allein.
Herr, hilf mir!
Lass den Faden von mir
zu dir nie reißen!

(Inge Gnau, 21, Deutschland)

Inhaltliche Überlegungen

1. Anhaltspunkte gesucht

> **„Nur ein Unvorsichtiger wagt vor Leuten,
> die er nicht kennt, Geist zu haben."** (*Helvétius*)
>
> **„Man glaubt nicht, wieviel Geist nötig ist,
> um niemals lächerlich zu sein."** (*Chamfort*)
>
> **„Die Muttermilch für den Leib macht die Natur;
> für den Geist wollen unsere Pädagogen sie machen."**
> (*Georg Christoph Lichtenberg*)
>
> **„Man verrenkt sich Geist wie Körper."** (*Joseph Joubert*)
>
> **„Nichts ist dem Geist erreichbarer als das Weltall."** (*Novalis*)
>
> **„Auch der Geist hat seine Hygiene: er bedarf, wie der Körper
> der Gymnastik."** (*Honoré de Balzac*)
>
> **„Es ist unglaublich, wieviel Geist in der Welt aufgeboten wird,
> um Dummheiten zu beweisen."** (*Friedrich Hebbel*)
>
> **„Geistreich ist nur, was nicht ganz ernst gemeint ist."**
> (*Thomas Niederreuther*)
>
> **„Der Geist weht, wo er will. Der Ungeist aber auch."**
> (*Hans Leopold Davi*)
>
> **„Geistesblitze können die Welt zwar erhellen,
> aber nicht erwärmen."**
> (*Hellmut Walters*)
>
> **„Die meisten Menschen bewegen sich in geistigen Schienen.
> Daher die Entgleisungen."** (*Hans Horst Skupy*)

Das Thema „Geist / Heiliger Geist" scheint ein schwieriges Kapitel der Firmvorbereitung zu sein. Sprichworte und Aphorismen zeigen aber, dass unsere Sprache und auch unsere Erfahrungswelt sehr wohl „geist-voll" sind. „Geist", „geistiges" und auch „Geister" sind keineswegs unbegreifbare Größen.

Bei einem genaueren Blick auf biblische Texte wird deutlich, dass dort Gottes Geist in Bildern beschrieben wird, die immer das Moment des Ereignis- und des Erlebnishaften, als äußeres oder inneres Geschehen in sich tragen. Damit kommt gleichsam die *Kontaktzone* zwischen „Himmel und Erde", zwischen Gottes Geist und Mensch in den Blick.

113

Heiliger Geist

„Das Schwere leicht gesagt". Hanns Dieter Hüsch, der niederrheinische Kabarettist, versteht es mit einem zwinkernden Auge und einem Schuss Lebenspoesie auch dem scheinbar schwer verdaulichen Thema „Heiliger Geist", eine leicht bekömmliche Note zu geben. So heißt es in seiner „Predigt" über den Heiligen Geist unter anderem:

> „Im Namen des Vaters und des Sohnes,
> das ist vorstellbar, fassbar,
> sogar anfassbar – salopp gesagt,
> aber im Namen des Heiligen Geistes,
> das ist nicht so berechenbar,
> denn der Heilige Geist ist nicht nur unsichtbar,
> der ist oft auch nicht erkennbar,
> denn seine Welt ist fassungslos,
> teilweise sogar sprachlos,
> für viele sogar aussichtslos;
> er ist von wolkenloser Musikalität
> und wenn man ihn wiegen könnte,
> ganz leicht und deswegen so schwierig,
> je leichter der Heilige Geist,
> desto mehr steckt in ihm,
> er weiß alles, sieht und hört alles, auch jetzt sieht und hört er uns,
> er ist im Auftrage Gottes unterwegs,
> uns das Schwere leicht zu machen.
> Ich will nicht sagen, dass er immer bei uns ist,
> wie man wohl in manchen Vorträgen hört,
> er hat auch alle anderen Lebewesen in Gottes Welt
> zu beflügeln ..."

2. Da weht Gottes Geist – das Zeugnis der Bibel

Die Bibel kennt unterschiedliche Bedeutungen des Wortes „Geist", und diese sind weder abstrakt noch abgehoben. Im Alten Testament steht für „Geist" das hebräische Wort **„ruach"**:

(1) etymologische Urbedeutung:	überraschende, heftige Luftbewegung; (Wind-, Atemstoß); Weite (?)
(2) Grundbedeutung:	Wind; Atem
(3) anthropologische Entfaltung:	Lebenskraft; Gemüt; Wille; Geist als Vermögen; „Ich"
(4) theologische Bedeutung:	göttliche Geisteskraft; prophetische Kraft; Geist Gottes

(aus: Th. Schneider (Hg.), Handbuch der Dogmatik, Bd. 1)

⇒ **In der Schöpfungsgeschichte** (Gen 2,7) wird gesagt, dass Gott dem Menschen **(adam)** seinen Lebens-Atem **(ruach)** einhauchte. Jeder Mensch hat sein Leben von Gott geschenkt bekommen, mehr noch, er ist sein „Ebenbild", was auf die besonders enge Beziehung zwischen Gott und Mensch hinweist (Gen 1,27).

⇒ **Gottes Geist – Gabe für besondere Aufgaben:** So verleiht Gott den Führern des Volkes Israel, wie etwa König David (1 Sam 16,13) oder den Propheten seinen Geist für ihren oft schwierigen „Job" (s. Ez 8,3f.).

⇒ **Die Gabe des Geistes stiftet Beziehungen – allumfassend und neu:** So wendet sich Gott an sein Volk Israel mit den Worten: *„Ich schenke euch ein neues Herz und lege einen neuen Geist in euch. Ich nehme das Herz aus Stein aus eurer Brust und gebe euch ein Herz von Fleisch. Ich lege meinen Geist in euch und bewirke, dass ihr meinen Gesetzen folgt und meine Gebote achtet und sie erfüllt."* (Ez 36,26f.).

⇨ **Jesus und die Geist-Mitteilung Gottes:** „Und als er aus dem Wasser stieg, sah er, dass der Himmel sich öffnete und der Geist wie eine Taube auf ihn herabkam. Und eine Stimme aus dem Himmel sprach: *Du bist mein geliebter Sohn, an dir habe ich Gefallen gefunden"* (Mk 1,10f.).
In dieser „Geist-Mitteilung" des Vaters liegt die Sendung und Bedeutung der Person Jesu begründet (vgl. auch Lk 4,18f.).

⇨ **Pfingsten – die geisterfüllte Geburtsstunde der Kirche:** Hier beginnt sie, als von der Liebe Gottes „Begeisterte" durch ein lebendiges Zeugnis von der Person und Botschaft Jesu Christi Menschen „zu begeistern".
Es gibt jedoch keine „Automatik" oder „Magie" des Geistwirkens. Menschen haben auch die Möglichkeit, den Geist Gottes, sein Wirken und seine Gaben zu verkennen und sich ihm zu verschließen (Apg 2,1–13).

⇨ **Geschenkt – die Gnadengaben („Charismen") für die Gemeinde,** die der Geist Gottes für ihr Zusammenleben und Zusammenglauben austeilt: *„Es gibt verschiedene Gnadengaben, aber nur den einen Geist. Es gibt verschiedene Dienste, aber nur den einen Herrn. Es gibt verschiedene Kräfte, die wirken, aber nur den einen Gott: Er bewirkt alles in allem. Jedem aber wird die Offenbarung des Geistes geschenkt, damit sie anderen nützt ..."* (1 Kor 12,1–11).

3. „Sei besiegelt mit der Gabe Gottes, dem Heiligen Geist."

Die Gabe des Geistes – Gottes „Kompass" für mein Leben: Gemeint ist die Gabe innerer Ausrichtung, die Fähigkeit und Sensibilität zur Hinwendung zu Jesus Christus und den Nächsten. Diese Kompassnadel zeigt immer den richtigen Weg, nur danach ausrichten muss sich jede(r) selbst.
Dass die Besiegelung mit dem Heiligen Geistes in der Firmung als Weg- und Richtungsweiser verstanden werden darf, kommt in den „sieben Gaben des Heiligen Geistes" zum Ausdruck, in denen Gottes Geist seine „Wirkung" entfalten möchte:

Weisheit, damit man nicht wegen unwichtiger Dinge aus der Haut fährt.

Einsicht, damit man in dieser komplizierten Welt den Überblick behält.

Rat, damit einem in schwierigen Fällen eine Lösung einfällt.

Stärke, damit man auch mit Hindernissen fertig wird.

Erkenntnis, damit man unterscheiden kann, was richtig und falsch, gut und böse ist.

Frömmigkeit, damit man den Kontakt zu Gott nicht verliert.

Gottesfurcht, damit man nie glaubt, Menschen könnten so groß wie Gott sein.

aus: Farbe bekennen. FirmLogBuch des Bistums Essen, S. 77

Der Geist Gottes will und kann erspürt und erlebt werden, gerade auch in der Firmvorbereitung:
⇨ im „Atem des Lebens",
⇨ in einem „Sturm der Begeisterung",
⇨ im „nachdenklichen Seufzen",
⇨ durch die „Flamme der Liebe",
⇨ durch Menschen, die „Feuer und Flamme" sind,
⇨ in Frieden und Versöhnung, ...
⇨ in der „flüsternden Stille"
⇨ in „ansteckender Freude"

Hier sind Erfahrungen des Alltagslebens angesprochen wie auch solche, die einem besonders im Raum der Gemeinde begegnen. Die Jugendlichen brauchen hierzu die KatechetInnen als „SpurensucherInnen" und „SinndeuterInnen" des Geistes Gottes.

Methodische Überlegungen

Zum Einstieg

Wes Geistes Kind ...? – Bildassoziationen

☑ Fotos aus Zeitungen, Zeitschriften usw., die Menschen in bestimmten Situationen oder ausdrucksstarke Gesichter zeigen; DIN-A3-Blätter, Kleber, Stifte

 Die Fotos werden ausgelegt. In der Mitte liegt ein Blatt mit der Frage „Wes Geistes Kind ...?"
Die Jugendlichen suchen sich ein Bild aus, kleben es auf ein DIN-A3-Blatt und erzählen dazu eine kleine Geschichte, die sie in Stichworten auf das Plakat schreiben (auch als Partnerarbeit möglich). Die Bilder-Geschichten werden dann in der Gruppe vorgestellt. Gemeinsam wird besprochen, welcher „Geist" in den Bildern jeweils zum Ausdruck kommt.

Schreib- und Malgespräch: Geist

☑ Tischgroßes Plakat; Stifte; Wachsmaler; CD-Player; Meditationsmusik

 Das Plakat, in dessen Mitte in großen Buchstaben das Wort „Geist" steht, klebt auf dem Tisch.

Die Jugendlichen können kann nun an beliebigen Stellen kurze Gedanken, Fragen, Assoziationen oder auch Bilder zu Papier bringen – alles, was ihnen zum Wort „Geist" einfällt. Dabei können die sich auch auf das beziehen, was andere bereits geschrieben oder gemalt haben.

Während der Schreibphase wird nicht gesprochen! Es läuft ruhige Musik im Hintergrund.

Anschließend werden die Assoziationen in Wort und Bild besprochen und die Gedanken oder Bilder hervorgehoben, die etwas mit dem Thema „Heiliger Geist" zu tun haben.

Zur Vertiefung

Werbung für den „Außendienst" Gottes, den Heiligen Geist (M 1)

☑ Biblische Texte (M 1); mehrere Bibeln; Plakatpapier; Stifte; Wachsmaler; Bastelmaterial; alte Zeitschriften

Szenario: Der Heilige Geist ist quasi Gottes „Außendienst"; ständig unterwegs, um etwas zu bewirken in der Welt und unter den Menschen. Dieser Außendienst Gottes hat es jedoch schwer, sich bekannt zu machen. Hier sind Werbe- oder PR-Maßnahmen nötig.

 Die Jugendlichen bilden zunächst Zweiergruppen. Wie in einer Werbeagentur erarbeiten sie nun Vorschläge für eine Werbekampagne, um den Heiligen Geist und seine Eigenschaften / Stärken bekannter zu machen.
Aus den Bibelstellen (M 1) ziehen die Teams jeweils einen Text und setzen die Beschreibung des Heiligen Geistes und sein Wirken in eine entsprechende Werbeaktion um.
Dazu entwickeln die Jugendlichen eine Visitenkarte, ein Logo und / oder ein Werbeplakat.
Die Entwürfe werden auf einem Plakat ausgeführt. Hierbei geht es weniger um „Kunst", vielmehr um originelle Ideen.
In der abschließenden Gesprächsrunde sind auch die anderen biblischen Aussagen noch ein zu beziehen.

Geistes-Klänge (M 2)

☑ Tuch; Kerze; Bibel; (Orff'sche) Instrumente; Klangkörper (Gläser, Teller, Töpfe etc.); Text

 Es ist eine Mitte gestaltet mit einer brennenden Kerze und einer Bibel mit dem aufgeschlagenen Text aus der Apostelgeschichte; um die Mitte liegen Instrumente und Klangkörper.
Zunächst wird die Pfingsterzählung aus der Apostelgeschichte gemeinsam gelesen.
Die Jugendlichen suchen sich eine Textpassage aus, die sie besonders anspricht und ordnen ihr Gefühle oder Stimmungen zu, die hierin für sie anklingen.

Heiliger Geist

Anschließend wählen sie ein Instrument oder einen Klangkörper aus, mit dem sie an dieser Stelle die Empfindungen oder Stimmungen zum Klingen bringen.

Nun wird der Text nochmals gelesen. An den ausgesuchten Stellen, setzen die Instrumente bzw. Klangkörper ein. Textpassagen, die noch nicht klanglich interpretiert sind, werden gemeinsam besprochen und vertont.

Am Ende steht eine „Gesamtkomposition" zum Text des Pfingstereignisses, die aufgenommen und in einem Gottesdienst eingesetzt werden kann.

❗ *Hinweis: Im Kirchenraum ist die Akustik meist viel besser!*

Geistes-Gaben, die ich mir wünsche

☑ Text aus: FirmLogBuch, S. 77, oder Einführung; Stifte; Blätter

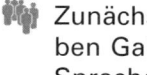 Zunächst wird eine kleine Einführung zu den „Sieben Gaben des Heiligen Geistes" gegeben (alte Sprache; heilige Zahl sieben; heute nötig?! ...) Die Jugendlichen lesen dann den Text.

Es schließt sich die Frage an: „Welche Gaben wünscht ihr euch von Gottes Geist?"
Alle schreiben spontan eine Gabe auf, die sie sich ganz „vordringlich" wünschen.
Die Zettel werden zunächst in die Mitte gelegt.
Die Jugendlichen können nun noch weitere Gaben aufschreiben. Diese Zettel werden um die anderen herum gelegt.
Nun werden alle „Gaben" einmal vorgelesen und anschließend gibt es eine Gesprächsrunde.

Impulsfragen:
⇒ Welche Gaben werden mehrfach genannt?
⇒ Welche sind besonders originell?
⇒ Welche werden in heutiger Zeit besonders dringend benötigt?

Zum Schluss nehmen sich alle einen Zettel und schreiben die „sieben Gaben" auf, die sie sich zu ihrer Firmung vom Heiligen Geist wünschen.

❗ *Hinweis: Die formulierten Gedanken können vielleicht auch in den Firmgottesdienst eingebracht werden.*

Zum Ausklang

ATEM

Alle FirmbewerberInnen setzen oder legen sich ganz entspannt hin. Es ist ganz still, alle achten auf ihren Atem. Der/die KatechetIn liest mit ruhiger Stimme:

Wir nehmen uns einen Augenblick Zeit. Wir achten auf unseren Atem, wie er in unseren Körper hineinweht und uns wieder verlässt. Er hält uns am Leben oder noch deutlicher: Atem ist Leben, Leben ist Atem.
In der Bibel gibt es eine Geschichte, wie Gott den Menschen geschaffen hat. Mann und Frau wurden jedoch erst lebendig, als Gott ihnen den Lebensatem einhauchte.
Die lebenspendende Kraft ist geheimnisvoll, nicht fassbar, nicht sichtbar und doch ganz wirklich. Die Bibel sagt uns, dass sie von Gott kommt, sie ist Gott. Diese Kraft ist der Geist Gottes – wie ein Windhauch, manchmal auch wie ein Sturm. ... Gottes Geist atme und wehe in uns, bis er zu ihm zurückkehrt, am Ende unserer Tage.

Gebete zum Heiligen Geist (M 3)

Beispiele aus dem Alten Testament

Im Anfang schuf Gott Himmel und Erde; die Erde aber war wüst und leer, Finsternis lag über der Urflut, und Gottes Geist schwebte über dem Wasser. *(Gen 1,1–2)*

Wenn ich nun von dir weggehe, könnte ja der Geist des Herrn dich an einen Ort tragen, den ich nicht kenne. Käme ich dann zu Ahab, um dich zu melden, und könnte er dich nicht finden, so würde er mich töten. Dabei hat dein Knecht doch von Jugend auf den Herrn gefürchtet. *(1 Kön 18,12)*

Der Geist des Herrn erfüllt den Erdkreis und er, der alles zusammenhält, kennt jeden Laut. *(Weish 1,7)*

Die Hand des Herrn legte sich auf mich, und der Herr brachte mich im Geist hinaus und versetzte mich mitten in die Ebene. Sie war voll von Gebeinen. Er führte mich ringsum an ihnen vorbei, und ich sah sehr viele über die Ebene verstreut liegen; sie waren ganz ausgetrocknet. Er fragte mich: Menschensohn, können diese Gebeine wieder lebendig werden? Ich antwortete: Herr und Gott, das weißt nur du. Da sagte er zu mir. Sprich als Prophet über diese Gebeine, und sag zu ihnen: Ihr ausgetrockneten Gebeine, hört das Wort des Herr! So spricht Gott, der Herr, zu diesen Gebeinen: Ich selbst bringe Geist in euch, dann werdet ihr lebendig. Ich spanne Sehnen über euch und umgebe euch mit Fleisch; ich überziehe euch mit Haut und bringe Geist in euch, dann werdet ich lebendig. Dann werdet ihr erkenne, dass ich der Herr bin. Da sprach ich als Prophet, wie mir befohlen war; und noch während ich redete, hörte ich auf einmal ein Geräusch. Die Gebeine rückten zusammen; Bein an Bein ... Sie wurden lebendig und standen auf – ein großes, gewaltiges Heer. *(Ez 37,1–10)*

Gottes Geist hat mich erschaffen, der Atem des Allmächtigen hat mir das Leben gegeben. *(Ijob 33,4)*

Ich aber bin voller Kraft, ich bin erfüllt vom Geist des Herrn, voll Eifer für das Recht und voll Mut, Jakob seine Vergehen vorzuhalten und Israel seine Sünden. *(Micha 3,8)*

Danach aber wird es geschehen, dass ich meinen Geist ausgieße über alles Fleisch. Eure Söhne und Töchter werden Propheten sein, eure Alten werden Träume haben und eure jungen Männer haben Visionen. *(Joel 3,1–2)*

Beispiele aus dem Neuen Testament

In jenen Tagen kam Jesus aus Nazaret in Galiläa und ließ sich von Johannes im Jordan taufen. Und als er aus dem Wasser stieg, sah er, dass der Himmel sich öffnete und der Geist wie eine Taube auf ihn herabkam. Und eine Stimme aus dem Himmel sprach: Du bist mein geliebter Sohn, an dir habe ich Gefallen gefunden. *(Mk 1,9–11)*

Danach trieb der Geist Jesus in die Wüste. Dort blieb er vierzig Tage lang und wurde vom Satan in Versuchung geführt. Er lebt mit den wilden Tieren, und die Engel dienten ihm.
(Mk 1,12–13)

Als der Pfingsttag gekommen war, befanden sich alle am gleichen Ort. Da kam plötzlich vom Himmel her ein Brausen, wie wenn ein heftiger Sturm daherfährt, und erfüllte das ganze Haus, in dem sie waren. Und es erschienen ihnen Zungen wie von Feuer, die sich verteilten; auf jeden von ihnen ließ sich eine nieder. Alle wurden mit dem Heiligen Geist erfüllt und begannen, in fremden Sprachen zu reden, wie es der Geist ihnen eingab.
(Apg 2,1–4)

So nimmt sich auch der Geist unserer Schwachheit an. Denn wir wissen nicht, worum wir in rechter Weise beten sollen; der Geist selber tritt jedoch für uns ein mit Seufzen, das wir nicht in Worte fassen können. *(Röm 8,26)*

Es gibt verschiedene Gnadengaben, aber nur den einen Geist. Es gibt verschiedene Dienste, aber nur den einen Herrn. Es gibt verschiedene Kräfte, aber nur den einen Gott: Er bewirkt alles in allem. Jedem aber wird die Offenbarung des Geistes geschenkt, damit sie anderen nützt. Dem einen wird vom Geist die Gabe geschenkt, Weisheit mitzuteilen, dem andern durch den gleichen Geist die Gabe, Erkenntnis zu vermitteln, dem dritten im gleichen Geist Glaubenskraft, einem andern – immer in dem einen Geist – die Gabe, Krankheiten zu heilen, einem andern Wunderkräfte, einem andern prophetische Reden, einem andern die Fähigkeit, die Geister zu unterscheiden, wieder einem andern verschiedene Arten von Zungenrede, einem andern schließlich die Gabe, sie zu deuten. Das alles bewirkt ein und derselbe Geist; einem jeden teilt er seine besondere Gabe zu, wie er will.
(1 Kor 12,4–11)

Durch den einen Geist wurden wir in der Taufe alle in einen einzigen Leib aufgenommen, Juden und Griechen, Sklaven und Freie; und alle wurden wir mit dem einen Geist getränkt.
(1 Kor 12,13)

[1] Als das Pfingstfest kam, waren wieder alle, die zu Jesus hielten, versammelt. [2] Plötzlich gab es ein mächtiges Rauschen, wie wenn ein Sturm vom Himmel herabweht. Das Rauschen erfüllte das ganze Haus, in dem sie waren.

[3] Dann sahen sie etwas wie Feuer, das sich zerteilte, und auf jeden ließ sich eine Flammenzunge nieder. [4] Alle wurden vom Geist Gottes erfüllt und begannen in anderen Sprachen zu reden, jeder und jede, wie es ihnen der Geist Gottes eingab.

[5] Nun lebten in Jerusalem fromme Juden aus aller Welt, die sich hier niedergelassen hatten. [6] Als sie das mächtige Rauschen hörten, strömten sie alle zusammen. Sie waren ganz verwirrt, denn jeder hörte die Versammelten, die Apostel und die anderen, in seiner eigenen Sprache reden.

[7] Außer sich vor Staunen riefen sie: „Die Leute, die da reden, sind doch alle aus Galiläa! [8] Wie kommt es, dass jeder von uns sie in seiner Muttersprache reden hört? [9] Wir kommen aus Persien, Medien und Elam, aus Mesopotamien, aus Judäa und Kappadozien, aus Pontus und aus der Provinz Asien, [10] aus Phrygien und Pamphylien, aus Ägypten, aus der Gegend von Zyrene in Libyen und sogar aus Rom.

[11] Wir sind geborene Juden und Fremde, die sich der jüdischen Gemeinde angeschlossen haben, Insel- und Wüstenbewohner. Und wir alle hören sie in unserer eigenen Sprache die großen Taten Gottes verkünden!"

[12] Erstaunt und ratlos fragten sie einander, was das bedeuten solle.

[13] Andere machten sich darüber lustig und meinten: „Die Leute sind doch betrunken!"

(Apostelgeschichte 2,1–13; Text nach: Gute Nachricht. Bibel)

Komm, Heilger Geist, der Leben schafft, erfülle uns mit deiner Kraft.
Dein Schöpferwort rief uns zum Sein: nun hauch uns Gottes Odem ein.

Komm, Tröster, der die Herzen lenkt, du Beistand, den der Vater schenkt;
aus dir strömt Leben, Licht und Glut, du gibst uns Schwachen Kraft und Mut.

Dich sendet Gottes Allmacht aus im Feuer und in Sturmes Braus;
du öffnest uns den stummen Mund und machst der Welt die Wahrheit kund.

Entflamme Sinne und Gemüt, dass Liebe unser Herz durchglüht
und unser schwaches Fleisch und Blut in deiner Kraft das Gute tut.

Die Macht des Bösen banne weit, schenk deinen Frieden allezeit.
Erhalte uns auf rechter Bahn, dass Unheil uns nicht schaden kann.

Lass gläubig uns den Vater sehn, sein Ebenbild, den Sohn, verstehn
und dir vertraun, der uns durchdringt und uns das Leben Gottes bringt.

Den Vater, auf dem ewgen Thron und seinen auferstandnen Sohn,
dich, Odem Gottes, Heilger Geist, auf ewig Erd und Himmel preist. Amen

(aus: Gotteslob, Nr. 241)

HEILIGER GEIST ERLEUCHTE MICH, MIT DEINER GNADE STÄRKE MICH.

Gebets „Angebot" von Bischof Felix Genn, Essen, an die Firmlinge.

DU
HEILIGER GEIST
WEHE UNS AN
GEHE UNS AN
MACHE UNS AN
MIT DEINEM HIMMLISCHEN ATEM
ENTFACHE UNS
MIT DIESER FLAMME DER LIEBE
DIE NICHT VON DIESER WELT
ABER FÜR DIESE WELT
IST

(Klaus Gerhards)

Atme in mir, du Heiliger Geist,
  dass ich Heiliges denke.
Treibe mich, du Heiliger Geist,
  dass ich Heiliges tue.
Locke mich, du Heiliger Geist,
  dass ich Heiliges liebe.
Stärke mich, du Heiliger Geist,
  dass ich Heiliges hüte.
Hüte mich, du Heiliger Geist,
  dass ich das Heilige nimmer verliere.

(aus: Gotteslob Nr. 6)

Inhaltliche Überlegungen

1. Erfahrungen in und mit der Kirche

Was Kirche heute ausmacht oder ausmachen sollte, darüber streiten auch die „ExpertInnen". Wovon fühlen Sie sich am ehesten angesprochen?

● „Kirche ist von Haus aus eine außergewöhnliche [...], eine schier paradoxe Unternehmung, gleichsam ein Zwitter aus göttlicher Stiftung und menschlicher Institution."
(Gottfried Bitter, Theologe)

● „Eine verdrossene und von Selbstzweifeln geplagte Kirche kann die Menschen nicht mit dem Evangelium in Berührung bringen." *(Daniel Deckers, FAZ)*

● „Die Kirche sollte sich nicht mehr mit ihren eigenen Problemen beschäftigen, sondern der ganzen Menschheit in ihrer Suche nach Gerechtigkeit, Frieden und Einheit dienen." *(Papst Johannes XXIII.)*

● „Wenn die Kirche in allen Völkern lebt und alle Sprachen spricht, wird sie von selbst farbig, bunt." *(Bischof Franz Kamphaus)*

● „Ein Großteil der Gemeinden begnügt sich in einer kleinbürgerlichen Art und Weise damit, den Gottesdienst zu gestalten und ein paar Kreise zu unterhalten. Da ist man schon gestört, wenn jemand in den Gottesdienst kommt, der etwas stinkt oder laut wird. [...] Das Klima ist so bieder, dass Menschen, die von der Norm abweichen, sich von vornherein unerwünscht vorkommen." *(Helmut Puschmann, Caritas-Präsident)*

● „Es kommt doch darauf an, dass wir Kirche gestalten als Gemeinde, die für die Menschen offen ist und in der Gott durchscheint." *(Leo Karrer, Theologe)*

● „Kirche ist nichts an sich, sondern nur durch den Bezug auf Jesus Christus." *(Hartmut Rosenau, Theologe)*

● „Warum fühlen sich auch religiös wenig aktive Menschen in Gotteshäusern wohl, die aus einer Zeit stammen, in der man sonntägliche Räume zu bauen verstand? Weil sie zwischen diesen Wänden freie Geborgenheit erleben und sich für einen Augenblick gerettet fühlen aus dem häufigen Terror angeblicher Liebe."
(Gottfried Bachl, Theologe)

„Gemeinde vor Ort" ist der unmittelbarste „Erlebnisraum" von Kirche. Daher wird für viele ein Nachdenken über die Kirche zunächst durch selbst erfahrene – zum Teil verschiedene – Gemeinden bestimmt. Aus solchen gleichsam konkreten wie vergleichenden Erfahrungen ergeben sich gewisse Einsichten:

⇒ Jede Kirchengemeinde ist geprägt von den Menschen, die zu ihr gehören.
⇒ Jede Kirchengemeinde spiegelt die sie umgebenden Lebensverhältnisse (Kultur, Geschichte, Mentalität, Soziales und Wirtschaftliches, Traditionen etc.) wider.
⇒ Jede Kirchengemeinde wirkt auch auf ihre Umgebung; hat Bedeutung für das Leben in Dorf, Stadtteil oder Region.
⇒ Wie unterschiedlich die einzelnen Gemeinden, die man kennen lernt, auch immer sind, es gibt überall Gemeinsames und Verbindendes, an dem man erkennt: Das ist eine katholische Pfarrgemeinde!

Gemeinde ▪ Kirche

Die persönliche „Kirchen-Geschichte" beginnt mit dem Sakrament der Taufe. Dieser sakramentale „Weg" in den Glauben und in die kirchliche Gemeinschaft wird fortgeführt in der Erstkommunion / Eucharistiegemeinschaft und kommt im Sakrament der Firmung zum Abschluss. Als „Weg hinein" werden diese drei Sakramente auch „Initiationssakramente" („Initiation" = Aufnahme, Einführung) genannt. Das, was in den Sakramenten auf zeichenhafte Weise geschieht, soll in der Teilnahme am Leben einer christlichen Gemeinde lebenspraktisch angeeignet und gefestigt *(firmare = stärken, festigen)* werden.

Jede Gemeinde ist eine Gemeinschaft von Gemeinschaften, in der Menschen mit unterschiedlichen Gaben, Aufgaben und Ämtern mitwirken. Durch Verkündigung und Bezeugung der gemeinsamen Glaubensbotschaft, die Feier der Liturgie, nicht zuletzt die gottesdienstliche Versammlung am Sonntag, und den Dienst für die Armen, Notleidenden und Ausgegrenzten wird das Wesentliche kirchlicher Gemeinschaft als Gemeinde deutlich.

Jede Ortsgemeinde ist Kirche, aber sie ist es nur in Gemeinschaft mit dem Bischof und der Gesamtkirche. Die katholische Kirche ist ein buntes, vielfältiges und weltumspannendes „Unternehmen", dem sich über eine Milliarde Menschen zugehörig wissen. Das so genannte „Kirchturmdenken" widerspricht – wie übrigens auch jeder Nationalismus, Rassismus oder Provinzialismus – zutiefst dem Selbstverständnis der katholischen *(katholos = allumfassend, weltumspannend)* Kirche.
So existiert die eine katholische Kirche immer nur als ein vielfältiges Gebilde: Die Vielfalt weltweit existierender Ortskirchen (Diözesen) und deren Gemeinden bilden in Gemeinschaft mit dem Papst und den Bischöfen die eine Kirche.

Jede/r hat so *sein* Kirchenbild. Als ChristIn erlebt man immer nur „Ausschnitte" von Kirche. Daher sollten die persönlichen Gemeindeerfahrungen niemals zum allein gültigen „Kirchen-Verständnis" erhoben werden.
Ferner ist Kirche auch heute noch ein „öffentliches Thema". Die in den Medien vermittelten Sachverhalte und Bewertungen, Bilder und Klischees fließen häufig auch in das persönliche „Kirchenbild" der Menschen ein. Bisweilen scheinen dies die einzigen „Zugänge" zur Kirche zu sein, was Gespräche und Begegnungen prägt.

2. Theologische Erfahrungsbilder

In einer Zeit des Neuaufbruchs und der Neubesinnung der Kirche kam das letzte gemeinsame Konzil von 1962 bis 1965 in Rom zusammen. Dieses II. Vatikanische Konzil hat sich sehr intensiv mit dem Thema „Kirche" beschäftigt. Dabei spielen vier theologische Erfahrungsbilder eine besondere Rolle. Sie wollen einerseits die Verbundenheit der Kirche mit ihrem Ursprung Jesus Christus dokumentieren und andererseits ihr Selbstverständnis und ihren Auftrag in einer modernen Welt zum Ausdruck bringen.

Das II. Vatikanische Konzil beschreibt das Wesen der Kirche in vier theologischen Bildern:
- **„*Mysterium*" (griechisch: mysterion) und „*Sakrament*" (lateinisch: sacramentum) ist die Kirche als auf Christus zurückgehendes „Zeichen und Werkzeug" – so das II. Vatikanum – für die Vereinigung mit Gott und für die Einheit der ganzen Menschheit. Sie bezeugt mit ihrer ganzen Existenz diesen Willen Gottes zur heilenden Gemeinschaft mit den Menschen und dient seiner Verwirklichung.**
- **„*Volk Gottes*" (griechisch: laos tou theou) – hiermit wird die Kirche als eine von Gott durch Christus zusammengerufene und in Dienst genommene Gemeinschaft von Menschen bezeichnet: ein in der Taufe erwähltes Volk in den Völkern.**
- **„*Leib Christi*" (lateinisch: corpus Christi) ist ein biblisch-theologisches Bildwort, durch das die besondere Zugehörigkeit zu Christus und die lebendige Verbundenheit vieler mit ihm und untereinander zum Ausdruck gebracht wird.**
- **„*Communio*" (deutsch: Gemeinschaft) bezeichnet die grundlegende Einheit und Gleichheit aller in der Kirche auf Grund der Teilhabe der Glaubenden an dem in Christus geschenkten und durch Taufe, Firmung und Eucharistie vermittelten Heil.**

3. Katechese im Erlebnisraum Kirche

Diese theologischen Erfahrungs*begriffe* werden in der katechetischen Begleitung der Firmbe-werberInnen so kaum eine unmittelbare Verwendung finden können. Entscheidend sind zunächst die sich mit ihnen verbindenden Erfahrungen und Bilder.

Jeder Jugendliche bringt als getaufter Christ mehr oder weniger sein eigenes „Kirchenbild" mit und hat seine Erfahrungen mit Kirche gemacht – selbst wenn es die Erfahrungen von „Abwe-senheit" oder „Belanglosigkeit" sein sollten. Damit gehören auch diese „Mangel"-Erfahrungen zur gegenwärtigen Wirklichkeit von Kirche. Wir können und dürfen sie nicht „aus-grenzen".

Der Alltag der Gemeinde könnte das Neue und Andere für die jungen Leute werden. Hier begegnen sich Menschen unterschiedlichen Alters und zum Teil auch unterschiedlicher (sozia-ler) Herkunft. So teilen sie auf ganz selbstverständliche, alltägliche Weise ihren Glauben und ihr Leben, wissen von ihren Freuden und Hoffnungen, aber auch von ihrer Trauer und Angst. Hieraus entstehen Begegnungen und Freundschaften in Gruppen, Vereinen und Verbänden, nicht zuletzt in den Jugendgruppen und Jugendtreffs.

Diesen Alltag der Gemeinde den Jugendlichen als Erlebnisraum der Kirche „aufzuschließen", bedeutet:

⇒ Die Jugendlichen müssen zunächst mit dem Leben und den Menschen in der Gemeinde in Kontakt kommen können. Dies ist Aufgabe der KatechetInnen, aber auch anderer in der Gemeinde, deren Bereitschaft und Einsatz hier gefordert sind.

⇒ Zum anderen zählen auch zentrale Orte und Einrichtungen zum „Erlebnisraum Gemeinde". Das schließt das Betreten-dürfen ebenso ein wie das Verstehen-können. So ist z. B. jeder Kirchen-raum voller Zeichen und Symbole. Ohne Verständnis dafür, wird das Erleben nur an der Oberfläche bleiben. Neben den KatechetInnen haben auch die pastoralen MitarbeiterInnen oder versierte Gemeindemitglieder hier eine „Schlüsselfunktion".

⇒ Die FirmbewerberInnen sollen auch *ihren* Platz in der Gemeinde finden können, wo sie das eigene Christsein in der Gemeinde und mit ihr erproben und ausgestalten können. Dazu bedarf es des Einsatzes der ganzen Gemeinde. Wie einladend wirken unsere Gemeinden auf die jungen Leute? Wie gastfreundlich wollen und können sie als „Erlebnisraum Kirche" sein?

⇒ Schließlich können Gemeinde und Jugendliche auch geistlich beieinander ankommen und sich annehmen. So bietet etwa das Fürbittgebet in der sonntäglichen Eucharistiefeier der Gemein-de die Möglichkeit, sich der Jugendlichen „anzunehmen". Auch Gebetspatenschaften in der Zeit der Vorbereitung können helfen, dass die FirmbewerberInnen auf diese spirituelle Weise in die Gemeinde hineinwachsen.

⇒ Durch selbst oder mitgestaltete Gottesdienste können die Jugendlichen auch ein Zeichen des Interesses der Verbundenheit mit der Gemeinde setzen.

Methodische Überlegungen

Zum Einstieg

„KirchenPuttel"

 Papierkorb oder Abfalleimer; Topf oder Schale; Moderationskarten oder Zettel; Flipchart oder Plakat; Stifte

 Es wird an das Märchen vom Aschenputtel erinnert, wie Aschenputtel die Erbsen nach guten und schlechten sortieren musste.
So sammeln die Jugendlichen zunächst stichwortartig positive und negative Aspekte oder Erfahrungen, die sie mit Kirche verbinden. Diese werden einzeln auf Zettel geschrieben.
Die positiven Aspekte werden in einen Topf / eine Schale gelegt („Das schmeckt uns!"), die negativen werden in den Papierkorb / Abfalleimer geworfen („Die sind für die Tonne!").
Nach der Sammelphase (5 Minuten) werden zunächst die Zettel aus dem/der Topf/Schale vorgelesen und auf der Plakatwand geordnet. Anschließend werden die negativen Bemerkungen vorgelesen und ebenfalls geordnet. Ein Gespräch schließt sich an.

> **!** Das Brainstorming kann auch der Ausgangspunkt sein, um gemeinsam bestimmte Aktionen oder Unternehmungen in der Gemeinde oder im Kirchenraum zu planen.

Positionsspiel: „Kirche ist ..." (M 1)

 Spruchkarten mit den Aussagen über Kirche (M 1)

 Die Aussagen liegen zugedeckt auf dem Boden verteilt, so dass immer etwas Platz dazwischen ist.
Die Gruppe steht um die Karten herum.
Zunächst wird die Aussage „Kirche ist ..." auf den Boden gelegt und dann werden alle anderen Zettel umgedreht.
Die Jugendlichen suchen zunächst die Aussage aus, die sie für zutreffend, anschließend diejenigen, die sie für nicht zutreffend halten.
Es schließt sich eine Gesprächsrunde an.

Kirchen-Karikaturen (M 2)

 Karikaturen (M 2) auf DIN-A4-Blätter vergrößert, Stuhlkreis, evtl. Plakat und Stifte

 Karikaturen liegen auf dem Boden.
Die Jugendlichen suchen sich die Karikatur aus, die am ehesten ihrem Bild von Kirche entspricht und erläutern ihre Wahl.

Alternative:
Scheren, Kleber; Wachsmaler oder Farben
Die Karikaturen können durch farbige Gestaltung, Überzeichnung oder andere Techniken verändert werden. Dabei steht die Frage nach dem eigenen „Wunschbild" von Kirche im Mittelpunkt. Das kann als Einzel- oder Teamarbeit ausgeführt werden.

Zur Vertiefung

Kirchenbausteine (M 3)

 Text aus der Apostelgeschichte (M 3); Kartons; Stifte

 Die Jugendlichen werden zunächst daran erinnert, dass die eigentliche „Geburtsstunde" der Kirche das Pfingstereignis ist (➜ Heiliger Geist; M 1). Die Gemeinde in Jerusalem war somit auch die Keimzelle der Kirche. Um einen Eindruck von dieser Anfangssituation zu erhalten, liest zunächst ein Jugendlicher den Text aus der Apostelgeschichte (M 3).

Alternativ kann der Artikel aus dem Bibelblatt (M 3) gelesen und in einer Gesprächsrunde nach dem ursprünglichen Bibeltext (M 3) gefragt werden. Dieser wird dann vorgelesen, wenn er im Gespräch nicht ausreichend rekonstruiert werden konnte.

Danach werden erste Eindrücke in der Gruppe gesammelt. Die Jugendlichen werden im Verlauf dieser Runde darüber informiert, dass dieser Text keine Beschreibung der tatsächlichen Situation sein wollte, sondern eine mahnende Idealisierung, denn in der Gemeinde „menschelte" es doch sehr.

Die Jugendlichen nehmen nun die Kartons und überlegen, welche „Bausteine" zum soeben gehörten Gemeinde-/Kirchenbild gehören. Jeder Karton wird an zwei gegenüberliegenden Seiten mit dem dazugehörigen Stichwort in Großbuchstaben beschriftet.

In einer zweiten Runde wird bedacht, welche weiteren „Bausteine" heute für das Leben einer christlichen Gemeinde notwendig wären und ergänzt. Auf den freien Seiten der „Bausteine" können Erfahrungen oder Anfragen notiert werden, die sich auf die Situation in der eigenen Gemeinde beziehen.

! Die „Kirchen-Bausteine" können z. B. zu einem *Kirchenbau* gestaltet und in einen Gottesdienst eingebracht werden oder zu einem Austausch mit anderen Gemeindemitgliedern dienen.

„Come in and find out" – Kirche(nraum) entdecken

☑ Lage- oder Wegeplan; Zugänglichkeit des gesamten Kirchenraumes (Sakristei, Krypta, Tauf/Kapelle; Toilette, Keller, Turm ...); Menschen, die etwas zu diesen Räumen/Orten sagen/erzählen können; Aktionen, Spiele, Quiz; großes Plakat; Stifte; Farben; Pinsel

Die Jugendlichen erhalten einen Lage- oder Wegeplan, mit dessen Hilfe sie die einzelnen „Stationen" des Kirchenraumes aufsuchen können.*
Mit einer Zeitvorgabe versehen, gehen sie auf ihren Erkundungsgang. An jeder Station erhalten sie ein Zeichen, dass sie dort gewesen sind.
An den verschiedenen Stationen sind kleine Aktionen vorbereitet oder stehen GesprächspartnerInnen bereit (OrganistIn spielt Orgel, KüsterIn lässt die Glocken läuten, MinistrantInnen sind in der Sakristei ...). Im Mittelpunkt steht die Entdeckung des Kirchenraumes als „Gotteshaus" und „gute Stube" der Gemeinde.

Am Ende der Entdeckungs- und Begegnungstour liegt ein großes Plakat mit der Überschrift der Aktion „Come in and find out" aus, auf dem Eindrücke und Empfindungen aller Beteiligten in Bild und Wort festgehalten werden.

> * In der dunklen Jahreszeit lässt sich diese Erkundung als Lichtergang gestalten, wodurch der Kirchenraum noch einmal anders wahrgenommen werden kann und andere Stimmungen möglich sind.

Hinweis: Die Methode lässt sich auch als **Gemeinderallye** *gestalten, bei der markante Orte, Einrichtungen, Dienste, Gruppen und wichtige Personen der Gemeinde entdeckt und vorgestellt werden.*

Zum Ausklang

Ein Traum (M 4)

Den Text vorlesen lassen oder gemeinsam lesen.

127

Kirche ist ...

nur etwas für alte Leute
nichts für Langschläfer
wichtig bei Hochzeiten und Beerdigungen
ein Ort zum Wohlfühlen
ein scheinheiliger Verein
die Gemeinschaft der ChristInnen
ein Stück Geborgenheit
nicht unbedingt notwendig, um Christ zu sein
ein positiver Kontrast zur Gesellschaft
auch nur menschlich und fehlerhaft
besser als ihr Ruf
eine bedeutende politische Kraft
zu sehr auf die Sexualmoral fixiert
eine Hilfe für mein Leben
viel zu spießig und bürgerlich
ein Notanker in schlechten Zeiten
eine soziale Hilfsorganisation
Anwältin des Friedens in der Welt
mehr als nur Pfarrer und Bischöfe
weit weg vom Leben Jugendlicher
ein Ort zum Menschsein
…
…

Das Leben in der Urgemeinde!?

[44] Alle, die zum Glauben gekommen waren, bildeten eine enge Gemeinschaft und taten ihren ganzen Besitz zusammen.
[45] Von Fall zu Fall verkauften sie Grundstücke und Wertgegenstände und verteilten den Erlös unter die Bedürftigen in der Gemeinde.
[46] Tag für Tag versammelten sie sich einmütig im Tempel, und in ihren Häusern hielten sie das Mahl des Herrn und aßen gemeinsam, mit jubelnder Freude und reinem Herzen.
[47] Sie priesen Gott und wurden vom ganzen Volk geachtet.
Der Herr aber führte ihnen jeden Tag weitere Menschen zu, die gerettet werden sollten.

(Apostelgeschichte 2,44–47; Text nach: Gute Nachricht. Bibel)

Gebt Gott die Ehre –
aber auch dem Mammon

Anhänger Jesu zu größerer Ausgabentätigkeit aufgerufen

Die Jerusalemer Geschäftswelt hat die neuen Jesus-Anhänger aufgefordert, nicht alles zu teilen.

„Es ist einfach lächerlich", sagte ein Sprecher der Jerusalemer Handelskammer. „Sie leben zusammen, sie haben alles gemeinsam und sie verkaufen ihren gesamten Besitz, um das Geld zu spenden. Das ist doch nicht mehr normal."

Gemeinschaft

Die Gläubigen leben in Gemeinschaften und praktizieren das, was sie „das Brot brechen" nennen.

„Ich gebe zu, dass sie jede Menge Brot und Wein kaufen", meinte der Sprecher. „Aber ein bisschen mehr Abwechslung täte gut. Sie könnten zum Beispiel auch Nudeln nehmen."

(aus: Nick Page, Bibelblatt. Der Weltbestseller in Schlagzeilen, Echter Verlag, Würzburg ⁴2003)

Ein Traum

Ich träume von einer Gemeinde, die mir zeigt, wie Christen miteinander leben.
Von einer Gemeinschaft, in der jeder seinen Platz hat, in der jeder Einzelne gekannt, geschätzt und akzeptiert wird. Wo es ohne Bedeutung ist, welches Image oder Prestige einer vorzuweisen hat, wo es keine Über- und Unterordnung gibt.

Ich träume von einer Gemeinde, deren Probleme nicht in der Auslegung kirchlicher Vorschriften bestehen und die ihre Energie nicht darauf verschwendet, perfekt organisiert zu sein, sondern die alles daran setzt, das Evangelium in ihrem Alltag zu leben.

Ich träume von einer Gemeinde, deren Mitglieder kein feierliches Sonntagsgesicht aufsetzen und bei denen Glauben und Leben nicht fein säuberlich getrennt wird.

Ich träume von einer Gemeinde, in der Freude und Fröhlichkeit wichtige Bestandteile sind und jeder spürt, dass Glaube Erlösung bedeutet.

Ich träume von einer Gemeinde, wie sie in der Apostelgeschichte beschrieben wird, wo die ersten Christen eng miteinander verbunden lebten und zusammengehalten wurden durch das, was die Apostel berichteten. Wo einer für den anderen Verantwortung empfand und das gemeinsame Mahl und das Gebet die verbindende Kraft war. Wo sie sich in Freude und Fröhlichkeit in ihren Häusern trafen und ein Herz und eine Seele waren.

Ich träume von einer solchen Gemeinde in unserer Zeit. Ich frage mich oft, ob noch andere davon träumen? Ich frage mich, wie dieser Traum ein Stück zur Wirklichkeit werden kann ...

(Martin Luther King)

Inhaltliche Überlegungen

1. LebensHunger

Du bist, was du isst!? Wenn es ums Essen geht, sind Jugendliche so verschieden, wie sie nur sein können.

- Gut die Hälfte der jungen Menschen zwischen 14 und 18 legt Wert auf „gesunde Ernährung", sprich auf „Bio-Produkte", vitaminreiche und ausgewogene Kost, Verzicht auf Fett etc.
- Die andere Hälfte ist weit nachlässiger und bevorzugt Fast Food, Süßigkeiten und Tiefkühlkost etc.
- In lediglich einem Viertel der Familien sind gemeinsame Mahlzeiten – z.B. auch an Werktagen – noch üblich. Regelfall sind SB-Laden ähnliche Zustände an der heimischen Mikrowelle mit anschließendem Völlegefühl.
- Nicht wenige junge Menschen sind auf Döner, Hamburger, Pizza & Co. angewiesen, wollen sie eine warme Mahlzeit am Tag.

Vielen Jugendlichen gehen wichtige Gemeinschaftserfahrungen am Tisch verloren, sie sind in dieser Hinsicht „arme Würstchen". Andererseits ist ihnen für die selbstständige Organisation ihres Alltags großer Respekt entgegen zu bringen. Sie erwerben sich schon früh Kompetenzen, sind echte „HaushaltsmanagerInnen".

Wir haben Hunger, Hunger, Hunger ... Wenn etwas das Lebensgefühl junger Menschen umschreibt, dann dieser Satz. Jugendliche haben Hunger – nach Leben, nach echter Beziehung, auch nach „wahrer Sättigung". Was macht sie satt, ohne sie „abzufüllen"? Wo bekommen sie „verdauliche Kost"? Wer bereitet ihnen etwas zu, „serviert", teilt aus? All diese bildlichen Umschreibungen zielen in die Alltagswelt, auf Erfahrungen junger Menschen, aber auch auf den Kern jeder christlichen Gemeinschaft: auf die Feier des Herrenmahls.

Essen und Trinken hält Leib und Seele zusammen – diese Weisheit erinnert daran, dass eine „Mahlzeit" ein kommunikatives Geschehen ist. Jugendliche erfahren das in erster Linie, wenn sie miteinander feiern: z.B. einen Geburtstag, zu dem sie einladen, den sie vorbereiten und gestalten ... Der konkrete Anlass hat mit ihrem Leben zu tun, die Form können sie sich selbst auswählen. In der Feier erleben sie sich als echte Menschen, ganzheitlich und authentisch. Und irgendwie fühlen sie sich dabei „unbeschreiblich glücklich", „verbunden mit der ganzen Welt", die sie „am liebsten umarmen würden".

Spätestens hier wird der Graben wahrzunehmen sein, der sich zwischen jugendlicher Alltagswelt und liturgischem Geschehen schiebt. Gottesdienstliche Feiern, die sich nur in festen Formen und Formeln ergehen, laufen Gefahr, zur „Einbahnstraßen-Kommunikation" zu werden mit einer liturgischen (Fremd)Sprache, ohne Lebensbezug in den Gebeten und Liedern. Das ist gegenläufig zur jugendlichen Lebensstimmung. Und dabei hätte Liturgie einiges zu bieten ...

2. Gottes ⇔ Dienst ⇔ Feiern

Im Christentum gibt es Gebet, rituelle Vollzüge und Liturgie wie in vielen anderen Religionen auch. Wir Christen bezeugen und reagieren im Gottesdienst auf Gottes Selbstmitteilung, in besonderer Weise durch seinen Sohn Jesus Christus. Im Gebet sprechen wir zu Gott, der uns seinen Namen „Ich bin der Ich-bin-da" geoffenbart hat, im Feiern gedenken wir der Taten Gottes in der Geschichte. In der Liturgie ruft Gott selbst sein Volk zusammen, und wir danken Gott für seine zuvorkommende Initiative auf uns Menschen zu.

Gottesdienst ist also zunächst Gottes heilvolles Handeln an uns, sein Interesse am Gelingen unseres Lebens, sein Dienst, sein *„service"* (engl. für Gottesdienst) an uns. Umgekehrt „dienen" wir Gott, indem wir ihm für seine Taten danken, ihn loben und preisen. Unser Lobpreis und unser Dank geschehen nicht mit leeren Händen. In den Zeichen von Brot und Wein bringen wir uns und unser Leben durch Christus vor Gott: Was wir geschafft und gewirkt haben, verdanken wir ihm. Und was uns fehlt, wonach wir uns sehnen, wonach wir Hunger („Brot") und Durst („Wein") haben, das soll von ihm ergänzt, erfüllt und geschenkt werden.

Eucharistie ist die große Feier des Dankes und des Erinnerns an Jesu Tod und Auferstehung. Wir reihen uns ein in die Gemeinschaft der Glaubenden, die Gottes Wirken feiert, ihm dankt und ihn lobt. Eucharistie feiern heißt Kirche leben, denn Liturgie ist der höchste Selbstvollzug der Kirche. Sie, die Kirche, kommt hier zu einem Höhepunkt ihres eigentlichen Tuns, der zugleich ihre Quelle ist.

> „Die Liturgie ist der Höhepunkt, dem das Tun der Kirche zustrebt, und zugleich die Quelle, aus der all ihre Kraft strömt ... Aus der Liturgie, besonders aus der Eucharistie, fließt uns wie aus einer Quelle die Gnade zu; in höchstem Maß werden in Christus die Heiligung der Menschen und die Verherrlichung Gottes verwirklicht, auf die alles Tun der Kirche als auf sein Ziel hinstrebt."
>
> *(Liturgiekonstitution 10)*

Wir können wir die Quelle nicht versiegen lassen, auch wenn oder gerade weil sich diese Aussagen nur selten noch mit den Erfahrungen heutiger (junger) Christen decken. Im Rahmen der Firmvorbereitung ist eine gestufte Hinführung zur Eucharistie notwendig, jedoch nur ansatzweise leistbar. Erste wichtige Zugänge zur Liturgie der Eucharistiefeier eröffnen oftmals

⇒ Meditationen,
⇒ Früh-/Spätschichten,
⇒ Gruppengottesdienste,
⇒ Jugendwallfahrten,
⇒ Tage im Kloster.

Hier können Jugendliche erfahren, wie es ist, gemeinsam um Worte zu ringen, die ihr Innerstes auszudrücken versuchen, die Situation der Gruppe vor Gott zur Sprache zu bringen oder ein Thema im Gottesdienst zu entfalten. Die größeren Gestaltungsmöglichkeiten (Raumwahl, Beteiligung durch Gesten und Haltungen, Gebete) lassen ausreichend Spielraum für jugendgemäße Ausdrucksformen.

Eucharistie: Dank sagen

Eucharistie ist die **Feier von Tod und Auferweckung Jesu Christi**. Das griechische Wort Eucharistie setzt sich so zusammen:

„eu"	=	g u t,
„charis"	=	Geschenk,
„eucharistein"	=	sich reich beschenkt dankend verhalten,
„eucharistia"	=	Danksagung.

An vier Stellen wird im Neuen Testament vom **letzten Abendmahl** Jesu mit seinen Jüngern erzählt: Mt 26,26–29; Mk 14,22–25; Lk 22,17–20; 1 Kor 11,23–26. Im Unterschied zu anderen Mahlerzählungen in den Evangelien deutet Jesus beim letzten Abendmahl sein bevorstehendes Sterben. Er hat das Brechen und Darbieten des Brotes und das Reichen des Segensbechers mit den Worten verbunden: „das ist mein Leib – hingegeben für euch", „das ist mein Blut des Bundes – für euch und alle vergossen". Er schließt mit dem Auftrag: „Tut dies zu meinem Gedächtnis" und mit einer Äußerung der Zuversicht: „Ich werde nicht mehr von der Frucht des Weinstocks trinken bis zu dem Tag, an dem ich von neuem davon trinke im Reich Gottes." Jesus stellt sich und sein Geschick ganz in den Horizont der Gottesherrschaft, in dem er auch seine Botschaft verkündet und gelebt hat.

Die Emmausjünger erfahren ihn nach seinem Tod als in einer neuen Weise gegenwärtig: „Da ging er mit hinein, *um bei ihnen zu bleiben*. Und als er mit ihnen bei Tisch war, nahm er das Brot, sprach den Lobpreis, brach das Brot und gab es ihnen. Da gingen ihnen die Augen auf, und sie erkannten ihn" (Lk 24,29b–31a). Es ist die gläubige Gewissheit seiner Anwesenheit im Geist Gottes. Wir stehen auf den Schultern dieser Zeugen und können so glauben, dass Jesus Christus als der Auferweckte selbst im Wort und im Sakrament gegenwärtig ist.

Gemäß dem Auftragswort Jesu feierten die Christinnen und Christen von Anfang an das **„Herrenmahl"**, das auch einfach „Brotbrechen" heißen kann. Am ersten Tag der Woche, in Erinnerung an den Ostertag, versammelten sie sich in Privathäusern und feierten im gemeinsamen Mahl Jesu Tod und Auferweckung: „Tag für Tag verharrten sie einmütig im Tempel, brachen in ihren Häusern das Brot und hielten miteinander Mahl in der Freude und Einfalt des Herzens" (Apg 2,46).

Die Feier der dankbaren Erinnerung an Jesu Tod und Auferweckung hat eine weitere Dimension, die in Jesu Deuteworten grundgelegt ist. Das „Für-Sein" Jesu wird verstanden als Selbsthingabe: beim Abendmahl an die Seinen und am Kreuz in die Hände seines Vaters. In der Auferweckung Jesu manifestiert Gott den Sieg des Lebens über Sünde und Tod. Eucharistie feiern heißt also, sich dankend an Gottes Machterweise in der Sendung seines Sohnes Jesus Christus zu erinnern und Dank zu sagen für Gottes erlösendes Handeln.

3. Brot und Wein sollen uns zum Zeichen sein ...

Wir kommen nicht mit leeren Händen – Zentrale Symbole der Eucharistiefeier sind Brot und Wein. Wenn wir sie zum Altar tragen, bringen wir mit ihnen uns und unser Leben vor Gott: Im Brot all unsere Arbeit und Beschäftigung, unsere Aufgaben und Bemühungen, alles, was wir zum Leben brauchen; im Wein, der aus Trauben gepresst ist, all unsere Mühen und Misserfolge, unsere Verzagtheit und Angst, aber auch unsere Freude und Lebenslust. Alles, was unserem Leben Farbe gibt ...

Wir gehen nicht mit vollem Magen – Jesus hat immer wieder mit seinen Freunden, mit Zöllnern und Sündern gemeinsam gegessen und getrunken. Er hat das Reich Gottes oft mit einem großen Festmahl verglichen. Das Besondere der Mahlgemeinschaft verdeutlicht der Wein als Ausdruck der Festfreude. Der Alltag wird aufgebrochen und überschritten. Freilich setzt die Eucharistiefeier weder auf grenzenlosen Überfluss noch schöpft sie aus dem Vollen, was den Genuss angeht.

⇒ So etwas kennen wir eher vom Kinobesuch: Auch hier verlassen wir den Alltag – und genießen dabei Popkorn aus riesigen Eimern, gemischt mit Cola und Eis. Abgefüllt und vollgestopft treten wir wieder ans Tageslicht.

Wie behutsam sind dagegen die Zeichen von Brot und Wein, und zugleich wie übervoll und reich, Symbol für den lebendigen und Leben spendenden Gott. Die Erfahrung des Brotkauens und der Geschmack von Brot ist vielen Jugendlichen neu. Sie sind es nicht mehr gewohnt, einfach „nur" Brot zu essen. Auch das Teilen von Brot – also nicht alles oder das größte Stück für sich zu behalten – ist eine oftmals neue Erfahrung. Kleinteilig – im wahrsten Sinn des Wortes – teilt Gott sich uns mit, im trockenen Brot, in „kleinen Happen", damit wir uns nicht „verschlucken", damit wir Stück für Stück genießen und verdauen können. Er teilt sich uns so mit, dass wir ihn einverleiben können. So gehen wir gut gestärkt.

„Wandle mit den Gaben von Brot und Wein auch uns ...", spricht der Priester im Hochgebet. Wir werden daran erinnert, dass der Empfang der eucharistischen Gaben uns verändert. Wir leben in der Hoffnung auf Wandlung unserer beschränkten Möglichkeiten und unserer selbst gesetzten Grenzen. Wir sollen selbst zur Gabe werden, die Gott wohlgefällt, d.h. Brot für die Menschen, die Hunger – in welcher Form auch immer – leiden. Weil Jugendliche solchen Hunger haben, dürfen wir ihnen das Brot nicht verweigern, sondern sollen selbst diese Nahrung für sie sein. Die Gesten der Eucharistiefeier bringen es zeichenhaft zum Ausdruck: Wir sind eingebunden in das Leben und Schicksal Jesu Christi, im Teilen von Brot und Wein gibt er uns Anteil daran und verbindet uns zu einer Gemeinschaft.

Methodische Überlegungen

Zum Einstieg

Was uns schmeckt – Häppchen^{weise}

☑ Für alle Jugendlichen sind je drei unterschiedliche „Kostproben" vorzubereiten. Da sich die Gruppe teilt, müssen insgesamt sechs verschiedene Speisen probiert werden können.
Tücher zum Verbinden der Augen.

👥 Die Gruppe teilt sich in zwei Hälften, von denen eine die Augen verbunden bekommt. Die sehenden Jugendlichen füttern nun die „Blinden". Diese sollen sich ganz auf das Essen (Riechen, Schmecken, Fühlen im Mund, Kauen, Schlucken etc.) konzentrieren. Nach jedem Happen tauschen sich Sehende und „Blinde" kurz aus.
Sind alle drei Speisen verzehrt, werden die Rollen getauscht.
Am Ende des zweiten Durchgangs äußern sich die Jugendlichen über ihr Erleben:
⇒ Was hat mir gut geschmeckt, was weniger? Warum?
⇒ Gab es Neues zu entdecken?
⇒ Hatte ich Vertrauen, dass ich nichts Ungenießbares zu Essen bekomme?

Alltagsriten (M 1)

☑ Die Jugendlichen haben rechtzeitig ein kleines Tagebuch erhalten, in das sie einen Tag oder ein Wochenende lang alles eingetragen haben, was sich regelmäßig wiederholt und was ihren Alltag prägt. Dabei geht es vor allem um „rituelle" bzw. ritualisierte Handlungen, z.B. am Morgen: Aufstehritus, duschen/waschen, sich schön machen, frühstücken ...

👥 Die Jugendlichen erzählen anhand der Aufzeichnungen von ihren Riten und tauschen sich über Gleiches/Ähnliches und Unterschiedliches aus.

Schreibgespräch „Danke"

☑ Ein großes Plakat oder eine Tapetenrolle mit der Aufschrift „Ich danke für ..." oder „Ich danke, wenn ..."; Stifte für alle

👥 Beim Schreibgespräch läuft die Kommunikation ausschließlich über geschriebene Sätze, Worte,

Zeichen ... Auf die Rechtschreibung kommt es dabei nicht an.
Die Jugendlichen ergänzen den Satz durch Stichworte, die sie auf das Plakat schreiben. Sie können auch andere „Wortmeldungen" ergänzen, mit Fragezeichen versehen, unterstreichen, Verbindungslinien zwischen ähnlichen Äußerungen ziehen etc.
In einem kurzen Auswertungsgespräch kann deutlich werden, dass die Dinge, für die ich danke, mein Leben bereichern, mich aufleben lassen, mir gut tun.
Zielsatz: In der Eucharistiefeier danken wir Gott.

Zur Vertiefung

„Kirchenbesetzung" (M 2)

☑ Musik-CD und Abspielgerät; für jeden Jugendlichen fünf farbige Punkte (aus Papier ausgeschnitten).

👥 Die Gruppe begibt sich in die Kirche. Die Jugendlichen bewegen sich zu Musik frei im Kirchenraum und „erobern" im langsamen Gehen die ganze Kirche. Dabei achten sie auf das Spiel und die Farben des Lichtes, auf Gerüche, Geräusche, Wärme, Kälte, Höhe des Raumes, Weite, Enge ...
Die Jugendlichen verteilen ihre fünf Punkte an Stellen in der Kirche, an denen sie sich wohl fühlen. Anschließend begeben sich alle an die Orte, die für sie besonders interessant sind oder die zum Fragen reizen. Hier gibt es jeweils einen kurzen Austausch zur Standortwahl. Liturgische Orte, die noch nicht erschlossen sind, werden dann gemeinsam angeschaut und erklärt.
Die Jugendlichen erhalten nun die Vorlage „Die Feier der heiligen Messe". Sie ordnen die Bedeutungen der Handlungen dem Verlauf und den Orten der Messfeier zu.

Hinführung zur Eucharistie – „Liturgische Bausteine"

Jugendliche sind weitgehend „Eucharistie-entwöhnt" und brauchen eine schrittweise Hinführung zu dieser „liturgischen Hochform". Dabei wird deutlich, dass Alltägliches eine besondere Bedeutung erfährt und dadurch verändert wird:

⇒ Der Raum wird besonders hergerichtet und gestaltet.
⇒ Die Zeit scheint einen Moment still zu stehen.
⇒ Die Menschen finden und schwingen sich in diese Atmosphäre ein.
⇒ Haltungen bekommen eine tiefere Bedeutung und werden bewusster wahrgenommen.
⇒ Gegenstände werden zu „durchscheinenden" Symbolen.

➜ Meditationsformen

Im Baustein „Gebet ▪ Meditation" sind verschiedene Formen vorgestellt (➜ S. 166).

➜ Wort-Gottes-Feier

Die Gegenwart Gottes in seinem Wort feiert die Gemeinde/Gruppe, wenn sie sich um den Tisch des Wortes (Ambo) versammelt. Einführende Gedanken, Gebete und Lieder bereiten die Begegnung mit dem „Wort des lebendigen Gottes" oder umgekehrt: mit dem „lebendigen Gott in seinem Wort" vor. Daran kann sich ein (Predigt-)Gespräch anschließen, in dem die Jugendlichen sich und ihr Leben in Bezug zum Schriftwort setzen. Fürbitten, das Vaterunser mit Friedensgruß und ein Segensgebet schließen diese gottesdienstliche Feier ab.

➜ Agape-Feier[1]

In Besinnung auf die schöpferischen Anfänge ist diese christliche Versammlungsform wieder entdeckt worden. Zu ihrer Besonderheit gehört, dass sie nicht auf eine Form festgelegt ist, sondern sich entsprechend der Anlässe verändert. Zentral ist das gemeinsame (Sättigungs-) Mahl, in dem der Leben spendende Gott erfahrbar wird und die Mahltradition Jesu erfahrbar bleibt. Einzelne Schritte sind: sich als Gemeinde versammeln, Wort und Speise teilen, in die Welt gesandt werden.

➜ Gruppengottesdienst

In Absprache mit dem Priester kann die Firmgruppe die Eucharistie feiern. Hier gelten besondere Bestimmungen, die „eine stärker dem Leben und der Vorstellungswelt des heutigen Menschen angepasste Form der Messfeier möglich" machen (Messfeiern kleinerer Gemeinschaften, Nr. 9). So kann der Gruppengottesdienst auch außerhalb der

Kirche, z. B. im Pfarrheim, gefeiert werden. Die Jugendlichen können sich in Gestik und Körper-/ Gebetshaltungen einbringen, Umformulierungen der Gebete sind möglich, die Ein- und Überleitungen können frei formuliert werden.

➜ Eucharistiefeier als Jugendgottesdienst[2]

Im Rahmen der Firmvorbereitung ist es sinnvoll, die Eucharistie in und mit der Gemeinde zu feiern. Dabei stehen die Anliegen der Jugendlichen und der Firmung deutlich im Vordergrund. Einzelne Elemente des Gottesdienstes werden in Absprache mit dem Priester von den Jugendlichen vorbereitet und gestaltet, z. B. eine Statio zu Beginn, ein Fürbitt-Aktion, eine Gabenprozession, der Friedensgruß, eine Segensgeste.

➜ Miteinander Mahl halten

Das Thema „Eucharistie – Mahl halten" kann ein guter Anlass sein, einmal zusammen zu essen. Gemeinsam kochen, den Tisch einfach, aber festlich decken, das Essen zu einer kleinen Feier gestalten – all das kann erfahren lassen, was es heißt, Mahl zu halten. In Weiterführung dieser thematischen Einheit können sich auch Gestaltungselemente für einen Gottesdienst ergeben.

Dies wird die Gruppe motivieren, zur Eucharistiefeier zu gehen, und zeigt zugleich: Wir können hier etwas gestalten und uns so im Gottesdienst wiederfinden. Im Anschluss an den Sonntagsgottesdienst können die Jugendlichen gemeinsam etwas unternehmen.

Zum Ausklang

Brotmeditation

BROTTEILEN – „Ein Wort für mich und Brot für den Weg"

Zum Abschluss des Gruppentreffens wird der Tisch mit einer Kerze und Blumen einfach gedeckt. Brot liegt in der Mitte. Nach der Einleitung beginnt eine meditative Stille – unterlegt mit entsprechender Musik –, in der die eine dem anderen aus der Gruppe ein Stück Brot geben kann. Dazu kann ein Satz aus dem Evangelium gesagt werden, der vielleicht zu der betreffenden Person passt. Auch ein persönlicher Gedanke bietet sich an, den man mit dem Stück Brot auf eine Person hin verbindet. Dieses Brotteilen kann auch ein Element einer Agapefeier sein, die sich an eine Wort-Gottes-Feier anschließen könnte.

---

1 Literaturhinweis: Agape feiern. Grundlagen und Modelle, Edition Exodus, Luzern 2002.
2 Literaturhinweis: Materialbrief Gebet und Gottesdienst mit jungen Menschen, hrsg. v. Deutscher Katecheten-Verein e.V., München, jährlich zehn Hefte.

Mein kleines Tagebuch

Was mein Leben täglich prägt und meinen Alltag strukturiert.

Du hast ein kleines Tagebuch vor dir. Vielleicht führst du auch sonst ein solches Tagebuch ... Trage in den nächsten Tagen darin alles ein, was deinen Alltag ausmacht, was dein Leben prägt, z.B. dein Aufstehritual am Morgen, was sich in der Schule/am Arbeitsplatz wiederholt, welche Rituale du in deiner Freizeit oder am Abend zwischen Tag und Nacht pflegst ...

Meine Zeitleiste	Meine kleinen Rituale

Die Feier der Heiligen Messe

Eröffnung

Einzug

Begrüßung
Die Feier beginnt mit dem Kreuzzeichen. Mit dem Ruf „Der Herr sei mit euch" begrüßt der Priester die versammelten Gläubigen und ruft ihnen die Gegenwart des Herrn ins Bewusstsein.

Allgemeines Schuldbekenntnis
Die Gemeinde bekennt sich als Gemeinde von Sündern und bittet Gott um Erbarmen.

Kyrie und Gloria
Nun preist sie den dreieinigen Gott.

Tagesgebet
Der Priester betet im Namen aller zu Gott, dem Vater.

Wortgottesdienst

Lesung
Gott spricht zu uns im Wort der Bibel.

Zwischengesang
Die Gemeinde antwortet betend.

Evangelium
Die Frohe Botschaft von Jesus Christus. Er ist gegenwärtig im Wort.

Predigt
Der Prediger legt die Botschaft für die Gemeinde hier und heute aus.

Glaubensbekenntnis und Fürbitten
Die Gemeinde antwortet im Bekenntnis des Glaubens und im Gebet für die Kirche, für alle Menschen und für das Heil der ganzen Welt.

Eucharistiefeier

Gabenbereitung
Brot und Wein sind Elemente, die Christus beim Abendmahl nahm. Sie sind auch Zeichen unserer Hingabe an Gott.

Gabengebet
Der Priester bittet Gott für alle um die rechte Mitfeier des Opfers Christi.

Hochgebet
Der Priester spricht das große Dankgebet: Er dankt Gott für die Schöpfung, für Jesus Christus und unsere Erlösung. Brot und Wein werden Leib und Blut Christi (Wandlung), Opfergabe und Speise für uns. Die Gemeinde beteiligt sich an diesem Gebet durch zustimmende Rufe: Heilig, heilig, heilig ... Deinen Tod, o Herr, verkünden wir ... Amen.

Vaterunser
„Gebet der Kinder Gottes."

Friedensgruß
Priester und Gemeinde sprechen sich den Frieden Christi zu.

„Lamm Gottes"
Gesang zur Brotbrechung

Kommunion
Alle erhalten Anteil am Leib Christi, sie lassen sich von ihm nähren und werden mit Christus und untereinander verbunden.

Schlussgebet
Der Priester bittet um die „Frucht" dieser Kommunion im Alltag und für die Ewigkeit.

Entlassung

Vermeldungen
Aktuelle Hinweise für das gemeindliche Leben.

Segen
Die Feier schließt im Namen des dreifaltigen Gottes. Die Gemeinde wird neu in ihren Dienst an der Welt ausgesandt.

Inhaltliche Überlegungen

Vorbemerkung:

Dieser Baustein hat zwei Aspekte, die jeweils für sich stehen können, sich aber dennoch aufeinander beziehen: die inhaltliche Auseinandersetzung mit den Lebens(An)Geboten und die Vorbereitung und liturgische Gestaltung des Festes der Versöhnung. Damit ausreichend Zeit bleibt, bietet sich dazu ein Wochenende inner- oder außerhalb der Gemeinde an. Neben einer Bußfeier sollten auch Möglichkeiten zum persönlichen Beichtgespräch gegeben sein. Die Jugendlichen haben erfahrungsgemäß einen eher unverkrampften Zugang zum Bußsakrament.

1. LebensAngebote

„Das Leben ist schön", so lautet der Titel eines Filmes, dessen Geschichte in einer gar nicht „schönen" Zeit spielt.

Der italienische Regisseur und Schauspieler Roberto Benigni erzählt von dem kleinen Giosue, seinem jüdischen Vater Guido und seiner nicht-jüdischen Mutter Dora, die während der Besatzung Frankreichs durch die Nazis ins Konzentrationslager geraten. Die Umstände verheißen nicht gerade ein schönes Leben. Doch der Vater tarnt seine Angst und nutzt alle Phantasie und innere Kraft, um seinem Jungen das Schöne des Lebens erleben zu lassen. Die Situation ist bizarr. Die Mutter ist aus Liebe freiwillig mit ins Konzentrationslager gegangen, und der Vater „nimmt sich die Freiheit", seinem kleinen Sohn eine schönere Welt „vorzuspielen", als sie tatsächlich in dieser realen Hölle existiert.

Liebe und Verantwortung, Freiheit und Hoffnung geraten an ihre Grenzen. Denn was diese drei zu leben versuchen, steht in einem eklatanten Widerspruch zu dem System aus Bosheit und Gewalt, Unrecht und Willkür, das sie umgibt. Damit stellt der Film sehr radikal die Fragen nach Gut und Böse, Richtig und Falsch, Menschlichkeit und Unmenschlichkeit – und auch nach Gott.

„Gott sah alles an, was er gemacht hatte: Es war sehr gut" (Gen 1,31). So endet der sechste Schöpfungstag nach dem Zeugnis der Genesis. Auf den Menschen hin veranschaulicht die Erzählung vom Paradies das Lebensangebot Gottes.

⇒ Der „Baum der Erkenntnis" ist die andere Seite der Freiheit des Menschen: Er kann sich *für* alle Früchte entscheiden, nur an diesem einen Baum ist seine Freiheit gefordert, sich *dagegen* zu entscheiden. Erst durch diese Unterscheidung ist der Mensch wirklich zur Freiheit berufen. Und durch die Verbindung von „LebensAngebot" und „LebensGebot" erwächst die menschliche Verantwortung: Rede und Antwort zu stehen für das, was man tut oder lässt.

Was Menschen sich wünschen, ist ein „Happy End" – im Kino wie im Leben. Dieser Wunsch „ist so alt wie der – aus dem Paradies vertriebene – Mensch selbst" (Klaus Gronenborn, Journalist). Denn wir wissen, dass uns die geschenkte Freiheit nicht nur die Vertreibung aus dem Paradies eingebracht hat, sondern so manches kleine und große Ungemach im Verlauf der Menschheitsgeschichte. Wir hoffen „auf einen glücklichen Ausgang" (Alexander Kluge, Schriftsteller), denn wir wählen nicht immer das Leben und entscheiden uns nicht immer für das Gute und Richtige.

2. LebensGebote

Die „Zehn Gebote" umschreiben eine bestimmte LebensArt: Sie sind keine engherzigen Verbote. Sie sollen dem Volk Israel vielmehr helfen, das LebensAngebot Gottes anzunehmen und zu gestalten. Dazu gehören das Zusammenleben in Gemeinschaft wie das Bekenntnis zum Gott der Väter. Denn er ist der „Garant" des Lebens und der Freiheit.

Gottes Zuspruch steht vor jedem „Anspruch"! Denn dem Bundesschluss am Sinai, der durch die Übergabe der sog. Gesetzestafeln an Moses besiegelt wird, geht die Befreiung Israels aus der ägyptischen Sklaverei voraus. Daher steht die Erinnerung an dieses Ereignis auch den „LebensRegeln" der Zehn Gebote voran (➔ **M 2 b:** hier finden Sie den biblischen Text): *„Dann sprach Gott alle diese Worte: Ich bin Jahwe, dein Gott, der dich aus Ägypten herausgeführt hat, aus dem Sklavenhaus"* (Ex 20,1 ff).

⇒ **Das erste Gebot** richtet sich gegen die Verehrung falscher Götter. Für Juden und Christen beinhaltet es die Aufforderung, sich unbeirrbar zum wahrhaft befreienden Gott zu bekennen und ihm allein zu vertrauen. Die falschen, versklavenden Götzen unserer Zeit heißen z.B. Macht und Erfolg, Ruhm und Geld, Körperkult und Jugendwahn, Genuß und Spaß.

⇒ **Das zweite Gebot** warnt davor, sich in falscher Weise auf Gott zu berufen. Wo man sich auf ihn beruft, um „im Namen Gottes" Leben und Freiheit der Menschen zu beeinträchtigen, wird der Name Gottes missbraucht.

⇒ **Das dritte Gebot** ermahnt den Menschen, sich nicht in Betriebsamkeit und Leistungsstreben zu verlieren. An jedem siebten Tag soll er an der schöpferischen Ruhe Gottes teilnehmen, für Gott und sich selbst Zeit haben und sich von Gott neu schaffen, erneuern lassen.

⇒ **Das vierte Gebot** ist eine Warnung: ein Volk, in dem die junge Generation für die alt gewordenen Eltern nicht mehr sorgt, kann keinen Bestand haben.

⇒ **Das fünfte Gebot** schützt vor allem jene, die sich nicht wehren können. ChristInnen sehen darin nicht nur das Verbot zu töten, sondern mehr noch die Aufforderung, für die Lebensrechte aller sowie für Leben fördernde Bedingungen einzutreten.

⇒ **Das sechste und das neunte Gebot** zielen darauf, die Lebensgemeinschaft von Mann und Frau, die eheliche Liebe, die ein Abbild der Treue Gottes sein soll, vor der Zerstörung durch Eigensucht zu bewahren.

⇒ **Das achte Gebot** mahnt an, dass keine Gemeinschaft Bestand hat, wenn Täuschung, Lüge und Unzuverlässigkeit das Vertrauen zerstören.

⇒ **Das siebte und das zehnte Gebot** weisen darauf hin, dass sichere und geordnete Besitzverhältnisse eine unerlässliche Bedingung für ein gutes Zusammenleben der Menschen darstellen. Dabei geht es nicht allein um den Schutz des Eigentums. Wer Eigentum besitzt, muss gewissenhaft damit umgehen; er hat es nicht nur für sich, er ist verpflichtet, damit auch anderen Gutes zu tun.

(siehe: Grundriss des Glaubens, S. 212 ff)

> Laut einer Emnid-Umfrage aus dem Jahr 2000 gaben über 90 Prozent der Befragten an, die Zehn Gebote zu kennen. „Du sollst nicht töten!" war für fast alle Befragten das wichtigste Gebot. Dann folgten die Gebote, Vater und Mutter zu ehren und nicht die Ehe zu brechen.

Jesu Liebesgebot – das „Herzstück" aller Lebensregeln: Als Jesus nach dem wichtigsten Gebot gefragt wird, greift er eine Formulierung auf, die bereits zu den Grundregeln des alttestamentlichen Glaubens gehört und zu jenen Regeln gezählt wurde, die das friedliche Zusammenleben des Volkes Israel sichern sollten:

⇒ *„Du sollst den Herrn, deinen Gott, lieben mit ganzem Herzen, mit ganzer Seele* und mit all deinen Gedanken. Das ist das wichtigste und erste Gebot.
Ebenso wichtig ist das zweite: *Du sollst deinen Nächsten lieben wie dich selbst.* An diesen beiden Geboten hängt das ganze Gesetz samt den Propheten" (Mt 22,37–40; vgl. Lev 19,18).

3. Umkehr, Buße und Vergebung

Sünde ist LebensVerweigerung:

⇒ dass ich mich selbst dem Leben verweigere. Meine engen Grenzen, meine Ohnmacht, meine Ängste ... hindern mich am Leben in Fülle;

⇒ dass ich dem Nächsten das Leben verweigere, ihn einschränke durch einen falschen Gebrauch meiner Freiheit, durch meine Schuld;

⇒ dass ich mich der Beziehung zu Gott verweigere und sein LebensAngebot ausschlage.

Nicht jede Schuld ist Sünde! So gibt es Situationen, in denen wir die Folgen unseres Tuns nicht abschätzen können, oder wo wir etwas anderes beabsichtigt haben, als dann letztlich geschah. Nicht jedes Fehlverhalten fällt somit in gleicher Weise auf den Verursacher zurück. Aber verantworten – Rede und Antwort stehen – müssen wir immer.

Jugendliche suchen noch nach ihren LebensWerten und ver*suchen* mit LebensRegeln (anders) umzugehen. Dazu gehört das Erproben und Ausloten von Werten und Idealen, Regeln sowie Ge- und Verboten, die für die eigene Freiheit gelten können. Das geschieht selten ohne „Fehler und Pannen".

Gerade im Bezug auf Freiheit, Verantwortung und Schuld sind junge Leute sehr sensibel. Die Maßstäbe und Erfahrungen Erwachsener lassen sie für sich nicht ohne weiteres gelten. Bestätigung für das Gelingende und LebensWerte ist mindestens so wichtig wie die Ermutigung zur Vermeidung oder Korrektur begangener Fehler oder auch dem notwendigen Eingeständnis von Versagen und Schuld. Auch hier gilt es im Geiste Jesu Christi zu handeln: Der Zuspruch steht vor dem Anspruch!

Umkehr und Versöhnung – heute kaum angesagt:

⇒ „Der größte Fehler ist der, sich erwischen zu lassen."

⇒ „Schuld sind immer die anderen – oder die Gesellschaft."

⇒ „Ich entschuldige mich", statt: „Ich bitte um Verzeihung!"

Gerade Persönlichkeiten des öffentlichen Interesses wie Politiker, Wirtschaftsbosse oder Sportler demonstrieren all zu oft Eigensucht, Machtgier oder auch Feigheit. Es wird geleugnet und gelogen, vertuscht und ausgesessen ...

Der Umgang mit Schuld will „gelernt" sein. Sie kann niederdrückend und zerstörerisch für die Täter wie für die Opfer sein. Gottes Angebot an die verfehlte Freiheit lautet „Umkehr und Buße". Dies ist der Weg, auf dem der Mensch lernen soll / kann, mit seiner Schuld umzugehen: sich der Verantwortung für das eigene Handeln stellen und den Umgang mit der eigenen Freiheit neu gestalten.

„Wenn aber die Umkehr einen lebenslangen Prozess darstellt, so wird gleichzeitig ersichtlich, worin die eigentliche Versuchung des Menschen besteht: dass er resigniert, sich fallen lässt, verzweifelt." *(Josef Imbach, Philosoph und Theologe)*

4. Versöhnung – in Form gebracht

Wir kennen unterschiedliche Situationen und Formen menschlicher Versöhnung:

⇒ **in der Familie oder im Freundeskreis:** durch ein versöhnendes Gespräch; die Geste der Umarmung oder einfach ein Lächeln, wodurch entstandene Verunsicherung und Distanz wieder aufgehoben werden.

⇒ **im öffentlichen Raum:** durch Staatsbesuche und Friedens- oder Freundschaftsverträge zwischen ehemals verfeindeten Staaten; durch den „Bruderkuss" oder die Umarmung zwischen Staatsoberhäuptern; durch Erklärungen, den offiziellen Austausch von Geschenken oder Feiern zwischen konkurrierenden Gruppen innerhalb einer Gesellschaft oder eines Landes etc.

⇒ **in den Religionen:** durch Symbole, Gesten, Rituale und Feste, die den Menschen mit Gott oder den Göttern versöhnen sollen oder den Menschen Versöhnung „von oben" zusprechen; aber auch die Ermahnung zur Versöhnung unter den Menschen durch „göttliche Initiative".

Die Kirche bietet an vielen Stellen *Raum* zur Vergebung und Versöhnung an: Dies bezieht sich sowohl auf den Kirchen*raum* im engeren Sinne wie auf die Liturgie der Gemeinde. In Symbolen, Riten und Gebeten werden Umkehr und Versöhnung aktuell:

⇒ im Weihwasser am Eingang der Kirche (Erinnerung an die Taufe = Vergebung und Erlösung) und im Zeichen des Kreuzes;

⇒ im Schuldbekenntnis und im Kyrie;

⇒ im Hören des Wortes Gottes und auch im Credo der Gemeinde;

⇒ im Vaterunser und im Friedensgruß;

⇒ besonders aber im Eucharistieempfang

⇒ und in den Segnungen der gottesdienstlichen Feier.

Im eigentlichen Sinne sollte die Gemeinde als Ganzes ein *Erfahrungs*raum der Umkehr und Versöhnung sein.

Nur wo Licht ist, ist auch Schatten: „Schau nicht auf unsere Sünden, sondern auf den Glauben deiner Kirche ..." – so heißt es in den Gebeten der Messfeier. Denn Gottes Zuspruch im Guten ist der Weg, auf dem er dem Menschen auch in seiner Schuld und seinem Versagen begegnen will. Denn nur wo Licht ist, ist auch Schatten. Die Ermutigung zum Guten ist die beste „Vorsorge" gegen das Böse.

Das Fest der Versöhnung (Bußsakrament) ist ein wichtiger Bestandteil christlicher LebensArt. Hier bekommt der schuldig gewordene Mensch ganz persönlich die zur Umkehr rufende und Vergebung verheißende Liebe Gottes zugesprochen. Dies sollte den Jugendlichen auf eine lebendige und erfahrungsbezogene Weise nahegebracht werden.

⇒ In den Gemeinden werden schon heute neue und ergänzende Wege gestaltet, die die jungen ChristInnen zusammen mit ihren KatechetInnen Gottes versöhnende Liebe erfahren lassen (z.B.: Nacht der Versöhnung).

⇒ Im Anschluss an die meditativ gestalteten Versöhnungsfeiern / Bußgottesdienste können Beichtgespräche (Gemeindepfarrer, evtl. „fremde" Priester) angeboten werden. Erfahrungsgemäß haben Jugendliche einen eher „unverkrampften" und damit relativ offenen Zugang zur persönlichen Beichte. Eine gute Hinführung wird dabei motivierend wirken!

⇒ Um den Jugendlichen eine Hilfe zur Gewissenserforschung anzubieten, eignet sich zum Beispiel die Methode „Vom Dunkel zum Licht: Versöhnung" (siehe S. 146). Als Ergänzung oder Alternative findet sich ein Textvorschlag, der als „Beichtspiegel" helfen kann, zentrale Lebensbereiche in einer lebensnahen Weise in den Blick zu nehmen, um sie im Licht des Evangeliums zu bedenken (M 4b).

Allerdings ist die Form der Beichte bei vielen KatechetInnen durch negative Erfahrungen belastet. Dies führt in der katechetischen Praxis häufig zu Spannungen und Verunsicherungen.
In solchen Fällen wäre die Möglichkeit zur persönlichen Auseinandersetzung überaus sinnvoll. Hier sind besonders Priester und die pastoralen MitarbeiterInnen gefragt, authentisch und mit Einfühlungsvermögen einen geschützten Raum des Austauschs und der Orientierung zu schaffen.

Methodische Überlegungen

Zum Einstieg

FamilienSprüche (M 1)

☑ Karten mit FamilienSprüchen und leere Karten – möglichst mehrfach auslegen (M1)

👥 Die FirmbewerberInnen kennen bestimmte „Familiensprüche" im Sinne von Verhaltensregeln, Ge- und Verboten.
Im Raum verteilt liegen Karten mit unterschiedlichen „FamilienSprüchen". Die Jugendlichen suchen jeweils einen Spruch aus, der „nervt", und einen, den sie „gut" oder „richtig" finden. Auf leeren Karten können sie ihre eigene Auswahl um weitere Sprüche ergänzen.
Anschließend stellen alle ihre Spruchsammlung vor und begründen ihre Auswahl.

Leben spüren

☑ Bequeme Kleidung, Teppichboden oder Decken / Matten

👥 Die Gruppe probiert bestimmte Körperhaltungen aus, in denen positive bzw. negative Empfindungen oder Gemütslagen zum Ausdruck kommen. Als zentrale Körperpartien gelten: Kinn; Mund; Schulter; Brustkorb; Becken.
Wichtig ist die Atmung, die über Entspannung oder Anspannung Auskunft gibt. Zum Abschluss nehmen die Jugendlichen eine Haltung ein, die als „In sich verkrümmt" bezeichnet wird.
Nach den Übungen gibt es eine Gesprächsrunde zu den Empfindungen und Gedanken, die ihnen während der Übung gekommen sind.

Zur Vertiefung

„Schluss mit lustig: Die Zehn Gebote" Rollenspiel (M 2a/b)

☑ Textblatt (M 2); Bibel; Zettel, Stifte, Kartons, Scheren oder Bastelmesser; Alufolie; Kleber, Eddingstifte; Bettlaken

👥 Zunächst wird der Text (M 2a) gemeinsam gelesen. Anschließend gibt es einen Austausch über den Text; evtl. liest man das Original (Exodus 20,1–17; M 2b).
Dann überlegen die Jugendlichen, welche Gebote sie heute für wichtig erachten und welche evtl. noch zu ergänzen sind.
Einzeln oder zu zweit werden zunächst zwei „Gesetzestafeln" aus Karton (und Alufolie) gebastelt. Anschließend werden jeweils bis zu zehn Gebote ausgesucht, die auf die „Gesetzestafeln" geschrieben werden.
Es schließt sich ein Auswertungsgespräch an.

Die Gruppe kann sich eine kleine Szene überlegen, in der die Übergabe der Gesetzestafeln frei gestaltet wird.
Außerdem können die Jugendlichen überlegen, ob sie mit ihren Gedanken und der kleinen Spielszene einen Gottesdienst gestalten möchten.

Filmarbeit: „Dead man walking" (M 3)

☑ Film (ca. 120 Min.); Videobeamer oder Fernseher; Papier (DIN A3 oder A4) mit Satzanfängen zum Film (M 3); Stifte

In der Vorbereitung zu diesem Baustein wird der Katechetenkreis den Film gemeinsam anschauen und darüber ins Gespräch kommen.

> ***Inhaltsangabe zum Film:***
> Ein Brief von einem zum Tode Verurteilten ist für Schwester Helen Prejean (Susan Sarandon) ein Hilferuf und gleichzeitig die Eintrittskarte in eine Welt voller Grauen und Furcht. Sie, die Ordensfrau aus wohlbehütetem Hause, soll ihn, Matthew Poncelet (Sean Penn), den Mörder und Vergewaltiger, bis zur Vollstreckung seines Todesurteils betreuen. Angst und Verzweiflung, Wut und Trauer, Freude und Scham sind von nun an ihre Begleiter, nicht zuletzt durch die Begegnung mit den Eltern der Opfer. Als sie sich schließlich gemeinsam auf den Weg zur Vollstreckung des Urteils machen, glaubt Schwester Prejean all ihre Kraft und ihren Glauben zu verlieren ...

Nach dem Film wird den Jugendlichen etwas Zeit gegeben werden (Abspann abwarten).
In einer ersten Gesprächsrunde besteht die Möglichkeit, sich spontan zum Film zu äußern, möglichst nur mit einem (kurzen) Gedanken.
Dann werden die Satzanfänge (M 3) ausgelegt. Die Jugendlichen entscheiden sich für einen Satzanfang und führen ihn aus. Die Sätze werden vorgestellt, aber nicht diskutiert.

Abschließend kann noch einmal offen über den Film gesprochen werden. Impulsfragen:
– Wie hat der Film auf euch gewirkt?
– Was beschäftigt euch immer noch?

! *Hinweis: Die starke darstellerische Leistung und die dramatische Handlung bewirken in der Regel emotionale Betroffenheit. Hier sollte Zeit und ein geschützter Raum gegeben sein, dem nachzugehen.*

Als *Alternative* ist auf den Film „Dekalog V: Kurzer Film über das Töten" des polnischen Regisseurs Krzysztof Kieslowski aus dem Jahre 1988/89 hinzuweisen (60 Min.). Ein sehr intensiver Film, der auch sich auch aufgrund seiner Länge für die katechetische Arbeit anbietet.

! **Hinweis für die KatechetInnen:** Die Filme unbedingt vorher selbst ansehen und sich damit auseinandersetzen!
Beide Filme sind im Bistum Essen beim Katechetischen Institut oder bei den örtlichen Medienzentralen auszuleihen.

Vom Dunkel zum Licht: Versöhnung (M 4a / M 4b)

☑ Ein dunkles und ein helles Tuch; Bilder und / oder Symbole; Papierstreifen oder Moderationskarten; DIN-A4-Blätter; Stifte; Scheren; Kerze und Teelichter, CD-Player mit ruhiger Musik

Die Gruppe sitzt in der Mitte des Raumes. An / vor einer Wand hängt / liegt ein helles, an der gegenüberliegenden Wand ein dunkles Tuch. Entsprechende Bilder und Symbole können dazu kommen. Bei dem hellen Tuch steht eine Kerze und brennen Teelichter (Gruppenzahl).
Die Jugendlichen gehen zunächst zur dunklen, dann zur hellen Seite des Raumes und spüren Beziehungssituationen und -erfahrungen nach, die für sie mit Dunkelheit bzw. Helligkeit zu tun haben.

Sie tauschen sich dann zu zweit oder zu dritt aus. Nun kommen alle wieder in der Mitte zusammen. Dort wird noch einmal gemeinsam über die gemachten Erfahrungen gesprochen.

Nun wird das Gleichnis vom barmherzigen Vater (Lk 15,11–32; M 4) vorgelesen.
Das Gespräch wird weitergeführt mit der Frage, was uns Jesus mit diesem Gleichnis sagen will und welcher Weg zur Versöhnung hier deutlich wird.

Die Runde kann durch ein Gebet und eine Geste (Kerze von Hell nach Dunkel tragen) abgeschlossen werden.

! *Hinweis: Als Baustein für eine Nacht der Versöhnung auch mit dem Angebot zur Beichte / zum Beichtgespräch möglich!
In Ergänzung dazu der „Beichtspiegel"* **(M 4b)** *zur persönlichen Vorbereitung oder zur gemeinsamen Besinnung.*

Zum Ausklang

Lied: „Licht in Dir geborgen" (M 5)

Lied: „So ist Versöhnung" (M 6)

Text: Hineingekrümmt in mich selbst

Ich sehe mich,
meine Gefühle,
meine Interessen,
meine Ziele.
Was brauche ich die anderen?
Was brauche ich Gott?

Ich genüge mir.

Warum aber – fühle ich mich
so einsam,
so haltlos,
so leer?

Familiensprüche

So kannst du nicht herumlaufen!

Jeder ist seines Glückes Schmied!

Du musst 'mal dein Zimmer aufräumen!

Wer aufräumt ist nur zu faul zum Suchen!

Das wirst du schon richtig machen!

Wer nichts wagt, der nichts gewinnt!

Bei uns herrschte früher noch Ordnung!

Bleib' locker!

Immer mit der Ruhe!

Ohne Fleiß keinen Preis!

Du lernst nicht für uns, du lernst für's Leben!

Darüber sollten wir in Ruhe reden!

Frag' doch lieber nach!

Das kannst du doch auch alleine entscheiden!

Trau' dich!

Es wird einem nichts geschenkt!

Schluß mit lustig

Mose nimmt Gebote entgegen

Erste Ergebnisse der Begegnung von Mose und Gott auf dem Sinai veröffentlicht.

In einer Presseerklärung wurden gestern die von Gott festgelegten zehn Gebote veröffentlicht.

Verboten sind Götzenanbetung, Lügen, Ehebruch, Begehrlichkeiten hinsichtlich des Eigentums anderer und sogar respektloses Verhalten gegenüber den Eltern.

„Ob ich damit klarkomme, muß sich erst noch herausstellen", meinte ein Jugendlicher.

Gesetzeswerk

Die Gebote, zehn an der Zahl, sind Teil eines neuen und strengen Gesetzeswerks, das Gott als Richtschnur für das Volk Israel verfaßt hat.

„Die detaillierten Ausführungsbestimmungen folgen noch", bestätigte Mose nach seinem ersten Aufenthalt auf dem Berg. „Aber diese zehn Gebote sind die Basis für alle weiteren Gesetze."

Nach Bekanntmachung der Gebote zog sich Mose für weitere Instruktionen in die Wolken zurück.

Die zehn Gebote

- **Nur ein Gott**
- **Verbot von Götzenbildern**
- **Den Namen Gottes nicht mißbrauchen (d.h. fluchen)**
- **Arbeitsverbot am Sabbat**
- **Ehre Vater und Mutter**
- **Du sollst nicht töten**
- **Du sollst nicht ehebrechen**
- **Oder stehlen**
- **Und auch nicht lügen**
- **Du sollst nicht begehren deines Nächsten Hab und Gut einschließlich seines Esels und seiner Frau** (die Reihenfolge stellt kein Werturteil dar)

(aus: Nick Page, Bibelblatt. Der Weltbestseller in Schlagzeilen, Echter Verlag, Würzburg ⁴2003)

Die Zehn Gebote

Dann sprach Gott alle diese Worte:
Ich bin Jahwe, dein Gott, der dich aus Ägypten geführt hat, aus dem Sklavenhaus.

Du sollst neben mir keine anderen Götter haben.
Du sollst dir kein Gottesbild machen und keine Darstellung von irgend etwas am Himmel droben, auf der Erde unten oder im Wasser unter der Erde.
Du sollst dich nicht vor anderen Göttern niederwerfen und dich nicht verpflichten, ihnen zu dienen. Denn ich, der Herr, dein Gott, bin ein eifersüchtiger Gott: Bei denen, die mir Feind sind, verfolge ich die Schuld der Väter an den Söhnen, an der dritten und vierten Generation; bei denen, die mich lieben und auf meine Gebote achten, erweise ich Tausenden meine Huld.

Du sollst den Namen des Herrn, deines Gottes, nicht missbrauchen; denn der Herr lässt den nicht ungestraft, der seinen Namen missbraucht.

Gedenke des Sabbats: Halte ihn heilig! Sechs Tage darfst du schaffen und jede Arbeit tun. Der siebte Tag ist ein Ruhetag, dem Herrn, deinem Gott, geweiht. An ihm darfst du keine Arbeit tun: du, dein Sohn und deine Tochter, dein Sklave und deine Sklavin, dein Vieh und der Fremde, der in deinen Stadtbereichen Wohnrecht hat.
Denn in sechs Tagen hat der Herr Himmel, Erde und Meer gemacht und alles, was dazugehört; am siebten Tag ruhte er. Darum hat der Herr den Sabbattag gesegnet und ihn für heilig erklärt.

Ehre deinen Vater und deine Mutter, damit du lange lebst in dem Land, das der Herr, dein Gott, dir gibt.

Du sollst nicht morden.

Du sollst nicht die Ehe brechen.

Du sollst nicht stehlen.

Du sollst nicht falsch gegen deinen Nächsten aussagen.

Du sollst nicht nach dem Haus deines Nächsten verlangen.

Du sollst nicht nach der Frau deines Nächsten verlangen, nach seinem Sklaven oder seiner Sklavin, seinem Rind oder seinem Esel oder nach irgend etwas, das deinem Nächsten gehört.

(Exodus 20,1–17; nach dem Text der Einheitsübersetzung)

Das Leben ist wie ...
Gewalt ist wie ...
Gefängnis ist wie ...
Zum Tode verurteilt sein ist wie ...
Schuld ist wie ...
Familie ist wie ...
Trauer ist wie ...
Richter sein ist wie ...
Verzweiflung ist wie ...
Glaube ist wie ...
Erlösung ist wie ...
Vergebung ist wie ...
Reue ist wie ...
Hoffnung ist wie ...

Der Vater und seine zwei Söhne

Jesus erzählte weiter:
Ein Mann hatte zwei Söhne. [12] Der jüngere sagte: „Vater, gib mir den Teil der Erbschaft, der mir zusteht!" Da teilte der Vater seinen Besitz unter die beiden auf. [13] Nach ein paar Tagen machte der jüngere Sohn seinen ganzen Anteil zu Geld und zog weit weg in die Fremde. Dort lebte er in Saus und Braus und verjubelte alles. [14] Als er nichts mehr hatte, brach in jenem Land eine große Hungersnot aus; da ging es ihm schlecht. [15] Er hängte sich an einen Bürger des Landes, der schickte ihn aufs Feld zum Schweinehüten. [16] Er war so hungrig, dass er auch mit dem Schweinefutter zufrieden gewesen wäre; aber er bekam nichts davon.

[17] Endlich ging er in sich und sagte: „Mein Vater hat so viele Arbeiter, die bekommen alle mehr, als sie essen können, und ich komme hier um vor Hunger. [18] Ich will zu meinem Vater gehen und zu ihm sagen: Vater, ich bin vor Gott und vor dir schuldig geworden; [19] ich bin es nicht mehr wert, dein Sohn zu sein. Nimm mich als einen deiner Arbeiter in Dienst!"

[20] So machte er sich auf den Weg zu seinem Vater.
Er war noch ein gutes Stück vom Haus entfernt, da sah ihn schon sein Vater kommen, und das Mitleid ergriff ihn. Er lief ihm entgegen, fiel ihm um den Hals und überhäufte ihn mit Küssen. [21] „Vater", sagte der Sohn, „ich bin vor Gott und vor dir schuldig geworden, ich bin es nicht mehr wert, dein Sohn zu sein!"

[22] Aber der Vater rief seinen Dienern zu: „Schnell, holt das beste Kleid für ihn, steckt ihm einen Ring an den Finger und bringt ihm Schuhe! [23] Holt das Mastkalb und schlachtet es! Wir wollen ein Fest feiern und uns freuen! [24] Denn mein Sohn hier war tot, jetzt lebt er wieder. Er war verloren, jetzt ist er wiedergefunden." Und sie begannen zu feiern.

[25] Der ältere Sohn war noch auf dem Feld. Als er zurückkam und sich dem Haus näherte, hörte er das Singen und Tanzen. [26] Er rief einen der Diener herbei und fragte ihn, was denn da los sei. [27] Der sagte: „Dein Bruder ist zurückgekommen, und dein Vater hat das Mastkalb schlachten lassen, weil er ihn gesund wiederhat." [28] Der ältere Sohn wurde zornig und wollte nicht ins Haus gehen. Da kam der Vater heraus und redete ihm gut zu.

[29] Aber der Sohn sagte zu ihm: „Du weißt doch: All die Jahre habe ich wie ein Sklave für dich geschuftet, nie war ich dir ungehorsam. Was habe ich dafür bekommen? Mir hast du nie auch nur einen Ziegenbock gegeben, damit ich mit meinen Freunden feiern konnte. [30] Aber der da, dein Sohn, hat dein Geld mit Huren durchgebracht; und jetzt kommt er nach Hause, da schlachtest du gleich das Mastkalb für ihn."

[31] „Mein Sohn", sagte der Vater, „du bist immer bei mir, und dir gehört alles, was ich habe.

[32] Wir konnten doch gar nicht anders als feiern und uns freuen! Denn dein Bruder war tot, jetzt ist er wieder am Leben. Er war verloren, und jetzt ist er wiedergefunden."

(Lukasevangelium 15,11–32; Text nach: Gute Nachricht. Bibel)

Impulse zum NachDenken und NachSpüren

- Nicht der Familienkrach an sich ist meine Sünde, sondern dass ich nicht versuche, zu Hause von mir zu erzählen, dass ich anderen nicht zuhöre, dass ich nicht versuche, Eltern, Mitschüler, Lehrer, Freunde zu verstehen. Oft löse ich lieber Krach und Streit aus. Ich werde laut und gemein.
  ⇒ *Sünde ist: zuwenig Liebe.*

- Nicht jedes Mal, wenn ich mit anderen aneinander gerate, ist das schon Sünde, sondern wenn mich meine Mitmenschen gar nicht mehr interessieren. Es kann mir jemand so egal sein, dass er neben mir verkümmert, ohne dass ich das merke. – Sünde ist: sich mit den Problemen anderer nicht belasten zu wollen. Ist ja auch nicht meine Sache, oder?
  ⇒ *Sünde ist: zuwenig Liebe.*

- Nicht, dass ich in heiklen Situationen lüge, ist meine Sünde, sondern dass ich verlogen bin, wenn ich anderen ein billiges Theater vorspiele, wenn ich meinen Mund nur aufmache, wenn es sich für mich lohnt, wenn ich den Mund nicht aufmache, wenn ein anderer das Opfer von Lügen wird.
  ⇒ *Sünde ist: zuwenig Liebe.*

- Nicht, dass ich bestimmte Menschen nicht leiden kann, ist meine Sünde, sondern dass ich mein Urteil über sie fertig habe. Es ist schon wahr: Gewisse Menschen sind bei mir so abgestempelt, dass sie keine Chance mehr haben bei mir, egal, was sie auch tun. Ich will sie auch gar nicht anders. Ich will sie nicht verstehen.
  ⇒ *Sünde ist: zuwenig Liebe.*

- Nicht, dass ich unandächtig bete, ist meine Sünde, sondern dass Gott mir immer wieder gleichgültig ist, dass ich aufhöre, mein Leben vor ihm zu bedenken. Es ist schon wahr: Ich versuche kaum, Gott einmal ernsthaft anzusprechen, mich ihm ehrlich zu stellen.
  ⇒ *Sünde ist: zuwenig Liebe.*

- Nicht, dass ich schon nicht mehr regelmäßig in die Kirche gehe, ist meine Sünde, sondern vielmehr, dass ich meinen Kinderglauben weggeworfen habe, ohne zu versuchen, neue Wege zu Gott zu finden. Nicht, dass ich an der Kirche vieles nicht mag oder langweilig finde, ist meine Sünde, sondern dass ich durch all das nicht mehr gemeinsam mit den anderen nach Gott suche. Gott, du und dein Wort sind mir oft zu gleichgültig. Ich kritisiere vieles, ändere aber bei mir selber nichts.
  ⇒ *Sünde ist: zuwenig Liebe.*

(aus: Michael Witti / Alois Weber, Kinderbeichte. Der Weg der Versöhnung, Verlag Pustet, Regensburg 2003)

Ein Licht in Dir geborgen

aus der Messe „Lied vom Licht"

Text & Musik: Gregor Linßen
© 1990 EDITION GL, Neuss

♩ = 60 *zärtlich, mit Ruhe*

mp

1. Ein Funke aus Stein — geschla - gen wird
2. ♪ Glut _ in Wassern gesun - ken wird
3. Ein Lachen ♪ in deinen Au - gen ver -

Feu - er in kal - ter Nacht.
Glanz _ in spiegeln - der Flut.
treibt _ die blin - de Wut.

Ein Stern vom Himmel ge - fal -
Ein Strahl durch Wolken gedrun -
Ein Licht, ♪ in Dir ge - bor -

- len zieht Spu - ren von Gottes Macht.
- gen wird Quell ♪ von neuem Mut.
- gen wird Kraft ♪ in tiefer Not.

So wie die Nacht flieht vor dem Mor - gen,

so zieht die Angst aus dem Sinn,

so wächst ein Licht in Dir ge -

bor - gen, die Kraft zum neuen Be - ginn.

Wie ein Fest nach langer Trauer

2. Wie ein Regen in der Wüste, frischer Tau auf dürrem Land, Heimatklänge für Vermisste, alte Feinde Hand in Hand. Wie ein Schlüssel im Gefängnis, wie in Seenot „Land in Sicht!", wie ein Weg aus der Bedrängnis, wie ein strahlendes Gesicht.

3. Wie ein Wort von toten Lippen, wie ein Blick, der Hoffnung weckt, wie ein Licht auf steilen Klippen, wie ein Erdteil, neu entdeckt. Wie der Frühling, wie der Morgen, wie ein Lied, wie ein Gedicht, wie das Leben, wie die Liebe, wie Gott selbst, das wahre Licht.

Text: Jürgen Werth; Melodie: Johannes Nitsch. © Hänssler Verlag, D-71088 Holzgerlingen

Inhaltliche Überlegungen

1. Mehr als ein Zeichen setzen

Der brasilianische Theologe Leonardo Boff beschreibt in seiner „Kleinen Sakramentenlehre" ein persönliches Erlebnis, das er mit „Das Sakrament des Zigarettenstummels" überschreibt (➜ M 1).

⇒ Darin erzählt er die Geschichte von der Benachrichtigung über den Tod seines Vaters. Seine Schwester schreibt ihm nach Europa, wo er sich zu Studienzwecken aufhält, und berichtet über das Sterben des Vaters sowie über die Art und Weise, mit der die Familie den Tod aus einem hoffenden Glauben aufnimmt. Dem Brief beigefügt ist der letzte Zigarettenstummel des Vaters.

Für Boff ist dieser eine Art Sakrament: Er ist ein verlebendigendes Erinnerungszeichen, das die Person und das Leben des Vaters vergegenwärtigt. Das ganze Leben des Vaters ist quasi „verdichtet" in diesem einen Gegenstand aus seinem Leben: **Erinnern und vergegenwärtigen, „was uns unbedingt angeht"** (Paul Tillich).

Symbole gegen die Gleich-gültigkeit im Leben: Jeder Mensch hat Dinge, die ihn an etwas Besonderes oder jemand Besonderen erinnern:

⇒ alte Fotos,
⇒ ein Schmuckstück,
⇒ ein Gedicht,
⇒ ein Lied oder einen Brief,
⇒ ein Teddy oder eine Puppe,
⇒ ein Kleidungsstück ...

Jedes dieser Zeichen gewinnt seine besondere Bedeutung durch die Beziehung, die der einzelne Mensch zu ihm hat. Diese wiederum wird durch den besonderen Umgang mit diesen Dingen sichtbar. Wo etwas zum „Verbindungszeichen" zwischen mir und einem mir bedeutsamen Teil meines Lebens wird, sprechen wir von einem „Symbol".

„Das Wort kommt aus der griechischen Sprache und bedeutet das Zusammenfügen von zwei Teilen zu einem Ganzen. Wenn im alten Griechenland zwei Partner einen Vertrag ausgehandelt hatten, der für lange Zeit gelten sollte ..., konnten sie eine Tontafel nehmen und sie einmal durchbrechen. Jeder Vertragspartner bekam nun eine Hälfte der zerbrochenen Tontafel. Wenn sich spätere Rechtsnachfolger ausweisen wollten, brauchten sie nur ihre jeweilige Hälfte mitzubringen."

(aus: Roter Faden Sakramentenpastoral, S.24 // kostenlos erhältlich bei der Abteilung Sakramentenpastoral, Bischöfliches Seelsorgeamt, Zwölfling 16, 45127 Essen)

Mit solchen Symbolen heben wir hervor, was aus dem breiten Strom des Alltags herausragt. Darin setzen wir für uns und andere ein Zeichen: Das Leben besteht nicht allein aus „Gleich-gültigkeiten".

Das ist uns „heilig"; womit keineswegs nur „Frommes" oder „Kirchliches" gemeint ist. Es gibt auch einen alltäglichen Sprachgebrauch von „heilig". Mit dem, „was uns heilig" ist, gehen wir anders um, als mit den gewöhnlichen Dingen.

⇒ Sie erhalten einen besonderen Platz.
⇒ Wir wenden uns ihnen immer wieder auch zu.
⇒ Sie dürfen nicht (so einfach) verändert werden.
⇒ Sie werden nicht von allen *so* „verstanden".

Darüber hinaus gibt es in unserer Gesellschaft „heilige Zeiten", besondere Anlässe oder Ereignisse, die von vielen Menschen als Fest begangen werden und somit den Alltag durchbrechen. Sie setzen Zeichen für das Außergewöhnliche und Nicht-Alltägliche, aber auch für das, was Menschen miteinander verbindet z. B.:

⇒ Geburtstage,
⇒ Jubiläen der unterschiedlichsten Art,
⇒ der Sonntag – zumindest als „arbeitsfreier Tag", als Tag der Familie – der auch der Tag der „Heiligung" in seiner ausdrücklich christlichen Bedeutung ist,
⇒ das Weihnachtsfest, das in Deutschland *das* Familienfest schlechthin ist,
⇒ nicht zuletzt das Oster- und Pfingstfest.

2. Sakramente an den „Schnittstellen" des Lebens

Das Bedeutsame des Lebens verlangt nach Deutung. So finden wir in fast allen Religionen und Kulturen um die „Schnittstellen" des Lebens Formen „ritueller Begleitung", bei:

⇒ Geburt und Tod,
⇒ Erwachsenwerden,
⇒ Verlassen der Herkunftsfamilie und Heirat,
⇒ Krankheit, Unglück, Schicksalswenden,
⇒ Schuldigwerden und Versöhnung.

Die außer-gewöhnlichen Erfahrungen, die diese Ereignisse mit sich bringen, werden in den Riten und Symbolen gedeutet. Das oft Unaussprechliche, das uns Menschen hier begegnet, findet so Ausdruck und Form. Es kann dadurch zu einer bleibenden Größe in unserem Leben werden.

In den Sakramenten der Kirche „berühren sich Himmel und Erde". Sie sind Ausdruck für das große Geheimnis der Schöpfung und des menschlichen Lebens, die sich der Liebe und Zuwendung Gottes verdanken. Die Kirche hebt aber in den sieben Sakramenten nicht nur die „natürlichen Wendemarken" menschlichen Lebens hervor. Ihre Zeichen und deutenden Worte bewirken noch mehr: Sie bringen die existentiellen Lebenserfahrungen in Verbindung mit dem Leben, Wirken und der Botschaft Jesu Christi.

> *„In den einzelnen Sakramenten entfaltet sich das sakramentale Wesen der Kirche in die konkreten Situationen menschlichen Lebens. In den sakramentalen Zeichen, die aus dem Lebensbereich des Menschen genommen sind, begegnet uns Christus und schenkt uns sein Heil ...*
> *Die Sakramente sind gewissermaßen Knotenpunkte, an denen die Lebensgeschichten einzelner mit der Gemeinschaftsgeschichte der Kirche und mit der Heilsgeschichte Gottes verknüpft werden: In den Sakramenten begegnet der Einzelne in seiner konkreten Lebenssituation dem Wirken des auferstandenen Jesus Christus und damit den ausgestreckten Armen des menschenfreundlichen Gottes."*
>
> (aus: Roter Faden Sakramentenpastoral, S. 16)

Die Sakramente sind die ausgestreckten Hände Gottes – keine „Greifarme", die den Menschen in einer zwanghaften Weise vereinnahmen, sondern ihn vielmehr einladen wollen. Sie führen in ihrer Zeichenhaftigkeit Gott und Mensch, Heils- und Lebensgeschichte zusammen und sind deutende Wegmarken bei der Suche nach einem gelingenden Leben.

In den Sakramenten handelt Jesus Christus selbst: anerkennend, heilend, vergebend und gemeinschaftsstiftend.

> ⇒ *„Wenn die Kirche Sakramente spendet, so ist es letztlich Christus selbst, der sie spendet."*
>
> *(Synodenbeschluss: „Schwerpunkte heutiger Sakramentenpastoral")*

Die Sakramente der Kirche verstehen sich somit auch nicht als „menschliche Erfindungen", sondern als symbolische Zeichenhandlungen, die auf die Initiative Jesu Christi und sein Wirken zurückgehen und insofern von ihm „gewollt" sind.

3. Die Firmung feiert Segen und Sendung

Veränderung braucht Kraft. Die FirmbewerberInnen, zumal wenn sich das Firmalter um das sechzehnte Lebensjahr bewegt, befinden sich in einer Phase der „Lebenswende". Die einsetzende Ablösung vom Elternhaus bewirkt nicht immer und nicht bei allen nur „Aufbruchstimmung" und Zuversicht, sondern nicht selten auch Unsicherheiten und Ängste. Der Weg in die eigene Selbständigkeit braucht viel Kraft, Mut und Zuspruch.

> ⇒ Wie lange musste Gott durch Moses auf Israel einreden, bis es sich Gottes Weg aus der Sklaverei Ägyptens anvertraute (siehe Ex 6,9f). Und auch die Apostel, Jesu engste Vertraute, verkrochen sich zunächst, bevor sie durch den „Zuspruch des Heiligen Geistes" die Kraft fanden zur Verkündigung des Evangeliums und zum öffentlichen Bekenntnis von Tod und Auferstehung Jesu (siehe Apg 2,1–13).

„... dieser Geist wird euch die Kraft geben, ..." (Apg 1,8). So hat der auferstandene Christus nach dem Zeugnis der Apostelgeschichte das Pfingstereignis bereits angekündigt. Dies gilt als Geburtsstunde der Kirche.

> ⇒ Darauf kann das Sakrament der Firmung besonderen Bezug nehmen. In der Vorbereitung können die Fragen um den eigenen Lebensweg, die Hoffnungen, Wünsche und Sehnsüchte, aber auch die Ängste, Zweifel und Nöte zur Sprache kommen. Manches davon wird auch in der Firmfeier seinen Platz finden und so unmittelbar mit dem sakramentalen Geschehen in Verbindung gebracht werden können (siehe: Zur Theologie der Firmung, S. 7ff).

„..., überall als meine Zeugen aufzutreten" (Apg 1,8). Die Kraft und der Zuspruch fließen ein in eine Sendung, einen Auftrag – eine Mission: den eigenen Lebensweg als ChristIn zu gestalten und dies zusammen mit anderen in der Glaubensgemeinschaft der Kirche.

> ⇒ Darin werden viele Jugendliche eine große „Zumutung" sehen. Aber sich der Frage nach der Bedeutung des mit der Taufe begonnenen Weges zu stellen – dies ist eine legitime und dringend erforderliche Aufgabe der Firmvorbereitung. Sie hat die Chance, einen ersten bewussteren Entscheidungsprozess bei den FirmbewerberInnen anzustoßen. Vor dem Empfang des Firmsakramentes sollte man sich über den Stand dieses Prozesses austauschen und den Jugendlichen Raum zu einer angemessenen Entscheidung bieten.
>
> ⇒ Die Katechese darf kein „Glaubenstribunal" sein. Sie sollte – durch ein möglichst lebendiges Erleben von Glaube und Kirche – die jungen Leute motivieren, sich der Bedeutsamkeit des Sakramentes zu stellen. Dadurch nehmen sie sich selber ernst und werden als junge Erwachsene von der Gemeinde ernst genommen.

„Firmung, das ist unsere Feier." Der Baustein „Sakrament Firmung" als eigenständiges Element der katechetischen Vorbereitung wird meist erst gegen Ende thematisiert, häufig mit Blick auf die bevorstehende Firmfeier. Hier sind es besonders die Zeichen(handlungen) und die Spendeformel, die den FirmbewerberInnen erschlossen werden sollte (siehe: Zur Theologie der Firmung, S. 8–10). In den meisten Gemeinden sind sie eingebunden in Vorbereitung und Gestaltung des Firmgottesdienstes. Dadurch können persönliche Anliegen und Erfahrungen der Vorbereitungszeit authentisch in die liturgische Feier einfließen.

Zur liturgischen Gestaltung der Firmfeier finden sich Anregungen und Hilfen u.a. in der Handreichung des Bistums Essen „Firmung feiern".

Methodische Überlegungen

Interview-Aktion „Firmung"

☑ Kassettenrecorder oder Camcorder; alternativ auch eine Wandzeitung (Plakate, Stifte)

 Die Interviews werden nach dem Sonntagsgottesdienst, im Pfarrheim oder in den Familien gemacht. Die Fragen könnten lauten:
⇒ Woran erinnern Sie sich, wenn Sie an ihre Firmung denken?
⇒ Was bedeutet für Sie „gefirmt sein"?
⇒ Wann haben Sie das Sakrament der Firmung in Ihrem Leben „gebraucht"?

Die Aussagen werden aufgezeichnet. Oder die GottesdienstteilnehmerInnen sind gebeten, ihre Antworten auf eine Wandzeitung oder ein Plakat zu schreiben.
Die Gruppe bespricht die Antworten und vergleicht sie mit den eigenen Vorstellungen und Erwartungen.

! *Hinweis:* Ein Beitrag im Kirchenfunk ist denkbar. Informationen und Hilfe gibt es über die Pressestelle des Bistums Essen oder des örtlichen Bistums: Tel.: 0201/2204–267; E-Mail: info@presse-bistum.de

StarkMacher

☑ Schwarz- und Weißbrot (➜ FirmLogBuch, S. 74/75); Symbole, z. B.: Hantel(scheibe); Trainingsschuh; Herz oder Rose; Obst; Lexikon; Foto von Familie / Freunden; Urkunde oder Zeugnis; Öl oder Salbe; Kreuz, Hand ...

Es geht um den Aspekt der Stärkung beim Firmsakrament. Daher liegen neben Schwarz- und Weißbrot solche Symbole aus, die etwas mit „Starkmachen" zu tun haben.

 Die Jugendlichen suchen sich ein Symbol aus, das für sie am ehesten „Stärkung / Starkmachen" symbolisiert.
Im gemeinsamen Gespräch wird ausgetauscht, welche Art von Stärke sie sich wünschen und was sie mit ihr erreichen möchten.

Im Laufe des Gesprächs wird die Frage eingebracht, welche Stärkung vom Firmsakrament erwartet wird oder zu erwarten ist.

Aktionstag*: Die Zeichen der Firmung

☑ Um eine Brücke zu schlagen zwischen den sakramentalen Zeichen und Gesten der Firmliturgie und dem Leben der Jugendlichen, könnten an einem Aktionstag
⇒ ein/e KosmetikerIn (Salben und Öle)
⇒ ein/e PhysiotherapeutIn (Handauflegen)
⇒ ein Feuerwehrmann (Feuer)
⇒ ein/e PolizistIn, RichterIn (Zeugnis geben) etc.
als GesprächspartnerInnen eingeladen werden und dabei möglichst etwas Praktisches mit den Jugendlichen tun.

Sind auch andere Symbole und Zeichen während der Firmvorbereitung für die Jugendlichen wichtig geworden, können sie in den Aktionstag und auch in den Firmgottesdienst einbezogen werden.

(* Anregung nach: Aktionstag der Gemeinde St. Marien, Bochum / Wattenscheid-Höntrop)

Die Handauflegung

 Die Handauflegung ist ein Zeichen für den Segen Gottes. Dabei kommt zum Ausdruck:
⇒ Die Zusage Gottes:
Ich bin mit dir. Ich schütze und segne dich.
⇒ Die Zusage des Heiligen Geistes:
Du bist begabt. Du wirst bestärkt.
⇒ Der Auftrag Gottes:
Ich traue dir etwas zu. Du wirst ein Segen sein.

In konkreten körperlichen Zeichen und Gesten wird das Sakrament der Firmung gespendet. Die Handauflegung spielt eine wichtige Rolle:
⇒ Der Pate steht hinter dem Firmling und legt ihm die Hand auf die Schulter. Damit wird zum Ausdruck gebracht: Ich stehe hinter dir, ich stehe zu deiner Entscheidung.
⇒ Der Bischof legt seine Hand auf den Kopf des Firmlings. Diese Handauflegung ist Zeichen der Stärkung und Beauftragung: Lebe aus der Zusage Gottes und aus dem Glauben!

- **Übung 1: Die Freiheit meiner Hände**

Die FirmbewerberInnen werden eingeladen, ihre Hände zu betrachten: den Handrücken, die Finger, die Gelenke, die Fingernägel, den Handteller ... Nach einer Zeit der Stille rufen sie unkommentiert in die Runde, was sie alles mit den Händen tun können: streicheln, schlagen, kratzen, hergeben, behalten, vergeben, einladen ...

- **Übung 2: Das Spiel mit den Händen**

Zwei Jugendliche sitzen sich gegenüber und reichen sich die Hand. Sie drücken mit ihren Händen nacheinander bestimmte Gefühle bzw. Situationen aus, z. B.:

⇒ Drücke deinen Ärger ...
⇒ deine Überlegenheit ...
⇒ deine Zuneigung ...
⇒ deine Langeweile ...
⇒ deine Freude ... aus.

Anschließend teilen sich die PartnerInnen mit, was sie dabei empfunden und wie sie die Übung erlebt haben. Falls erwünscht, kann über die Erfahrungen noch in der Gruppe gesprochen werden.

- **Übung 3: Die Hand auflegen**

Zwei FirmbewerberInnen stehen einander gegenüber und legen sich nacheinander gegenseitig die Hand auf die Schulter und auf den Kopf.

⇒ Jemandem die Hand auf die Schulter legen bedeutet für mich ...
⇒ Jemandem die Hand auf den Kopf legen bedeutet für mich ...

- **Übung 4: Die Salbung mit Chrisam**

Chrisam ist eine Mischung aus Olivenöl und Balsam und wird am Gründonnerstag vom Bischof geweiht. Schon im Alten Testament ist die Salbung Zeichen für die Mitteilung des Geistes Gottes. Könige, Priester und Propheten wurden deshalb gesalbt. Gottes Geist sollte ihnen die Kraft geben, das Volk nach dem Willen Gottes zu führen. Im Neuen Testament wird auch Jesus der „Christus", der Gesalbte, genannt.

Die Salbung bei der Firmung soll zum Ausdruck bringen:

⇒ Du bist auserwählt!
⇒ Du bist etwas Besonderes!
⇒ Du bist wertvoll!

Das Salben ist eine Symbolhandlung, die dem Menschen unmittelbar zugänglich ist. Salbe und Öl kommen an vielen Stellen des Alltags vor. Sie pflegen die Haut und werden in der Medizin benutzt.

Gerüche und Düfte wahrnehmen

Vieles nehmen wir über den Geruch wahr: Blumen, Speisen, Tiere... und Menschen. Alle haben ihren persönlichen Duft.

⇒ „Der ist dufte" – jemanden gut riechen können, heißt: ich mag dich.
⇒ „Der stinkt mir" – jemanden nicht riechen können, heißt: ich kann dich nicht leiden.

Anhand verschiedener Geruchsproben können die Jugendlichen erzählen, woran sie dieser oder jener Duft erinnert, z. B. Rosenblätter, Essig, Früchte, etwas Fauliges, Parfüm, kalte Zigarettenstummel.

Abschließend kann ein Ölfläschchen mit besonders wohlriechendem Duftöl herumgereicht werden.

Die Salbung Davids zum König (1 Sam 16,1–13) (M 1)

Die biblische Geschichte von Davids Salbung zum König kann verdeutlichen, dass eine Salbung immer das Werk Gottes ist. Gott selbst erwählt den Menschen.

Impulse zum Text (M 1):
⇒ Was fällt mir auf?
⇒ Was beeindruckt mich?
⇒ Was löst der Text in mir aus?

Zum Ausklang

„Sakrament des Zigarettenstummels" von Leonardo Boff (M 2)

Der Text kann miteinander gelesen oder aber einfach mitgegeben werden.

GeistSegen (M 3)

Oliven- und Rosenöl oder anderes liturgisches Salböl stehen auf einem gestalteten Tisch.

Segensritual im Rahmen einer gottesdienstlichen Feier z. B. zu Beginn der Vorbereitungszeit oder am Ende eines Treffens der Firmbewerber/innen mit ihren Eltern und Paten.

(Anregung aus: Hans Bauernfeind / Richard Geier (Hg.), Leben braucht Segen. Segensfeiern. Werkbuch, Freiburg 2002, S. 200f)

Die Salbung Davids zum König

[1] Der HERR sagte zu Samuel: „Wie lange trauerst du noch um Saul? Ich habe ihn verstoßen; er kann nicht länger König über Israel sein. Fülle jetzt ein Horn mit Salböl und geh nach Betlehem zu Isai. Unter seinen Söhnen habe ich mir einen als König ausgewählt."

[2] „Aber wie kann ich das?" wandte Samuel ein. „Wenn Saul es erfährt, bringt er mich um!" Der HERR antwortete: „Nimm eine Kuh mit und sage, du seist gekommen, um ein Opfer darzubringen. [3] Lade auch Isai dazu ein. Ich sage dir dann, welchen von seinen Söhnen du zum König salben sollst."

[4] Samuel gehorchte dem HERRN und machte sich auf den Weg. In Betlehem kamen ihm die Ältesten der Stadt besorgt entgegen und fragten: „Dein Kommen bedeutet doch nichts Schlimmes?" [5] „Nein", antwortete Samuel. „Ich komme, um dem HERRN ein Opfer darzubringen. Tut das Nötige, damit ihr rein seid, und kommt dann mit mir zum Opfermahl!" Er lud auch Isai und seine Söhne dazu ein und forderte sie auf, sich zu reinigen.

[6] Als Isai mit seinen Söhnen zum Opfermahl kam, fiel Samuels Blick auf Eliab, und er dachte: „Das ist gewiß der, den der HERR ausgewählt hat!"

[7] Doch der HERR sagte zu Samuel: „Lass dich nicht davon beeindrucken, daß er groß und stattlich ist. Er ist nicht der Erwählte. Ich urteile anders als die Menschen. Ein Mensch sieht, was in die Augen fällt; ich aber sehe ins Herz." [8] Isai rief Abinadab und führte ihn Samuel vor. Aber Samuel sagte: „Auch ihn hat der HERR nicht ausgewählt." [9] Dann ließ Isai Schima vortreten, aber Samuel wiederholte: „Auch ihn hat der HERR nicht ausgewählt."

[10] So ließ Isai alle sieben Söhne an Samuel vorbeigehen, aber Samuel sagte: „Keinen von ihnen hat der HERR ausgewählt."

[11] Dann fragte er Isai: „Sind das alle deine Söhne?" Isai antwortete: „Der Jüngste fehlt noch, David, der hütet die Schafe." „Lass ihn holen", sagte Samuel, „wir setzen uns nicht zum Opfermahl hin, bevor er hier ist!"

[12] Isai schickte einen Boten, und David kam. Der Junge war schön und kräftig und hatte klare Augen.

„Er ist es, salbe ihn!" sagte der HERR zu Samuel. [13] Da goss Samuel Öl aus seinem Horn über ihn und salbte ihn zum König vor den Augen seiner Brüder. In diesem Augenblick nahm der Geist des HERRN Besitz von David und verließ ihn nicht mehr. Samuel aber kehrte nach Rama zurück.

(1. Buch des Propheten Samuel 16,1–13; Text nach: Gute Nachricht. Bibel)

Das Sakrament des Zigarettenstummels

In der Schublade liegt ein kleiner Schatz verborgen: ein Glasschächtelchen mit einem kleinen Zigarettenstummel. Der Tabak ist gelblich und mit Stroh umwickelt, wie man Zigaretten in Südbrasilien zu rauchen pflegt. Bis hierher gibt es nichts Außergewöhnliches zu berichten. Dennoch: Dieser unscheinbare Zigarettenstummel hat eine einzigartige Geschichte. Er wendet sich ans Herz, übersteigt Grenzen und steckt voll von unbegrenzter Erinnerung.

Es war der 11. August 1965. Deutschland, München. Ich entsinne mich genau: Draußen schienen die Häuser der herrlichen Sonne des europäischen Sommers Beifall zu klatschen, in den Parks strahlten die Blumen mit ihren prächtigen Farben, und von den Fenstern winkten sie einem heiter zu. Es ist zwei Uhr nachmittags. Nach der langen Reise bringt mir der Briefträger den ersten Brief aus der Heimat, beladen mit Sehnsucht und Hoffnung. Ungeduldig öffne ich ihn. Alle zu Hause haben geschrieben. Der Brief sieht fast wie eine Zeitung aus: „Wenn Du diese Zeilen liest, muss Du wohl schon in München sein. Dieses Schreiben ist zugleich wie jeder andere Brief, und dennoch unterscheidet er sich von allen anderen Briefen. Er bringt Dir eine gute Botschaft, eine Nachricht, die – wenn wir sie im Licht des Glaubens betrachten – wirklich großartig ist. Gott forderte vor einigen Tagen von uns einen Liebes-, Glaubens- und Dankestribut. Er suchte unsere Familie heim. Dabei schaute er uns alle einen nach dem anderen an. Dann wählte er für sich den Vollkommensten, den Heiligsten, den Reifsten, den Besten von allen, den, der ihm am nächsten war, unseren geliebten Papa. Lieber Leonardo, Gott hat ihn uns nicht genommen, sondern noch mehr unter uns gelassen. Gott hat Papa nicht nur zu sich genommen, sondern noch mehr unter uns gelassen. Er hat ihn nicht nur den Freuden unserer Ferien entrissen, sondern noch tiefer in unser aller Erinnerung eingepflanzt ..."

Der Brief fuhr fort mit Worten aller Geschwister, in denen der Tod – der mitten im Leben einen Mann von 54 Jahren getroffen hatte – als Bruder gefeiert und als Fest der Einheit begangen wurde. Der Tod vereinte unsere über vier verschiedene Länder zerstreute Familie ...

Am folgenden Tag entdeckte ich in dem Briefumschlag, in dem ich tags zuvor die Nachricht vom Tod des Vaters erhalten hatte, ein mir vorher entgangenes Lebenszeichen des Mannes, der uns in jeder Hinsicht das Leben geschenkt hatte: den vergilbten Stummel einer Strohzigarette. Es war dies die letzte Zigarette, die Vater nur wenige Augenblicke zuvor geraucht hatte, als ihn ein Herzinfarkt aus diesem ermüdenden Dasein befreite. Die zutiefst weibliche und sakramentale Intuition einer meiner Schwestern hatte sie veranlasst, den Zigarettenstummel in den Umschlag zu stecken.

Von diesem Augenblick an ist der Zigarettenstummel kein einfacher Zigarettenstummel mehr. Denn er wurde zu einem Sakrament, lebt, spricht von Leben und begleitet mein Leben. Seine charakteristische Farbe, sein starker Duft und das Verbrannte an der Spitze lassen ihn in unserem Leben noch angezündet sein. Deshalb ist er von unschätzbarem Wert, gehört zur Mitte des Lebens und trifft unser Innerstes. In unserer Erinnerung lässt er die Gestalt des Vaters gegenwärtig werden, der jetzt – nachdem schon einige Jahre vergangen sind – der Archetyp unserer Familie und unser Beziehungspunkt für die Grundwerte all unserer Geschwister geworden ist. „Aus seinem Mund haben wir gehört und von seinem Leben haben wir gelernt: Wer nicht lebt, um zu dienen, verdient nicht zu leben." Das ist die Mahnung, die wir für uns alle auf den Grabstein unseres Vater meißeln ließen.

(aus: Leonardo Boff, Kleine Sakramentenlehre)

„So wollen wir das Öl segnen, mit dem eure (Katecheten / Eltern / Paten) euch nun auf die Hand salben werden. Es ist ein Segenszeichen und ein Zeichen der Zuwendung und Liebe auf dem Weg, der nun vor euch liegt."

Das Öl wird gesegnet und gemischt:

Heiliger Geist, du bist mit dem Vater und dem Sohn verbunden. Über den Wassern des Anfangs schwebte dein erfrischender Atem. Wo du bist, fängt Leben an, und es wird gelingen.

**So rufen wir dich an:
Komme herab zu uns und erfülle uns mit deiner Gegenwart.**

Öffne deinen Himmel und lass uns in diesen Gaben der Schöpfung – Oliven und Rosenöl – den Nähe erfahren.

(Beide Öle werden gemischt.)

**Segne die, die mit diesem Öl gesalbt werden,
und stärke sie auf ihrem Weg zum Empfang des Firmsakramentes
und durch das Leben.**

**Stärke sie in der Freude und in ihren Traurigkeiten,
in der Gemeinschaft und in mutiger Solidarität,
sowie in einem wachen Gewissen und dem Mut zur Umkehr.**

**Ehre sei dir, Vater, und dir, Jesus Christus, und dir, Heiliger Geist,
jetzt und in Ewigkeit.**

A: **Amen**

Inhaltliche Überlegungen

„Gott meint vielleicht, eine Drei reicht für mich"

- Immerhin mehr als 52 Prozent der Kinder zwischen 8 bis 17 Jahren beten oft oder manchmal, wie eine repräsentative Umfrage unter 1.622 Kindern und Jugendlichen im Auftrag der Zeitschrift „Eltern for Family" ergab.

- Manchmal drücken die Kleinen „große" Sorgen, die sie an Gott weitergeben. „Ich habe oft um gute Noten in der Schule gebetet, aber es hat nix genützt. Gott meint vielleicht, eine Drei reicht für mich", sagt etwa ein zehn Jahre alter Grundschüler.

- Sehr viel ernster nehmen das Thema etwas ältere Schüler. „Als ich im Fernsehen die Terroranschläge auf das World Trade Center in New York sah, da hab' ich ganz leise für mich gebetet für diese armen Menschen, die in den Wolkenkratzern aus dem Fenster gesprungen sind", sagte zum Beispiel eine 14 Jahre alte Gymnasiastin.

- Und ein zwölf Jahre alter Realschüler erklärte: „Die meisten Leute beten nur, wenn sie in großer Not sind. Aber wenn die Not vorbei ist, denken sie überhaupt nicht mehr an Gott und ans Beten. Als wenn Gott solchen Typen ihre Bittgebete erfüllen würde."

- Ältere Schüler haben schon Distanz zum Gebet. „Ich bete eigentlich nie, weil ich das für Quatsch halte. Als wenn Gott und die Heiligen den ganzen Tag nichts anderes zu tun hätten, als auf die Milliarden Menschen zu hören, die ihre Wünsche im Gebet nach oben schicken", meint ein 15-jähriger Gymnasiast.

(aus: ajs Forum 27, 1/2003)

1. „Unerhört"

Zum Gebet gibt es die unterschiedlichsten Einstellungen. Sie spiegeln sich in den vielfältigen Aussagen Jugendlicher wieder. Wie viele Erwachsene tun auch sie sich mit dem Beten schwer. Umfragen zeigen jedoch, dass sie häufiger und „persönlicher" beten als ihr Kirchenbesuch vermuten lässt.

Gebet ist wie ein Handy – und doch wiederum nicht. Zu jeder Zeit und an allen Orten kann man Gott anrufen und Kontakt zu ihm aufnehmen. Durch alle Funkstörungen hindurch hört uns Gott zu allen Tages- und Nachtzeiten, aber er erhört uns nicht „auf Abruf". In Zeiten globaler Vernetzung und modernster Telekommunikationsmittel scheint das „unerhört" zu sein.

Gebete bleiben meist nur scheinbar unerhört. In Begegnungen und Gesprächen mit den Menschen seiner Zeit hat Jesus die feste Zusage hinterlegt: Gott erhört eure Gebete. Zugleich warnt er jedoch vor dem oberflächlichen Beten: „*Wenn ihr betet, sollt ihr nicht plappern wie die Heiden, die meinen, sie werden nur erhört, wenn sie viele Worte machen. Macht es nicht wie sie; denn euer Vater weiß, was ihr braucht, noch ehe ihr ihn bittet*" (Mt 6,7–8). Nicht „große Worte" machen das Gebet aus. Manchmal reichen zwei, drei Sätze, um sein Anliegen vor Gott zur Sprache zu bringen.

2. Der ist ja „verrückt", der betet noch ...

Wer betet, ver-rückt die Maßstäbe. Er setzt neue Schwerpunkte für sein Leben. Nicht er selbst, sondern Gott ist der Grund seines Leben. Nicht er selbst kann alles handhaben, vielmehr liegt sein Leben gut aufgehoben in der Hand Gottes. Auf diesem Hintergrund erhält die hämische Aussage: Der ist ja „verrückt", der betet noch – eine völlig überraschende Wendung. Vielleicht hilft sie dem ein oder anderen Jugendlichen, sich (wieder) auf das Beten einzulassen – allen Widerständen zum Trotz.

Im Beten antwortet der/die Glaubende auf das, was geschieht – mitten aus dem Leben heraus. Deshalb gehen im Gebet loben und klagen, suchen und fragen, bitten und flehen, hoffen und zweifeln oft nahtlos ineinander über. Das alles sind ganz ursprüngliche Erfahrungen, auch und nicht zu guter letzt vielfältige Grunderfahrungen junger Menschen.

Die Psalmen im Alten Testament greifen in ihrer Vielfalt die unterschiedlichsten Lebenssituationen auf: als Danklieder, Klagelieder des Einzelnen und des Volkes, Hymnen, Bittpsalmen oder Wallfahrtslieder. Es tut uns Menschen gut, wenn wir uns – über uns und unsere Mitmenschen hinaus – noch einem ganz Anderen zuwenden können. „Beten ist wie ein Gespräch mit meinem besten Freund, dem ich alles sagen kann und der mich ganz kennt", so ein Jugendlicher.

3. Zu-Grunde-Gehen

Wir leben in „beschleunigter Zeit": Hektik, Unruhe, Lärm, Nervosität, Oberflächlichkeit bestimmen weithin unser Leben. Es bleibt kaum Zeit für eine Atempause: zum Atem holen, zum Durchatmen, zum Ein- und Ausatmen. Menschen gehen zugrunde, wenn sie dem Leben nicht mehr auf-den-Grund-gehen. Grund-loses Leben wird sinnlos. Wir müssen den „Dingen" auf den Grund gehen, um mehr über uns und das Leben zu erfahren. Nichts anderes ist mit spiritueller Suche, mit spirituellem Leben gemeint.

„Spiritualität für alle" – einst angeblich nur etwas für Geistliche oder für allzu Fromme, gibt es sie heute für Manager, Sporttreibende, politisch Engagierte, Künstlerinnen und Künstler und für alle, die in verschiedensten Therapie- oder Meditationsformen Entspannung, Tiefe und Orientierung suchen. Schon bloßes Wohlbefinden – als Folge von Wellness- und Fitnessanstrengungen – gilt vielen als ein „spiritueller Zustand". Ob diese Art von „Spiritualität" zum Einklang von Körper, Geist, Seele führt? Allenfalls macht sie die Sehnsucht nach erfülltem Leben deutlich – in Zeiten oft nur ausgefüllten Lebens.

Spiritualität ist kein Sammelbecken von Programmen, Rezepten, Schlagworten; sie ist auch kein „Zustand". Vielmehr ist sie Atmen, Bewegen, Gehen, Tun. „Geist" (hebräisch ruah) meint einerseits heftiges Atmen und zugleich gleichmäßiges Fließen. Durch Ein- und Ausatmen zur Ruhe kommen – sozusagen Luft schöpfen und so dem Leben auf die Spur kommen, dazu könnte der Geist Gottes verhelfen, wenn ihm Raum gegeben wird.

4. Praying by doing

Menschen sind „geborene Beter": Wir lernen von klein auf, um etwas zu bitten bzw. zu beten. Selbst wenn wir es mit der Zeit verlernt haben, können wir es eigentlich „schnell" wieder lernen. Mit ein wenig Übung bzw. in kleinen Schritten werden die ersten „Gebetsversuche" gelingen.

⇒ Für die einen ist das Zur-Ruhe-kommen, Atem holen, Stillwerden, „Meditieren" ein erster Zugang.
⇒ Für manche ist vorerst ein kurzer „Notruf", ein Stoßgebet hinreichend genug,
⇒ wieder andere sind angewiesen auf vorformulierte, jugendgemäße Gebete, die heute in vielen (Jugend-)Gebetbüchern zu finden sind.
⇒ Es gibt aber auch Jugendliche, die bereit und fähig sind, eigene Gebete und Fürbitten zu formulieren und ihr Leben ganz persönlich ins Gebet zu bringen.

Eine kleine „Gebetsschule" wird für die meisten FirmbewerberInnen eine gute Starthilfe sein: aus dem Lärm des Alltags zur Ruhe finden, die Augen schließen, tief durchatmen, in die „richtige" Gebetshaltung kommen (sitzen oder stehen), schweigen, seine Anliegen in persönlichen Worten vor Gott zur Sprache bringen ...

Die Jünger Jesu – selbst sie, die Tag für Tag mit ihm zusammen waren, taten sich schwer mit dem Beten. Beeindruckt von seinem Beten, bitten sie ihn: *„Herr, lehre uns beten."* Daraufhin hat Jesus ihnen – und uns – das *Vaterunser* als gutes und hilfreiches Modell christlichen Betens gegeben. Zurecht gehört es seither zu den Grundgebeten der Christen. Vielleicht kann auch für die Jugendlichen das *Vaterunser* zum „Schlüsselgebet" werden, das ihnen die „Welt des Gebetes" erschließen hilft.

Methodische Überlegungen

Zum Einstieg

Vom Lärm in die Stille ...

☑ Radio, Fernsehen, CD-Player o. Ä., evtl. Lichtorgel

 Wenn die FirmbewerberInnen den Raum betreten, herrscht dort Höllenlärm und Blitzgewitter. Nach ein paar Minuten dann absolute Stille: Wie geht es uns jetzt?
Es folgt ein Gespräch über Lärm und Stille.

„Gebets"-Symbole

☑ Auf dem Boden oder Tisch liegen die verschiedensten Gegenstände: Seil, Nagel, Blume, Skateboard, Handy, Kreuz, Atlas, Rosenkranz usw.

 Die FirmbewerberInnen suchen sich ein Symbol aus, das sie in Verbindung mit dem Beten bringen und erklären anschließend ihre Wahl.

Geschichte „Zwölf Uhr mittags" (M 1)

 Die Geschichte wird vorgelesen. Die Jugendlichen äußern sich spontan dazu.

Sie können anschließend ihre Ansichten über das Beten, aber auch ihre Schwierigkeiten mit dem Beten mitteilen.

Zur Vertiefung

E-Mail für Gott

☑ Für alle ein E-Mail-Vordruck (➔ FirmLogBuch, S. 67) und einen Stift

 Die FirmbewerberInnen schicken Gott eine E-Mail – ein kurzes (Stoß-)Gebet.
Nach Absprache mit der Gruppe werden die E-Mails anonym und kommentarlos vorgelesen.
In diesem Zusammenhang können dann die Grundgebete der Kirche **(M 2)** vorgestellt und im einzelnen inhaltlich besprochen werden.

Verschiedene Meditationsformen

1. Stilleübungen „Mit allen Sinnen wahrnehmen"
 Hören, Sehen, Fühlen, Riechen, Schmecken ... Entsprechend werden Klanggeräusche erraten, Bilder betrachtet, Gegenstände blind ertastet, Kräuter und Düfte (Weihrauch) „errochen" und Gewürze und Früchte „geschmeckt".

2. Malen nach Musik
 Klassische oder moderne meditative Musik wird eingespielt, während mit Fingerfarben auf weißem Packpapier schweigend und ohne Themenvorgabe gemalt wird. Anschließend findet ein Rundgespräch statt über die Bilder, vor allem aber über die persönlichen Erfahrungen.

3. Bildbetrachtung
 Bei der Bildbetrachtung – Dias, Poster oder Kunstdruckkarten – sollte ausreichend Zeit zum Anschauen und Entdecken des Bildes gegeben werden, bevor es zu Interpretationen kommt.

Alternative: Kunstkarten werden auf so vergrößert und auf DIN-A3-Format kopiert, dass das Bild „weiter" gemalt werden kann.

4. Meditativer Tanz
 Tanz ist Bewegung mit einfachen Schritten bei ruhiger Musik. Weitere Elemente: Gesten, Gebärden und Haltungen. Manche Tänze eignen sich auch für den Gottesdienst, z. B. beim Friedensgebet oder zur Gabenbereitung. Nicht mit allen Jugendlichen wird meditativer Tanz möglich sein.

5. Körperübung

Durch das ruhige Vorlesen einer Geschichte (➜ FirmLogBuch, S. 69 „Aufgehende Sonne") werden Erinnerungen und Erfahrungen, Vor- und Einstellungen, Gedanken und Ideen, Sehnsüchte und Hoffnungen wachgerufen.

! Hinweis: Eigene Erfahrungen der KatechetenInnen sind unerlässlich, um mit dieser Übung verantwortlich umgehen zu können!

Unser Vaterunser: (S)pray our father

☑ Alte Betttücher oder Tischdecken, verschiedene Spraydosen, Kittel und Schürzen für die „KünstlerInnen"

Die FirmbewerberInnen setzen das „Vaterunser" künstlerisch um. Zu den einzelnen Gebetsbitten werden „Bilder", Slogans etc. entworfen und aufgesprayt.

Alternative:
Eine Reklamewand an zentraler Stelle im Ort wird angemietet und zur Werbung für das Vaterunser („Bet' mal wieder") genutzt.

Mein Gebet im Gebet (M 2)

☑ Kopie von Psalm 23 und Stifte für alle

Die FirmbewerberInnen kreisen spontan die Wörter im Psalm ein, die sie persönlich ansprechen. Dann wird der ganze Text geschwärzt, so dass nur noch die eingekreisten Wörter zu sehen sind. Aus diesen verbleibenden Wörtern wird ein Gebet oder ein Gebetssatz zusammengestellt.

Route spirituelle

Der Gedanke der Pilgerschaft wird aufgegriffen und zeit- und jugendgemäß umgesetzt in der „Route spirituelle" – eine Woche lang (Ferien) oder an einem verlängerten Wochenende. Wichtig: einfacher Transport, einfache Unterkünfte (Schulen, Pfarrheime, Scheunen), einfache Verpflegung.

Ein Gesamtthema, z. B. „Als Kundschafter unterwegs", wird in einzelne Tageslosungen aufgeteilt, z. B. Aufbrechen (Abraham), Gesandt (Propheten), Unterwegs (Emmaus). Diese Gedanken werden beim Aufbruch am Morgen und bei der Ankunft am Abend aufgegriffen. Unterwegs können noch „meditative Stationen" eingelegt werden.

Zum Ausklang

Gemeinsames Gebet:

Vaterunser (M 3)

oder ein persönliches Gebet der Firmgruppe

> *Anmerkung: Beten „lernt" man am besten durch beten. Deshalb gehören die Grundgebete wie auch die persönlichen Gebete ganz wesentlich zur Firmvorbereitung. Die zahlreichen Begegnungen und Gespräche werden immer wieder Anlass sein, Dank und Bitte in einem Gebet zum Ausdruck zu bringen.*

Zwölf Uhr mittags

Dem Pfarrer einer Stadt im Süddeutschen fiel ein alter, bescheiden wirkender Mann auf, der jeden Mittag die Kirche betrat und sie kurz darauf wieder verließ. So wollte er eines Tages von dem Alten wissen, was er denn in der Kirche tue. Der antwortete: „Ich gehe hinein, um zu beten." Als der Pfarrer verwundert meinte, er verweile nie lange genug in der Kirche, um wirklich beten zu können, meinte der Besucher: „Ich kann kein langes Gebet sprechen, aber ich komme jeden Tag um zwölf und sage: ‚Jesus, hier ist Johannes'. Dann warte ich eine Minute, und er hört mich."

Einige Zeit später musste Johannes ins Krankenhaus. Ärzte und Schwestern stellten bald fest, dass er auf die anderen Patienten einen heilsamen Einfluss hatte. Die Nörgler nörgelten weniger, und die Traurigen konnten auch mal lachen. „Johannes", bemerkte die Stationsschwester irgendwann zu ihm, „die Männer sagen, du hast diese Veränderung bewirkt. Immer bist du gelassen, fast heiter." „Schwester", meinte Johannes, „dafür kann ich nichts. Das kommt durch meinen Besucher." Doch niemand hatte bei ihm je Besuch gesehen. Er hatte keine Verwandten und auch keine engeren Freunde. „Dein Besucher", fragte die Schwester, „wann kommt der denn?" „Jeden Mittag um zwölf. Er tritt ein, steht am Fußende meines Bettes und sagt: ‚Johannes, hier ist Jesus'."

Grundgebete der Kirche

Durch den Tod Jesu am Kreuz sind wir erlöst. Das ist der Kern der Frohen Botschaft. Das Kreuzzeichen ist die kürzeste Form des Bekenntnisses und der Erneuerung des Glaubens:

**Im Namen
des Vaters
und des Sohnes
und des Heiligen Geistes.
Amen.**

Das Hauptgebet der Christen ist uns von Jesus selbst geschenkt worden:

**Vater unser im Himmel,
geheiligt werde dein Name.
Dein Reich komme.
Dein Wille geschehe, wie im Himmel so auf Erden.
Unser tägliches Brot gib uns heute.
Und vergib uns unsere Schuld,
wie auch wir vergeben unsern Schuldigern.
Und führe uns nicht in Versuchung,
sondern erlöse uns von dem Bösen.**

**Denn dein ist das Reich und die Kraft und die Herrlichkeit
in Ewigkeit. Amen.**

Maria ist die Mutter Jesu. Dazu wurde sie von Gott berufen, und sie hat diesen Ruf angenommen. Daher ist sie für uns Vorbild unseres Glaubens:

**Gegrüßet seist du, Maria, voll der Gnade,
der Herr ist mit dir.
Du bist gebenedeit unter den Frauen,
und gebenedeit ist die Frucht deines Leibes, Jesus.
Heilige Maria, Mutter Gottes, bitte für uns Sünder
jetzt und in der Stunde unseres Todes. Amen.**

Das Apostolische Glaubensbekenntnis ist die Zusammenfassung unseres Glaubens.
Zugleich ist es ein Gebet des Dankes für die Schöpfung und für unsere Erlösung.

**Ich glaube an Gott,
den Vater, den Allmächtigen,
den Schöpfer des Himmels und der Erde,
und an Jesus Christus,
seinen eingeborenen Sohn, unsern Herrn,
empfangen durch den Heiligen Geist,
geboren von der Jungfrau Maria,
gelitten unter Pontius Pilatus,
gekreuzigt, gestorben und begraben,
hinabgestiegen in das Reich des Todes,
am dritten Tage auferstanden von den Toten,
aufgefahren in den Himmel;
er sitzt zur Rechten Gottes,
des allmächtigen Vaters;
von dort wird er kommen,
zu richten die Lebenden und die Toten.
Ich glaube an den Heiligen Geist,
die heilige katholische Kirche,
Gemeinschaft der Heiligen,
Vergebung der Sünden,
Auferstehung der Toten
und das ewige Leben.
Amen.**

Ähnlich wie beim Kreuzzeichen betet die Kirche am Ende eines jeden Psalms
und bei vielen anderen Gelegenheiten zum Lobpreis des dreifaltigen Gottes.

**Ehre sei dem Vater
und dem Sohn
und dem Heiligen Geist,
wie im Anfang,
so auch jetzt
und alle Zeit und in Ewigkeit.
Amen.**

Psalm 23

Der gute Hirte

Der Herr ist mein Hirte,
nichts wird mehr fehlen.
Er lässt mich lagern auf grünen Auen
und führt mich zum Ruheplatz am Wasser.
Er stillt mein Verlangen;
er leitet mich auf rechten Pfaden,
treu seinem Namen.
Muss ich auch wandern in finsterer Schlucht,
ich fürchte kein Unheil;
denn du bist bei mir,
dein Stock und dein Stab geben mir Zuversicht.
Du deckst mir den Tisch
vor den Augen meiner Feinde.
Du salbst mein Haupt mit Öl,
du füllst mir reichlich den Becher.
Lauter Güte und Huld werden mir folgen mein Leben lang,
und im Haus des Herrn darf ich wohnen für lange Zeit.

Notizen

Notizen

Notizen

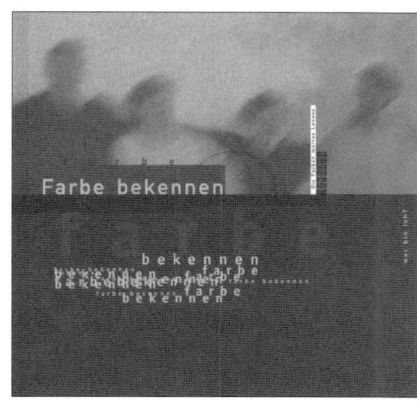

Farbe bekennen – FirmLogBuch

Diözese Essen (Hrsg.), DKV München 2001

84 Seiten, durchgehend vierfarbig, mit stabilem Karton-umschlag, Format 15,5 x 15,5 cm

ab   1 Ex.: € **6,60**
ab 10 Ex.: € **6,10**
ab 25 Ex.: € **5,60**
(Mitgl. jeweils 10% Rabatt)   Best.-Nr. 73276

Das ganz andere Firmbuch:

Jugendliche leben leidenschaftlich – mit allen Hochs und Tiefs. Voll Spannung interessiert sie, was „in ihnen abgeht". Während der Firmvorbereitung sind wir jungen Menschen für kurze Zeit LebenswegbegleiterInnen. Und wir bemerken, wie es ihnen zunehmend schwer fällt, die „religiösen Anteile in ihnen" mit den explizit religiösen Inhalten der Firmkatechese in Verbindung zu bringen.

Dieses FirmLogBuch holt die Jugendlichen da ab, wo sie stehen – und das in einer Sprache und graphischen Gestaltung, die sie kennen, verstehen und die sie anspricht.

Das LogBuch steht quer zu den gängigen Firmmappen und Jugendheften. Es kann daher **ergänzend zu jedem, auch zu Ihrem Konzept** eingesetzt werden, und es passt ebenso als **Geschenk der Gemeinde** für die Zeit nach der Firmung (Vertiefung). Farbe bekennen müssen Jugendliche in ihrem Alltag oft genug. Unterstützen Sie junge Menschen beim Fragen stellen und Antworten suchen!

Aus dem Inhalt:
- ... über mich ...
- ... am Leben sein ...
- ... tut mir Leid ...
- ... Farbe bekennen ...
- ... Schmetterlinge im Bauch ...
- ... Ich glaub', da ist noch mehr ...
- ... wissen, wie's weitergeht ...

Zu bestellen beim DKV-Buchdienst
Preysingstraße 97, 81667 München
Tel. (089) 4 80 92-245, Fax -237
E-Mail: katecheten-verein@t-online.de

Martin Moser, Helena Rimmele, Ursula Lüdemann

Mich firmen lassen

Freiburg (IPB) u. München (DKV) 2001

- **Handbuch für Katechetinnen und Katecheten,**
  200 Seiten, DIN A4, farbig,
  mit CD-ROM: € 17,80
  (Mitgl. 10% Rabatt)   Best.-Nr. 73284
  ohne CD-ROM: **€ 14,80**
  (Mitgl. 10% Rabatt)   Best.-Nr. 73306

- **Firmbuch für die Jugendlichen,**
  130 S. (15x15 cm), farbig, **€ 6,40;**
  ab 25 Expl. € 5,95
  (Mitgl. 10% Rabatt)   Best.-Nr. 73292

- **CD mit Neuem Geistlichem Liedgut und**
  Meditationsmusik
  (ca. 60 Min.): **€ 15,–**   Best.-Nr. 30097

- **Partitur für Chöre und Musikgruppen.**
  DIN A4, 64 Seiten: **€ 10,–**   Best.-Nr. 24003

Der Titel „Mich firmen lassen" ist Programm: Firmung ist etwas, wofür ich mich öffnen und was ich für mich entdecken kann. Die Materialien geben Hilfestellung, damit das bei Jugendlichen geschieht.

1. Handbuch für KatechetInnen: In ansprechender, durchweg vierfarbiger Gestaltung bekommen die KatechetInnen das notwendige Hintergrundwissen und konkrete Vorschläge für das Gespräch mit den Jugendlichen. Zehn zentrale Themen strukturieren den Vorbereitungsweg, zu jedem Thema stehen 4–6 Bausteine zur Auswahl. So kombiniert das Handbuch die Variationsmöglichkeiten einer Baustein-Sammlung mit den Vorteilen eines übersichtlich angelegten Weges. Die Arbeitsblätter und Kopiervorlagen stehen deshalb zusätzlich auch als Datei auf einer CD zur Verfügung.

2. Firmbuch für die Jugendlichen: Die meisten Jugendlichen nehmen Kirche und Religion (bisher) eher aus der Außenperspektive wahr. Das vorliegende, vierfarbig gestaltete Firmbuch hat genau diese Jugendlichen im Blick. Mit seinem handlichen, quadratischen Format, mit seinen Farbfotos, Texten und Gebeten will es die Jugendlichen auch über den Firmtag hinaus begleiten und Zugänge zur spirituell-christlichen Dimension ihres Lebens eröffnen. Manche Texte und Bilder beziehen sich direkt auf die Bausteine im Handbuch, andere haben einen ergänzenden, eigenständigen Charakter.

Prüfstück: **Handbuch für KatechetInnen und Firmbuch für die Jugend-**
lichen zusammen nur 15,80 €